Contemporánea

Anne Frank

Diario

Traducción de
Diego Puls

Material didáctico de
Camila Paz Obligado

DEBOLS!LLO

Papel certificado por el Forest Stewardship Council®

ANNE FRANK FONDS®
FOUNDED BY OTTO FRANK

Este libro ha sido publicado bajo los auspicios del ANNE FRANK FONDS,
que dona parte de los beneficios que obtiene con su venta a UNICEF

Única versión autorizada, al cuidado de Mirjam Pressler

Título original: *Het Achterhuis. Dagboekbrieven 12 juni 1942 - 1 agosto 1944*
Publicado originalmente por Utgeverij Bert Bakker, Amsterdam, 1991
Primera edición: septiembre de 2024
Segunda reimpresión: noviembre de 2025

Printed in Spain – Impreso en España

ISBN: 978-84-663-7856-7
Depósito legal: B-10.402-2024

Compuesto en M. I. Maquetación, S. L.
Impreso en Liberdúplex (Sant Llorenç d'Hortons, Barcelona)

P 3 7 8 5 6 A

PRÓLOGO

Anne Frank nació en Frankfurt el 12 de junio de 1929. Era la segunda hija de Edith y Otto Frank. Su hermana, Margot, le llevaba tres años. Otto procedía de una familia alemana de origen judío y clase media-alta de Frankfurt, mientras que Edith (de soltera, Holländer), también judía, era hija de un acaudalado industrial de Aquisgrán.

Debido al ascenso del nacionalsocialismo (el Partido Nazi), a la grave crisis económica con una inflación galopante y al nombramiento de Adolf Hitler como canciller del Reich el 30 de enero de 1933, la familia Frank veía difícil su futuro en Alemania. En el verano de ese mismo año, Otto Frank fue el primero en trasladarse a Amsterdam, seguido unos meses más tarde por su esposa Edith y luego por Margot, a finales de 1933. Y finalmente, Anne, que había vivido con su abuela en Aquisgrán durante varias semanas, se reunió con el resto de su familia.

Durante sus primeros años en Amsterdam, los Frank vivieron en el barrio judío de clase media de Merwedeplein, y Anne, que pronto hizo nuevas amistades, disfrutó de una niñez normal. Fue al jardín de infancia del colegio Montessori, donde prosiguió sus estudios de primaria hasta que la obligaron a asistir al liceo judío.

AMSTERDAM DURANTE LA OCUPACIÓN NAZI

Los alemanes ocuparon los Países Bajos en mayo de 1940, y la vida de la familia Frank cambió drásticamente. El 20 de junio de 1942, Anne escribió:

> Los judíos deben llevar una estrella de David; deben entregar sus bicicletas; no les está permitido viajar en tranvía; no les está permitido viajar en coche, tampoco en coches particulares; los judíos solo pueden hacer la compra desde las tres hasta las cinco de la tarde; solo pueden ir a una peluquería judía; no pueden salir a la calle desde las ocho de la noche hasta las seis de la madrugada; no les está permitida la entrada en los teatros, cines y otros lugares de esparcimiento público; no les está permitida la entrada en las piscinas ni en las pistas de tenis, de hockey ni de ningún otro deporte; no les está permitido practicar remo; no les está permitido practicar ningún deporte en público; no les está permitido estar sentados en sus jardines después de las ocho de la noche, tampoco en los jardines de sus amigos; los judíos no pueden entrar en casa de cristianos; tienen que ir a colegios judíos, y otras cosas por el estilo.

En octubre de 1940, Otto Frank perdió el derecho a poseer una empresa por su condición de judío. A Anne y Margot se les prohibió seguir yendo al colegio con niños no judíos, y fueron obligadas a inscribirse en el liceo judío en el otoño de 1941. Desde mayo de 1942, la familia entera tuvo que llevar una estrella judía en un lugar visible de la ropa, como todos los demás judíos de los Países Bajos.

Durante este período, Otto Frank hizo reiterados e intensos esfuerzos para que su familia pudiera salir de los Países Bajos. Por desgracia, sus intentos de conseguir un visado fracasaron, ya que ninguno de los países en cuyos consulados presentó una solicitud estuvo dispuesto a aceptar a una familia de apátridas.

HUIDA A LA CASA DE ATRÁS

Cuando Margot recibió, a principios de julio de 1942, la orden de presentarse en un campo de trabajo, las dos hermanas supieron entonces que sus padres llevaban tiempo preparando en secreto un escondite en un anexo de la fábrica que Otto Frank tenía en Prinsengracht. Este había ido trasladando allí discretamente, a lo largo de varios meses, ropa, vajilla, medicinas y otros enseres. El 5 de julio por la noche, Anne y Margot guardaron algunas posesiones en sus carteras para llevárselas la mañana siguiente. Anne tuvo que despedirse de su querido gato Moortje.

El 6 de julio, Anne llegó con su familia al anexo secreto o, tal como ella lo llama, la Casa de atrás, que compartirían con otras cuatro personas. No saldría de él hasta su arresto, el 4 de agosto de 1944.

EL DIARIO

El 12 de junio de 1942, los padres de Anne Frank regalaron a su hija un diario por su decimotercer cumpleaños. A partir de ese día, Anne escribió en él cartas a Kitty, su amiga imaginaria.

Anne empezó a escribir su diario cuando aún vivía en la calle Merwedeplein y continuó haciéndolo en la Casa de atrás. Al principio, escribía solo para sí misma. Sin embargo, en la primavera de 1944, mientras escuchaba con su familia una transmisión de una emisora inglesa, lo cual era ilegal, oyó que un ministro neerlandés en el exilio anunciaba su intención de publicar, después de la guerra, una recopilación de diarios y cartas escritos durante la ocupación alemana. Inspirada por sus palabras, Anne decidió publicar una novela titulada *Het Achterhuis* (La Casa de atrás), basada en su diario. En ese momento, empezó a corregir y a revisar lo que había escrito, usando pseudónimos para la mayoría de las personas mencionadas.

Anne realizó su última anotación en el diario el 1 de agosto de 1944. Tres días después, el 4 de agosto, la descubrieron y arrestaron junto con todas las demás personas que vivían en la Casa de atrás. Al cabo de un tiempo, la deportaron y luego la asesinaron. Otto Frank fue el único ocupante del anexo secreto que sobrevivió a la guerra y regresó de los campos de concentración. Dedicó el resto de su vida a publicar el diario de Anne.

12 de junio de 1942

Espero poder confiártelo todo como aún no lo he podido hacer con nadie, y espero que seas para mí un gran apoyo.

28 de septiembre de 1942 (Añadido)

Hasta ahora has sido para mí un gran apoyo, y también Kitty, a quien escribo regularmente. Esta manera de escribir en mi diario me agrada mucho más y ahora me cuesta esperar cada vez a que llegue el momento para sentarme a escribir en ti.
¡Estoy tan contenta de haberte traído conmigo!

Domingo, 14 de junio de 1942

Lo mejor será que empiece desde el momento en que te recibí, o sea, cuando te vi en la mesa de los regalos de cumpleaños (porque también presencié el momento de la compra, pero eso no cuenta).

El viernes 12 de junio, a las seis de la mañana ya me había despertado, lo que se entiende, ya que era mi cumpleaños. Pero a las seis todavía no me dejan levantarme, de modo que tuve que contener mi curiosidad hasta las siete menos cuarto. Entonces ya no pude más: me levanté y me fui al comedor, donde Moortje,[1] el gato, me recibió haciéndome carantoñas.

Poco después de las siete fui a saludar a papá y mamá, y luego al salón, a desenvolver los regalos; lo primero que vi fuiste tú, y quizá hayas sido uno de mis regalos más bonitos. Luego un ramo de rosas y dos ramas de peonías. Papá y mamá me regalaron una blusa azul, un juego de mesa, una botella de zumo de uva que a mi entender sabe un poco a vino (¿acaso el vino no se hace con uvas?), un rompecabezas, un tarro de crema, un billete de 2,50 florines y un vale para comprarme dos libros. Luego me regalaron otro libro, *La cámara oscura*, de Hildebrand (pero como Margot ya lo tiene he ido a cambiarlo), una bandeja de galletas caseras (hechas por mí misma, porque últimamente se me da muy bien eso de hacer galletas), muchos dulces y una tarta de fresas hecha por mamá. También una carta de la abuela, que ha llegado justo a tiempo; pero eso, naturalmente, ha sido casualidad.

Entonces pasó a buscarme Hanneli y nos fuimos al colegio. En el recreo convidé a galletas a los profesores y a los alumnos, y luego tuvimos que volver a clase. Llegué a casa a las cinco, pues había ido a gimnasia (aunque no me dejan participar porque se me dislocan fácilmente los brazos y las piernas) y como juego de cumpleaños elegí el voleibol para que jugaran mis compañeras. Al llegar a casa ya me estaba esperando Sanne Lederman. A Ilse Wagner, Hanneli Goslar y Jacqueline van Maarsen las traje conmigo de la clase de gimnasia, porque son compañeras mías del colegio. Hanneli y Sanne eran antes mis mejores amigas, y cuando nos veían juntas, siem-

---

1. En neerlandés, literalmente, «Morito» o «Morenito». *(N. del T.)*

pre nos decían: «Ahí van Anne, Hanne y Sanne». A Jacqueline van Maarsen la conocí hace poco en el liceo judío y es ahora mi mejor amiga. Ilse es la mejor amiga de Hanneli, y Sanne va a otro colegio, donde tiene sus amigas.

El club me ha regalado un libro precioso, *Sagas y leyendas neerlandesas*, pero por equivocación me han regalado el segundo tomo, y por eso he cambiado otros dos libros por el primer tomo. La tía Helene me ha traído otro rompecabezas, la tía Stephanie un broche muy mono y la tía Leny, un libro muy divertido, *Las vacaciones de Daisy en la montaña*. Esta mañana, cuando me estaba bañando, pensé en lo bonito que sería tener un perro como *Rin-tin-tín*. Yo también lo llamaría *Rin-tin-tín*, y en el colegio siempre lo dejaría con el conserje, o cuando hiciera buen tiempo, en el garaje para las bicicletas.

Lunes, 15 de junio de 1942

El domingo por la tarde festejamos mi cumpleaños. *Rin-tin-tín* gustó mucho a mis compañeros. Me regalaron dos broches, un punto para libros y dos libros. Ahora quisiera contar algunas cosas sobre las clases y el colegio, comenzando por los alumnos.

Betty Bloemendaal tiene aspecto de pobretona, y creo que de veras lo es, vive en la Jan Klasenstraat, una calle al oeste de la ciudad, que ninguno de nosotros sabe dónde queda. En el colegio es muy buena alumna, pero solo porque es muy aplicada, pues su inteligencia va dejando que desear. Es una chica bastante tranquila.

A Jacqueline van Maarsen la consideran mi mejor amiga, pero nunca he tenido una verdadera amiga. Al principio pensé que Jacque lo sería, pero me ha decepcionado bastante.

D. Q.[1] es una chica muy nerviosa que siempre se olvida de las cosas y a la que en el colegio dan un castigo tras otro. Es muy buena chica, sobre todo con G. Z.

E. S. es una chica que habla tanto que termina por cansarte. Cuando te pregunta algo, siempre se pone a tocarte el pelo o los botones. Dicen que no le caigo nada bien, pero no me importa mucho, ya que ella a mí tampoco me parece demasiado simpática.

Henny Mets es una chica alegre y divertida, pero habla muy alto y cuando juega en la calle se nota que todavía es una niña. Es una lástima que tenga una amiga, llamada Beppy, que influye negativamente en ella, ya que esta es una marrana y una grosera.

J. R., a quien podríamos dedicar capítulos enteros, es una chica presumida, cuchicheadora, desagradable, que le gusta hacerse la mayor; siempre anda con tapujos y es una hipócrita. Se ha ganado a Jacqueline, lo que es una lástima. Llora por cualquier cosa, es quisquillosa y sobre todo muy melindrosa. Siempre quiere que le den la razón. Es muy rica y tiene el armario lleno de vestidos preciosos, pero que la hacen muy mayor. La tonta se cree que es muy guapa, pero es todo lo contrario. Ella y yo no nos soportamos para nada.

Ilse Wagner es una niña alegre y divertida, pero es una quisquilla y por eso a veces un poco latosa. Ilse me aprecia mucho. Es muy guapa, pero holgazana.

Hanneli Goslar, o Lies, como la llamamos en el colegio, es una chica un poco curiosa. Por lo general es tímida, pero en su casa es de lo más fresca. Todo lo que le cuentas se lo cuenta a su madre. Pero tiene opiniones muy definidas y sobre todo últimamente le tengo mucho aprecio.

Nannie van Praag-Sigaar es una niña graciosa, bajita

1. A petición de algunos interesados, sus nombres se han sustituido por iniciales escogidas al azar. *(N. del T.)*

e inteligente. Me cae simpática. Es bastante guapa. No hay mucho que comentar sobre ella.

Eefje de Jong es muy maja. Solo tiene doce años, pero ya es toda una damisela. Me trata siempre como a un bebé. También es muy servicial, y por eso me cae muy bien.

G. Z. es la más guapa del curso. Tiene una cara preciosa, pero para las cosas del colegio es bastante cortita. Creo que tendrá que repetir curso, pero eso, naturalmente, nunca se lo he dicho.

(Añadido.)

Para gran sorpresa mía, G. Z. no ha tenido que repetir curso.

Y la última de las doce chicas de la clase soy yo, que soy compañera de pupitre de G. Z.

Sobre los chicos hay mucho, aunque a la vez poco que contar.

Maurice Coster es uno de mis muchos admiradores, pero es un chico bastante pesado.

Sallie Springer es un chico terriblemente grosero y corre el rumor de que ha copulado. Sin embargo me cae simpático, porque es muy divertido.

Emiel Bonewit es el admirador de G. Z., pero ella a él no le hace demasiado caso. Es un chico bastante aburrido.

Rob Cohen también ha estado enamorado de mí, pero ahora ya no lo soporto. Es hipócrita, mentiroso, llorón, latoso, está loco y se da unos humos tremendos.

Max van der Velde es hijo de unos granjeros de Medemblik, pero es un buen tipo, como diría Margot.

Herman Koopman también es un grosero, igual que Jopie de Beer, que es un donjuán y un mujeriego.

Leo Blom es el amigo del alma de Jopie de Beer, pero se le contagia su grosería.

Albert de Mesquita es un chico que ha venido del colegio Montessori y que se ha saltado un curso. Es muy inteligente.

Leo Slager ha venido del mismo colegio pero no es tan inteligente.

Ru Stoppelmon es un chico bajito y gracioso de Almelo, que ha comenzado el curso más tarde.

C. N. hace todo lo que está prohibido.

Jacques Kocernoot está sentado detrás de nosotras con Pam y nos hace morir de risa (a G. y a mí).

Harry Schaap es el chico más decente de la clase, y es bastante simpático.

Werner Joseph ídem de ídem, pero por culpa de los tiempos que corren es algo callado, por lo que parece un chico un tanto aburrido.

Sam Salomon parece uno de esos pillos arrabaleros, un granuja. (¡Otro admirador!)

Appie Riem es bastante ortodoxo, pero otro mequetrefe.

Ahora debo terminar. La próxima vez tendré muchas cosas que escribir en ti, es decir, que contarte. ¡Adiós! ¡Estoy contenta de tenerte!

Sábado, 20 de junio de 1942

Para alguien como yo es una sensación muy extraña escribir un diario. No solo porque nunca he escrito, sino porque me da la impresión de que más tarde ni a mí ni a ninguna otra persona le interesarán las confidencias de una colegiala de trece años. Pero eso en realidad da igual, tengo ganas de escribir y mucho más de desahogarme y sacarme de una vez unas cuantas espinas. «El papel es más paciente que los hombres.» Me acordé de esta frase uno de esos días medio melancólicos en que estaba sentada con la cabeza apoyada entre las manos, aburrida y desganada, sin saber si salir o quedarme en casa, y finalmente me puse a cavilar sin moverme de donde estaba. Sí, es cierto, el papel es paciente, pero como no tengo intención de enseñarle nunca a nadie este cuaderno de tapas duras llamado pomposamente «diario», a no ser que alguna vez en mi vida tenga un amigo o una amiga que se convierta en el amigo o la amiga «del alma», lo más probable es que a nadie le interese.

He llegado al punto donde nace toda esta idea de escribir un diario: no tengo ninguna amiga.

Para ser más clara tendré que añadir una explicación, porque nadie entenderá cómo una chica de trece años puede estar sola en el mundo. Es que tampoco es tan así: tengo unos padres muy buenos y una hermana de dieciséis, y tengo como treinta amigas en total, entre buenas y menos buenas. Tengo un montón de admiradores que tratan de que nuestras miradas se crucen o que, cuando no hay otra posibilidad, intentan mirarme durante la clase a través de un espejito roto. Tengo a mis parientes, a mis tías, que son muy buenas, y un buen hogar. Al parecer no me falta nada, salvo la amiga del alma. Con las chicas que conozco lo único que puedo hacer es divertirme y pasarlo bien. Nunca hablamos de otras cosas que no sean las cotidianas, nunca llegamos a hablar de cosas íntimas. Y ahí está justamente el quid de la cuestión. Tal vez la falta de confidencialidad sea culpa mía, el asunto es que las cosas son como son y lamentablemente no se pueden cambiar. De ahí este diario.

Para realzar todavía más en mi fantasía la idea de la amiga tan anhelada, no quisiera apuntar en este diario los hechos sin más, como hace todo el mundo, sino que haré que el propio diario sea esa amiga, y esa amiga se llamará *Kitty*.

¡Mi historia! (¡Cómo podría ser tan tonta de olvidármela!)

Como nadie entendería nada de lo que fuera a contarle a Kitty si lo hiciera así, sin ninguna introducción, tendré que relatar brevemente la historia de mi vida, por poco que me plazca hacerlo.

Mi padre, el más bueno de todos los padres que he conocido en mi vida, no se casó hasta los treinta y seis años con mi madre, que tenía veinticinco. Mi hermana Margot nació en 1926 en Alemania, en Frankfurt del Meno. El 12 de junio de 1929 la seguí yo. Viví en Frankfurt hasta los cuatro años. Como somos judíos «de pura cepa» mi padre se vino a Holanda en 1933, donde fue nombrado director de Opekta, una compañía holandesa de preparación de mermeladas. Mi madre, Edith Holländer, también vino a Holanda en septiembre, y Margot y yo fuimos a Aquisgrán, donde vivía mi abuela. Margot vino a Holanda en diciembre y yo en febrero, cuando me pusieron encima de la mesa como regalo de cumpleaños para Margot.

Pronto empecé a ir al jardín de infancia del colegio Montessori, y allí estuve hasta cumplir los seis años. Luego pasé al primer curso de la escuela primaria. En sexto tuve a la señora Kuperus, la directora. Nos emocionamos mucho al despedirnos a fin de curso y lloramos las dos, porque yo había sido admitida en el liceo judío, al que también iba Margot.

Nuestras vidas transcurrían con cierta agitación, ya que el resto de la familia que se había quedado en Alemania seguía siendo víctima de las medidas antijudías decretadas por Hitler. Tras los pogromos de 1938, mis dos tíos maternos huyeron y llegaron sanos y salvos a Norteamérica; mi pobre abuela, que ya tenía setenta y tres años, se vino a vivir con nosotros.

Después de mayo de 1940, los buenos tiempos quedaron definitivamente atrás: primero la guerra, luego la capitulación, la invasión alemana, y así comenzaron las desgracias para nosotros los judíos. Las medidas antijudías se sucedieron rápidamente y se nos privó de muchas libertades. Los judíos deben llevar una estrella de David; deben entregar sus bicicletas; no les está permitido viajar en tranvía; no les está permitido viajar en coche, tampoco en coches particulares; los judíos solo pueden hacer la compra desde las tres hasta las cinco de la tarde; solo pueden ir a una peluquería judía; no pueden salir a la calle desde las ocho de la noche hasta las seis de la madrugada; no les está permitida la entrada en los teatros, cines y otros lugares de esparcimiento público; no les está permitida la entrada en las piscinas ni en las pistas de tenis, de hockey ni de ningún otro deporte; no les está permitido practicar remo; no les está permitido practicar ningún deporte en público; no les está permitido estar sentados en sus jardines después de las ocho de la noche, tampoco en los jardines de sus amigos; los judíos no pueden entrar en casa de cristianos; tienen que ir a colegios judíos, y otras cosas por el estilo. Así transcurrían nuestros días: que si esto no lo podíamos hacer, que si lo otro tampoco. Jacques siempre me dice: «Ya no me atrevo a hacer nada, porque tengo miedo de que esté prohibido».

En el verano de 1941, la abuela enfermó gravemente. Hubo que operarla y mi cumpleaños apenas lo festejamos. El del verano de 1940 tampoco, porque hacía poco que había acabado la guerra en Holanda. La abuela murió en enero de 1942. Nadie sabe lo mucho que pienso en ella, y cuánto la sigo queriendo. Este cumpleaños de 1942 lo hemos festejado para compensar los anteriores, y también tuvimos encendida la vela de la abuela.

Nosotros cuatro todavía estamos bien, y así hemos llegado al día de hoy, 20 de junio de 1942, fecha en que estreno mi diario con toda solemnidad.

Sábado, 20 de junio de 1942

Querida Kitty:
Empiezo ya mismo. En casa está todo tranquilo. Papá y mamá han salido y Margot ha ido a jugar al

ping-pong con unos chicos en casa de su amiga Trees. Yo también juego mucho al ping-pong últimamente, tanto que incluso hemos fundado un club con otras cuatro chicas, llamado «La Osa Menor menos dos». Un nombre algo curioso, que se basa en una equivocación. Buscábamos un nombre original, y como las socias somos cinco pensamos en las estrellas, en la Osa Menor. Creíamos que estaba formada por cinco estrellas, pero nos equivocamos: tiene siete, al igual que la Osa Mayor. De ahí lo de «menos dos». En casa de Ilse Wagner tienen un juego de ping-pong, y la gran mesa del comedor de los Wagner está siempre a nuestra disposición. Como a las cinco jugadoras de ping-pong nos gusta mucho el helado, sobre todo en verano, y jugando al ping-pong nos acaloramos mucho, nuestras partidas suelen terminar en una visita a alguna de las heladerías más próximas abiertas a los judíos, como Oase o Delphi. No nos molestamos en llevar nuestros monederos, porque Oase está generalmente tan concurrido que entre los presentes siempre hay algún señor dadivoso perteneciente a nuestro amplio círculo de amistades, o algún admirador, que nos ofrece más helado del que podríamos tomar en toda una semana.

Supongo que te extrañará un poco que a mi edad te esté hablando de admiradores. Lamentablemente, aunque en algunos casos no tanto, en nuestro colegio parece ser un mal ineludible. Tan pronto como un chico me pregunta si me puede acompañar a casa en bicicleta y entablamos una conversación, nueve de cada diez veces puedes estar segura de que el muchacho en cuestión tiene la maldita costumbre de apasionarse y no quitarme los ojos de encima. Después de algún tiempo, el enamoramiento se les va pasando, sobre todo porque yo no hago mucho caso de sus miradas fogosas y sigo pedaleando alegremente. Cuando a veces la cosa se pasa de castaño oscuro, sacudo un poco la bici, se me cae la cartera, el joven se siente obligado a detenerse para recogerla, y cuando me la entrega yo ya he cambiado completamente de tema. Estos no son sino los más inofensivos; también los hay que te tiran besos o que intentan cogerte del brazo, pero conmigo lo tienen difícil: freno y me niego a seguir aceptando su compañía, o me hago la ofendida y les digo sin rodeos que se vayan a su casa.

Basta por hoy. Ya hemos sentado las bases de nuestra amistad. ¡Hasta mañana!

Tu Anne

Domingo, 21 de junio de 1942

Querida Kitty:
Toda la clase tiembla. El motivo, claro, es la reunión de profesores que se avecina. Media clase se pasa el día apostando a que si aprueban o no el curso. G. Z. y yo nos morimos de risa por culpa de nuestros compañeros de atrás, C. N. y Jacques Kocernoot, que ya han puesto en juego todo el capital que tenían para las vacaciones. «¡Que tú apruebas!», «¡Que no!», «¡Que sí!», y así todo el santo día, pero ni las miradas suplicantes de G. pidiendo silencio, ni las broncas que yo les suelto, logran que aquellos dos se calmen.

Calculo que la cuarta parte de mis compañeros de clase deberán repetir curso, por lo zoquetes que son, pero como los profesores son gente muy caprichosa, quién sabe si ahora, a modo de excepción, no les da por repartir buenas notas.

En cuanto a mis amigas y a mí misma no me hago problemas, creo que todo saldrá bien. Solo las matemáticas me preocupan un poco. En fin, habrá que esperar. Mientras tanto, nos damos ánimos mutuamente.

Con todos mis profesores y profesoras me entiendo bastante bien. Son nueve en total: siete hombres y dos mujeres. El profesor Keesing, el viejo de matemáticas, estuvo un tiempo muy enfadado conmigo porque hablaba demasiado. Me previno y me previno, hasta que un día me castigó. Me mandó hacer una redacción; tema: «La parlanchina». ¡La parlanchina! ¿Qué se podría escribir sobre ese tema? Ya lo vería más adelante. Lo apunté en mi agenda, guardé la agenda en la cartera y traté de tranquilizarme.

Por la noche, cuando ya había acabado con todas las demás tareas, descubrí que todavía me quedaba la redacción. Con la pluma en la boca, me puse a pensar en lo que podía escribir. Era muy fácil ponerse a desvariar y escribir lo más espaciado posible, pero dar una prueba convincente de la necesidad de hablar ya resultaba más difícil. Estuve pensando y repensando, luego se me ocurrió una cosa, llené las tres hojas que me había dicho el profe y me quedé satisfecha. Los argumentos que había aducido eran que hablar era propio de las mujeres, que intentaría moderarme un poco, pero que lo más probable era que la costumbre de hablar no se me quitara nunca, ya que mi madre hablaba tanto como yo, si no más, y que los rasgos hereditarios eran muy difíciles de cambiar.

Al profesor Keesing le hicieron mucha gracia mis argumentos, pero cuando en la clase siguiente seguí hablando, tuve que hacer una segunda redacción esta vez sobre «La parlanchina empedernida». También entregué esa redacción, y Keesing no tuvo motivo de queja durante dos clases. En la tercera, sin embargo, le pareció que había vuelto a pasarme de la raya. «Anne Frank, castigada por hablar en clase. Redacción sobre el tema: «Cuacuá, cuacuá, parpaba la pata».

Todos mis compañeros soltaron la carcajada. No tuve más remedio que reírme con ellos, aunque ya se me había agotado la inventiva en lo referente a las redacciones sobre el parloteo. Tendría que ver si le encontraba un giro original al asunto. Mi amiga Sanne, poetisa excelsa, me ofreció su ayuda para hacer la redacción en verso de principio a fin, con lo que me dio una gran alegría. Keesing quería ponerme en evidencia mandándome hacer una redacción sobre un tema tan ridículo, pero con mi poema yo le pondría en evidencia a él por partida triple.

Logramos terminar el poema y quedó muy bonito. Trataba de una pata y un cisne que tenían tres patitos. Como los patitos eran tan parlanchines, el papá cisne los mató a picotazos. Keesing por suerte entendió y soportó la broma; leyó y comentó el poema en clase y hasta en otros cursos. A partir de entonces no se opuso a que hablara en clase y nunca más me castigó; al contrario, ahora es él el que siempre está gastando bromas.

Tu Anne

Miércoles, 24 de junio de 1942

Querida Kitty:

¡Qué bochorno! Nos estamos asando, y con el calor que hace tengo que ir andando a todas partes. Hasta ahora no me había dado cuenta de lo cómodo que puede resultar un tranvía, sobre todo los que son abiertos, pero ese privilegio ya no lo tenemos los judíos: a nosotros nos toca ir en el «coche de San Fernando». Ayer a mediodía tenía hora con el dentista en la Jan Luykenstraat, que desde el colegio es un buen trecho. Lógico que luego por la tarde en el colegio casi me durmiera. Menos mal que la gente te ofrece algo de beber sin tener que pedirlo. La ayudante del dentista es verdaderamente muy amable.

El único medio de transporte que nos está permitido coger es el transbordador. El barquero del canal Jozef Israëlskade nos cruzó nada más pedírselo. De verdad, los holandeses no tienen la culpa de que los judíos padezcamos tantas desgracias.

Ojalá no tuviera que ir al colegio. En las vacaciones de Semana Santa me robaron la bici, y la de mamá, papá la ha dejado en casa de unos amigos cristianos. Pero por suerte ya se acercan las vacaciones: una semana más y ya todo habrá quedado atrás.

Ayer por la mañana me ocurrió algo muy cómico. Cuando pasaba por el garaje de las bicicletas, oí que alguien me llamaba. Me volví y vi detrás de mí a un chico muy simpático que conocí anteanoche en casa de Wilma, y que es un primo segundo suyo. Wilma es una chica que al principio me caía muy bien, pero que se pasa el día hablando nada más que de chicos, y eso termina por aburrirte. El chico se me acercó algo tímido y me dijo que se llamaba Hello Silberberg. Yo estaba un tanto sorprendida y no sabía muy bien lo que pretendía, pero no tardó en decírmelo: buscaba mi compañía y quería acompañarme al colegio. «Ya que vamos en la misma dirección, podemos ir juntos», le contesté, y juntos salimos. Hello ya tiene dieciséis años y me cuenta cosas muy entretenidas.

Hoy por la mañana me estaba esperando otra vez, y supongo que en adelante lo seguirá haciendo.

Tu Anne

Miércoles, 1 de julio de 1942

Querida Kitty:
Hasta hoy te aseguro que no he tenido tiempo para volver a escribirte. El jueves estuve toda la tarde en casa

de unos amigos, el viernes tuvimos visitas y así sucesivamente hasta hoy.

Hello y yo nos hemos conocido más a fondo esta semana. Me ha contado muchas cosas de su vida. Es oriundo de Gelsenkirchen y vive en Holanda en casa de sus abuelos. Sus padres están en Bélgica, pero no tiene posibilidades de viajar allí para reunirse con ellos. Hello tenía una novia, Ursula. La conozco, es la dulzura y el aburrimiento personificados. Desde que me conoció a mí, Hello se ha dado cuenta de que al lado de Ursula se duerme. O sea, que soy una especie de antisomnífero. ¡Una nunca sabe para lo que puede llegar a servir!

El sábado por la noche, Jacque se quedó a dormir conmigo, pero por la tarde se fue a casa de Hanneli y me aburrí como una ostra.

Hello había quedado en pasar por la noche, pero a eso de las seis me llamó por teléfono. Descolgué el auricular y me dijo:

—Habla Helmuth Silberberg. ¿Me podría poner con Anne?

—Sí, Hello, soy Anne.

—Hola, Anne. ¿Cómo estás?

—Bien, gracias.

—Siento tener que decirte que esta noche no podré pasarme por tu casa, pero quisiera hablarte un momento. ¿Te parece bien que vaya dentro de diez minutos?

—Sí, está bien. ¡Hasta ahora!

—¡Hasta ahora!

Colgué el auricular y corrí a cambiarme de ropa y a arreglarme el pelo. Luego me asomé, nerviosa, por la ventana. Por fin lo vi llegar. Por milagro no me lancé escaleras abajo, sino que esperé hasta que sonó el timbre. Bajé a abrirle y él fue directamente al grano:

—Mira, Anne, mi abuela dice que eres demasiado joven para que esté saliendo contigo. Dice que tengo que ir a casa de los Löwenbach, aunque quizá sepas que ya no salgo con Ursula.

—No, no lo sabía. ¿Acaso habéis reñido?

—No, al contrario. Le he dicho a Ursula que de todos modos no nos entendíamos bien y que era mejor que dejáramos de salir juntos, pero que en casa siempre sería bien recibida, y que yo esperaba serlo también en la suya. Es que yo pensé que ella se estaba viendo con otro chico, y la traté como si así fuera. Pero resultó que no era cierto, y ahora mi tío me ha dicho que le tengo que pedir disculpas, pero yo naturalmente no quería, y por eso he roto con ella, pero ese es solo uno de los muchos motivos. Ahora mi abuela quiere que vaya a ver a Ursula y no a ti, pero yo no opino como ella y no tengo intención de hacerlo. La gente mayor tiene a veces ideas muy anticuadas, pero creo que no pueden imponérnoslas a nosotros. Es cierto que necesito a mis abuelos, pero ellos en cierto modo también me necesitan. Ahora resulta que los miércoles por la noche tengo libre porque se supone que voy a clase de talla de madera, pero en realidad voy a una de esas reuniones del partido sionista. Mis abuelos no quieren que vaya porque se oponen rotundamente al sionismo. Yo no es que sea fanático, pero me interesa, aunque últimamente están armando tal jaleo que había pensado no ir más. El próximo miércoles será la última vez que vaya. Entonces podremos vernos los miércoles por la noche, los sábados por la tarde y por la noche, los domingos por la tarde y quizá también otros días.

—Pero si tus abuelos no quieren, no deberías hacerlo a sus espaldas.

—El amor no se puede forzar.

En ese momento pasamos por delante de la librería Blankevoort, donde estaban Peter Schiff y otros dos chicos. Era la primera vez que me saludaba en mucho tiempo, y me produjo una gran alegría. El lunes, al final de la tarde, vino Hello a casa a conocer a papá y mamá. Yo había comprado una tarta y dulces, y además había té y galletas, pero ni a Hello ni a mí nos apetecía estar sentados en una silla uno al lado del otro, así que salimos a dar una vuelta, y no regresamos hasta las ocho y diez. Papá se enfadó mucho, dijo que no podía ser que llegara a casa tan tarde. Tuve que prometerle que en adelante estaría en casa a las ocho menos diez a más tardar. Hello me ha invitado a ir a su casa el sábado que viene.

Wilma me ha contado que un día que Hello fue a su casa le preguntó:

—¿Quién te gusta más, Ursula o Anne?

Y entonces él le dijo:

—No es asunto tuyo.

Pero cuando se fue, después de no haber cambiado palabra con Wilma en toda la noche, le dijo:

—¡Pues Anne! Y ahora me voy. ¡No se lo digas a nadie!

Y se marchó.

Todo indica que Hello está enamorado de mí, y a mí, para variar, no me desagrada. Margot diría que Hello es un buen tipo, y yo opino igual que ella, y aún más. También mamá está todo el día alabándolo. Que es un muchacho apuesto, que es muy cortés y simpático. Me alegro de que en casa a todos les caiga tan bien, menos a mis amigas, a las que él encuentra muy niñas, y en eso tiene razón. Jacque siempre me está tomando el pelo por lo de Hello. Yo no es que esté enamorada, nada de eso. ¿Es que no puedo tener amigos? Con eso no hago mal a nadie.

Mamá sigue preguntándome con quién querría casarme, pero creo que ni se imagina que es con Peter, porque yo lo desmiento una y otra vez sin pestañear. Quiero a Peter como nunca he querido a nadie, y siempre trato de convencerme de que solo vive persiguiendo a todas las chicas para esconder sus sentimientos. Quizá él ahora también crea que Hello y yo estamos enamorados, pero eso no es cierto. No es más que un amigo, o, como dice mamá, un galán.

Tu Anne

Domingo, 5 de julio de 1942

Querida Kitty:
El acto de fin de curso del viernes en el Teatro Judío salió muy bien. Las notas que me han dado no son nada malas: un solo insuficiente (un cinco en álgebra) y por lo demás todo sietes, dos ochos y dos seises. Aunque en casa se pusieron contentos, en cuestión de notas mis padres son muy distintos a otros padres; nunca les importa mucho que mis notas sean buenas o malas; solo se fijan en si estoy sana, en que no sea demasiado fresca y en si me divierto. Mientras estas tres cosas estén bien, lo demás viene solo.

Yo soy todo lo contrario: no quiero ser mala alumna. Me aceptaron en el liceo de forma condicional, ya que en realidad me faltaba ir al séptimo curso del colegio Montessori, pero cuando a los chicos judíos nos obligaron a ir a colegios judíos, el señor Elte, después de algunas idas y venidas, a Lies Goslar y a mí nos dejó matricularnos de manera condicional. Lies también ha aprobado el curso pero tendrá que hacer un examen de geometría de recuperación bastante difícil.

Pobre Lies, en su casa casi nunca puede sentarse a estudiar tranquila. En su habitación se pasa jugando todo el día su hermana pequeña, una niñita consentida que está a punto de cumplir dos años. Si no hacen lo que ella quiere, se pone a gritar, y si Lies no se ocupa de ella, la que se pone a gritar es su madre. De esa manera es imposible estudiar nada, y tampoco ayudan mucho las incontables clases de recuperación que tiene a cada rato.

Y es que la casa de los Goslar es una verdadera casa de tócame Roque. Los abuelos maternos de Lies viven en la casa de al lado, pero comen con ellos. Luego hay una criada, la niñita, el eternamente distraído y despistado padre y la siempre nerviosa e irascible madre, que está nuevamente embarazada. Con un panorama así, la patosa de Lies está completamente perdida.

A mi hermana Margot también le han dado las notas, estupendas como siempre. Si en el colegio existiera el *cum laude*, se lo habrían dado. ¡Es un hacha!

Papá está mucho en casa últimamente; en la oficina no tiene nada que hacer. No debe de ser nada agradable sentirse un inútil. El señor Kleiman se ha hecho cargo de Opekta y el señor Kugler, de Gies & Cía., la compañía de los sucedáneos de especias, fundada hace poco, en 1941.

Hace unos días, cuando estábamos dando una vuelta alrededor, de la plaza, papá empezó a hablar del tema de la clandestinidad. Dijo que será muy difícil vivir completamente separados del mundo. Le pregunté por qué me estaba hablando de eso ahora.

—Mira, Anne —me dijo—. Ya sabes que desde hace más de un año estamos llevando ropa, alimentos y muebles a casa de otra gente. No queremos que nuestras cosas caigan en manos de los alemanes, pero menos aún que nos pesquen a nosotros mismos. Por eso, nos iremos por propia iniciativa y no esperaremos a que vengan por nosotros.

—Pero, papá, ¿cuándo será eso?

La seriedad de las palabras de mi padre me dio miedo.

—De eso no te preocupes, ya lo arreglaremos nosotros. Disfruta de tu vida despreocupada mientras puedas.

Eso fue todo. ¡Ojalá que estas tristes palabras tarden mucho en cumplirse!

Acaban de llamar al timbre. Es Hello. Lo dejo.

Tu Anne

Querida Kitty:

Desde la mañana del domingo hasta ahora parece que hubieran pasado años. Han pasado tantas cosas que es como si de repente el mundo estuviera patas arriba, pero ya ves, Kitty: aún estoy viva, y eso es lo principal, como dice papá. Sí, es cierto, aún estoy viva, pero no me preguntes dónde ni cómo. Hoy no debes de entender nada de lo que te escribo, de modo que empezaré por contarte lo que pasó el domingo por la tarde.

A las tres de la tarde —Hello acababa de salir un momento, luego volvería— alguien llamó a la puerta. Yo no lo oí, ya que estaba leyendo en una tumbona al sol en la galería. Al rato apareció Margot toda alterada por la puerta de la cocina.

—Ha llegado una citación de las SS para papá —murmuró—. Mamá ya ha salido para la casa de Van Daan.

—(Van Daan es un amigo y socio de papá.)

Me asusté muchísimo. ¡Una citación! Todo el mundo sabe lo que eso significa. En mi mente se me aparecieron campos de concentración y celdas solitarias. ¿Acaso íbamos a permitir que a papá se lo llevaran a semejantes lugares?

—Está claro que no irá —me aseguró Margot cuando nos sentamos a esperar en el salón a que regresara mamá—. Mamá ha ido a preguntarle a Van Daan si podemos instalarnos en nuestro escondite mañana. Los Van Daan se esconderán con nosotros. Seremos siete.

Silencio. Ya no podíamos hablar. Pensar en papá, que sin sospechar nada había ido al asilo judío a hacer unas visitas, esperar a que volviera mamá, el calor, la angustia, todo ello junto hizo que guardáramos silencio.

De repente llamaron nuevamente a la puerta.

—Debe de ser Hello —dije yo.

—No abras —me detuvo Margot, pero no hacía falta, oímos a mamá y al señor Van Daan abajo hablando con Hello. Luego entraron y cerraron la puerta. A partir de ese momento, cada vez que llamaran a la puerta, una de nosotras debía bajar sigilosamente para ver si era papá; no abriríamos la puerta a extraños. A Margot y a mí nos hicieron salir del salón; Van Daan quería hablar a solas con mamá.

Una vez en nuestra habitación, Margot me confesó que la citación no estaba dirigida a papá, sino a ella. De nuevo me asusté muchísimo y me eché a llorar. Margot tiene dieciséis años. De modo que quieren llevarse a chicas solas tan jóvenes como ella... Pero por suerte no iría, lo había dicho mamá, y seguro que a eso se había referido papá cuando conversaba conmigo sobre el hecho de escondernos. Escondernos... ¿Dónde nos esconderíamos? ¿En la ciudad, en el campo, en una casa, en una cabaña, cómo, cuándo, dónde? Eran muchas las preguntas que no podía hacer, pero que me venían a la mente una y otra vez.

Margot y yo empezamos a guardar lo indispensable en una cartera del colegio. Lo primero que guardé fue este cuaderno de tapas duras, luego unas plumas, pañuelos, libros del colegio, un peine, cartas viejas... Pensando en el escondite, metí en la cartera las cosas más estúpidas, pero no me arrepiento. Me importan más los recuerdos que los vestidos.

A las cinco llegó por fin papá. Llamamos por teléfono al señor Kleiman, pidiéndole que viniera esa misma tarde. Van Daan fue a buscar a Miep. Miep vino, y en una bolsa se llevó algunos zapatos, vestidos, chaquetas, ropa interior y medias, y prometió volver por la noche. Luego hubo un gran silencio en la casa: ninguno de nosotros quería comer nada, aún hacía calor y todo resultaba muy extraño.

La habitación grande del piso de arriba se la habíamos alquilado a un tal Goldschmidt, un hombre divorciado de treinta y pico, que por lo visto no tenía nada que hacer, por lo que se quedó matando el tiempo hasta las diez con nosotros en el salón, sin que hubiera manera de hacerle entender que se fuera.

A las once llegaron Miep y Jan Gies. Miep trabaja desde 1933 para papá y se ha hecho íntima amiga de la familia, al igual que su flamante marido Jan. Nuevamente desaparecieron zapatos, medias, libros y ropa interior en la bolsa de Miep y en los grandes bolsillos del abrigo de Jan, y a las once y media también desaparecieron ellos mismos.

Estaba muerta de cansancio, y aunque sabía que sería la última noche en que dormiría en mi cama, me dormí enseguida y no me desperté hasta las cinco y media de la mañana, cuando me llamó mamá. Por suerte hacía menos calor que el domingo; durante todo el día cayó una lluvia cálida. Todos nos pusimos tanta ropa que era como si tuviéramos que pasar la noche en un frigorífico, pero era para poder llevarnos más prendas de vestir. A ningún judío que estuviera en nuestro lugar se le habría ocurrido salir de casa con una maleta llena de ropa. Yo llevaba puestas dos camisetas, tres pantalones, un vestido, encima una falda, una chaqueta, un abrigo de verano, dos pares de medias, zapatos cerrados, un gorro, un pañuelo y muchas cosas más; estando todavía en casa ya me entró asfixia, pero no había más remedio.

Margot llenó de libros la cartera del colegio, sacó la bicicleta del garaje para bicicletas y salió detrás de Miep, con un rumbo para mí desconocido. Y es que yo seguía sin saber cuál era nuestro misterioso destino.

A las siete y media también nosotros cerramos la puerta a nuestras espaldas. Del único del que había tenido que despedirme era de Moortje, mi gatito, que sería acogido en casa de los vecinos, según le indicamos al señor Goldschmidt en una nota.

Las camas deshechas, la mesa del desayuno sin recoger, medio kilo de carne para el gato en la nevera, todo daba la impresión de que habíamos abandonado la casa atropelladamente. Pero no nos importaba la impresión que dejáramos, queríamos irnos, solo irnos y llegar a puerto seguro, nada más.

Seguiré mañana.

Tu Anne

Jueves, 9 de julio de 1942

Querida Kitty:

Así anduvimos bajo la lluvia torrencial, papá, mamá y yo, cada cual con una cartera de colegio y una bolsa de la compra, cargadas hasta los topes con una mezcolanza de cosas. Los trabajadores que iban temprano a trabajar nos seguían con la mirada. En sus caras podía verse claramente que lamentaban no poder ofrecernos ningún transporte: la estrella amarilla que llevábamos era elocuente.

Solo cuando ya estuvimos en la calle, papá y mamá empezaron a contarme poquito a poco el plan del escondite. Llevaban meses sacando de la casa la mayor cantidad posible de muebles y enseres, y habían decidido que entraríamos en la clandestinidad voluntariamente, el 16 de julio. Por causa de la citación, el asunto se había adelantado diez días, de modo que tendríamos que conformarnos con unos aposentos menos arreglados y ordenados.

El escondite estaba situado en el edificio donde tenía las oficinas papá. Como para las personas ajenas al asunto esto es algo difícil de entender, pasaré a dar una aclaración. Papá no ha tenido nunca mucho personal: el señor Kugler, Kleiman y Miep, además de Bep Voskuijl, la secretaria de veintitrés años. Todos estaban al tanto de nuestra llegada. En el almacén trabajan el señor Voskuijl, padre de Bep, y dos mozos, a quienes no les habíamos dicho nada.

El edificio está dividido de la siguiente manera: en la planta baja hay un gran almacén, que se usa para el depósito de mercancías. Este está subdividido en distintos cuartos, como el que se usa para moler la canela, el clavo y el sucedáneo de la pimienta, y luego está el cuarto de las provisiones. Al lado de la puerta del almacén está la puerta de entrada normal de la casa, tras la cual una segunda puerta da acceso a la escalera. Subiendo las escaleras se llega a una puerta de vidrio traslúcido, en la que antiguamente ponía OFICINA en letras negras. Se trata de la oficina principal del edificio, muy grande, muy luminosa y muy llena. De día trabajan allí Bep, Miep y el señor Kleiman. Pasando por un cuartito donde está la caja fuerte, el guardarropa y un armario para guardar útiles de escritorio, se llega a una pequeña habitación bastante oscura y húmeda que da al patio. Este era el despacho que compartían el señor Kugler y el señor Van Daan, pero que ahora solo ocupa el primero. También se puede acceder al despacho de Kugler desde el pasillo, aunque solo a través de una puerta de vidrio que se abre desde dentro y que es difícil de abrir desde fuera. Saliendo de ese despacho se va por un pasillo largo y estrecho, se pasa por la carbonera y, después de subir cuatro peldaños, se llega a la habitación que es el orgullo del edificio: el despacho principal. Muebles oscuros muy elegantes, el piso cubierto de linóleo y alfombras, una radio, una hermosa lámpara, todo verdaderamente precioso. Al lado, una amplia cocina con calentador de agua y dos hornillos, y al lado de la cocina, un retrete. Ese es el primer piso.

Desde el pasillo de abajo se sube por una escalera corriente de madera. Arriba hay un pequeño rellano, al que llamamos normalmente descansillo. A la izquierda y derecha del descansillo hay dos puertas. La de la izquierda comunica con la casa de delante, donde hay almacenes, un desván y una buhardilla. Al otro extremo de esta parte delantera del edificio hay una escalera, superempinada, típicamente holandesa (de esas en las que es fácil romperse la crisma), que lleva a la segunda puerta que da a la calle.

A la derecha del descansillo se halla la «casa de atrás». Nadie sospecharía nunca que detrás de esta puerta pintada de gris, sin nada de particular, se esconden tantas habitaciones. Delante de la puerta hay un escalón alto, y por allí se entra. Justo enfrente de la puerta de entrada, una escalera empinada; a la izquierda hay un pasillito y una habitación que pasó a ser el cuarto de estar y dormitorio de los Frank, y al lado otra habitación más pequeña: el dormitorio y estudio de las señoritas Frank. A la derecha de la escalera, un cuarto sin ventanas, con un lavabo y un retrete cerrado, y otra puerta que da a la habitación de Margot y mía. Subiendo las escaleras, al abrir la puerta de arriba, uno se asombra al ver que en una casa tan antigua de los canales pueda haber una habitación tan grande, tan luminosa y tan amplia. En este espacio hay un fogón (esto se lo debemos al hecho de que aquí Kugler tenía antes su laboratorio) y un fregadero. O sea, que esa es la cocina, y a la vez también dormitorio del señor y la señora Van Daan, cuarto de estar general, comedor y estudio. Luego, una diminuta habitación de paso, que será la morada de Peter van Daan y, finalmente, al igual que en la casa de delante, un desván y una buhardilla. Y aquí termina la presentación de toda nuestra hermosa Casa de atrás.

Tu Anne

Querida Kitty:

Es muy probable que te haya aburrido tremendamente con mi tediosa descripción de la casa, pero me parece importante que sepas dónde he venido a parar. A través de mis próximas cartas ya te enterarás de cómo vivimos aquí.

Ahora primero quisiera seguir contándote la historia del otro día, que todavía no he terminado. Una vez que llegamos al edificio de Prinsengracht 263, Miep nos llevó enseguida por el largo pasillo, subiendo por la escalera de madera, directamente hacia arriba, a la Casa de atrás. Cerró la puerta detrás de nosotros y nos dejó solos. Margot había llegado mucho antes en bicicleta y ya nos estaba esperando.

El cuarto de estar y las demás habitaciones estaban tan atiborradas de trastos que superaban toda descripción. Las cajas de cartón que a lo largo de los últimos meses habían sido enviadas a la oficina se encontraban en el suelo y sobre las camas. El cuartito pequeño estaba hasta el techo de ropa de cama. Si por la noche queríamos dormir en camas decentes, teníamos que poner manos a la obra de inmediato. A mamá y a Margot les era imposible mover un dedo, estaban echadas en las camas sin hacer, cansadas, desganadas y no sé cuántas cosas más, pero papá y yo, los dos «ordenalotodo» de la familia, queríamos empezar cuanto antes.

Anduvimos todo el día desempaquetando, poniendo cosas en los armarios, martilleando y ordenando, hasta que por la noche caímos exhaustos en las camas limpias. No habíamos comido nada caliente en todo el día, pero no nos importaba; mamá y Margot estaban demasiado cansadas y nerviosas como para comer nada, y papá y yo teníamos demasiado que hacer.

El martes por la mañana tomamos el trabajo donde lo habíamos dejado el lunes. Bep y Miep hicieron la compra usando nuestras cartillas de racionamiento, papá arregló los paneles para oscurecer las ventanas, que no resultaban suficientes, fregamos el suelo de la cocina y estuvimos nuevamente trajinando de la mañana a la noche. Hasta el miércoles casi no tuve tiempo de ponerme a pensar en los grandes cambios que se habían producido en mi vida. Solo entonces, por primera vez desde que llegamos a la Casa de atrás, encontré ocasión para ponerte al tanto de los hechos y al mismo tiempo para darme cuenta de lo que realmente me había pasado y de lo que aún me esperaba.

Tu Anne

Sábado, 11 de julio de 1942

Querida Kitty:
Papá, mamá y Margot no logran acostumbrarse a las campanadas de la iglesia del Oeste, que suenan cada quince minutos anunciando la hora. Yo sí, me gustaron desde el principio, y sobre todo por las noches me dan una sensación de amparo. Te interesará saber qué me parece mi vida de escondida, pues bien, solo puedo decirte que ni yo misma lo sé muy bien. Creo que aquí nunca me sentiré realmente en casa, con lo que no quiero decir en absoluto que me desagrade estar aquí; más bien me siento como si estuviera pasando unas vacaciones en una pensión muy curiosa. Reconozco que es una concepción un tanto extraña de la clandestinidad, pero las cosas son así, y no las puedo cambiar. Como escondite, la Casa de atrás es ideal; aunque hay humedad y está toda inclinada, estoy segura de que en todo Amsterdam y quizá hasta en toda Holanda no hay otro escondite tan confortable como el que hemos instalado aquí.

La pequeña habitación de Margot y mía, sin nada en las paredes, tenía hasta ahora un aspecto bastante desolador. Gracias a papá, que ya antes había traído mi colección de tarjetas postales y mis fotos de estrellas de cine, pude decorar con ellas una pared entera, pegándolas con cola. Quedó muy, muy bonito, por lo que ahora parece mucho más alegre. Cuando lleguen los Van Daan, ya nos fabricaremos algún armarito y otros chismes con la madera que hay en el desván.

Margot y mamá ya se han recuperado un poco. Ayer mamá quiso hacer la primera sopa de guisantes, pero cuando estaba abajo charlando, se olvidó de la sopa, que se quemó de tal manera que los guisantes estaban negros como el carbón y no había forma de despegarlos del fondo de la olla.

Ayer por la noche bajamos los cuatro al antiguo despacho de papá y pusimos la radio inglesa. Yo tenía tanto miedo de que alguien pudiera oírnos que le supliqué a papá que volviéramos arriba. Mamá comprendió mi temor y subió conmigo. También con respecto a otras cosas tenemos mucho miedo de que los vecinos puedan vernos u oírnos. Ya el primer día tuvimos que hacer cortinas, que en realidad no se merecen ese nombre, ya que no son más que unos trapos sueltos, totalmente diferentes entre sí en forma, calidad y dibujo. Papá y yo, que no entendemos nada del arte de coser, las unimos de cualquier manera con hilo y aguja. Estas verdaderas joyas las colgamos luego con chinchetas delante de las ventanas, y ahí se quedarán hasta que nuestra estancia aquí acabe.

A la derecha de nuestro edificio se encuentra una filial de la compañía Keg, de Zaandam, y a la izquierda una ebanistería. La gente que trabaja allí abandona el recinto cuando termina su horario de trabajo, pero aun así podrían oír algún ruido que nos delatara. Por eso, hemos prohibido a Margot que tosa por las noches, pese a que está muy acatarrada, y le damos codeína en grandes cantidades.

Me hace mucha ilusión la venida de los Van Daan, que se ha fijado para el martes. Será mucho más ameno y también habrá menos silencio. Porque es el silencio lo que por las noches y al caer la tarde me pone tan nerviosa, y daría cualquier cosa por que alguno de nuestros protectores se quedara aquí a dormir.

La vida aquí no es tan terrible, porque podemos cocinar nosotros mismos y abajo, en el despacho de papá, podemos escuchar la radio. El señor Kleiman y Miep y también Bep Voskuijl nos han ayudado muchísimo. Nos han traído ruibarbo, fresas y cerezas, y no creo que por el momento nos vayamos a aburrir. Tenemos suficientes cosas para leer, y aún vamos a comprar un montón de juegos. Está claro que no podemos mirar por la ventana ni salir fuera. También está prohibido hacer ruido, porque abajo no nos deben oír.

Ayer tuvimos mucho trabajo; tuvimos que deshuesar dos cestas de cerezas para la oficina. El señor Kugler quería usarlas para hacer conservas.

Con la madera de las cajas de cerezas haremos estantes para libros.

Me llaman.

Tu Anne

28 de septiembre de 1942. (Añadido.)

Me angustia más de lo que puedo expresar el que nunca podamos salir fuera, y tengo mucho miedo de que nos descubran y nos fusilen. Eso no es, naturalmente, una perspectiva demasiado halagüeña.

Hoy hace un mes todos fueron muy buenos conmigo, cuando era mi cumpleaños, pero ahora siento cada día más cómo me voy distanciando de mamá y Margot. Hoy he estado trabajando duro, y todos me han elogiado enormemente, pero a los cinco minutos ya se pusieron a regañarme.

Es muy clara la diferencia entre cómo nos tratan a Margot y a mí. Margot, por ejemplo, ha roto la aspiradora, y ahora nos hemos quedado todo el día sin luz. Mamá le dijo:

—Pero, Margot, se nota que no estás acostumbrada a trabajar, si no habrías sabido que no se debe desenchufar una aspiradora tirando del cable.

Margot respondió algo y el asunto no pasó de ahí.

Pero hoy por la tarde yo quise pasar a limpio la lista de la compra de mamá, que tiene una letra bastante ilegible, pero no quiso que lo hiciera y enseguida me echó una tremenda regañina en la que se metió toda la familia.

Estos últimos días estoy sintiendo cada vez más claramente que no encajo en mi familia. Se ponen tan sentimentales cuando están juntos, y yo prefiero serlo cuando estoy sola. Y luego hablan de lo bien que estamos y que nos llevamos los cuatro, y de que somos una familia tan unida, pero en ningún momento se les ocurre pensar en que yo no lo siento así.

Solo papá me comprende de vez en cuando, pero por lo general está del lado de mamá y Margot. Tampoco soporto que en presencia de extraños hablen de que he estado llorando o de lo sensata e inteligente que soy. Lo aborrezco. Luego también a veces hablan de Moortje, y me sabe muy mal, porque ese es precisamente mi punto flaco y vulnerable. Echo de menos a Moortje a cada momento, y nadie sabe cuánto pienso en él. Siempre que pienso en él se me saltan las lágrimas. Moortje es tan bueno, y lo quiero tanto... Sueño a cada momento con su vuelta.

Aquí siempre tengo sueños agradables, pero la realidad es que tendremos que quedarnos aquí hasta que termine la guerra. Nunca podemos salir fuera, y tan solo podemos recibir la visita de Miep, su marido Jan, Bep Voskuijl, el señor Voskuijl, el señor Kugler, el señor Kleiman y la señora Kleiman, aunque esta nunca viene porque le parece muy peligroso.

Septiembre de 1942. (Añadido.)

Papá siempre es muy bueno. Me comprende de verdad, y a veces me gustaría poder hablar con él en confianza, sin ponerme a llorar enseguida. Pero eso parece tener que ver con la edad. Me gustaría escribir todo el tiempo, pero se haría muy aburrido.

Hasta ahora casi lo único que he escrito en mi libro son pensamientos, y no he tenido ocasión de escribir historias divertidas para poder leérselas a alguien más tarde. Pero a partir de ahora intentaré no ser sentimental, o serlo menos, y atenerme más a la realidad.

Viernes, 14 de agosto de 1942

Querida Kitty:
Durante todo un mes te he abandonado, pero es que tampoco hay tantas novedades como para contarte algo divertido todos los días. Los Van Daan llegaron el 13 de julio. Pensamos que vendrían el 14, pero como entre el 13 y el 16 de julio los alemanes empezaron a poner nerviosa cada vez a más gente, enviando citaciones a diestro y siniestro, pensaron que era más seguro ade-

lantar un día la partida, antes de que fuera demasiado tarde.

A las nueve y media de la mañana —aún estábamos desayunando— llegó Peter van Daan, un muchacho desgarbado, bastante soso y tímido que no ha cumplido aún los dieciséis años, y de cuya compañía no cabe esperar gran cosa. El señor y la señora Van Daan llegaron media hora más tarde. Para gran regocijo nuestro, la señora traía una sombrerera con un enorme orinal dentro.

—Sin orinal no me siento en mi casa en ninguna parte —sentenció, y el orinal fue lo primero a lo que le asignó un lugar fijo: debajo del diván. El señor Van Daan no traía orinal, pero sí una mesa de té plegable bajo el brazo.

El primer día de nuestra convivencia comimos todos juntos, y al cabo de tres días los siete nos habíamos hecho a la idea de que nos habíamos convertido en una gran familia. Como es natural, los Van Daan tenían mucho que contar de lo que había sucedido durante la última semana que habían pasado en el mundo exterior. Entre otras cosas nos interesaba mucho saber lo que había sido de nuestra casa y del señor Goldschmidt.

El señor Van Daan nos contó lo siguiente:

—El lunes por la mañana, a las nueve, Goldschmidt nos telefoneó y me dijo si podía pasar por ahí un momento. Fui enseguida y lo encontré muy alterado. Me dio a leer una nota que le habían dejado los Frank y, siguiendo las indicaciones de la misma, quería llevar al gato a casa de los vecinos, lo que me pareció estupendo. Temía que vinieran a registrar la casa, por lo que recorrimos todas las habitaciones, ordenando un poco aquí y allá, y también recogimos la mesa. De repente, en el escritorio de la señora Frank encontré un bloc que tenía escrita una dirección en Maastricht. Aunque sabía que ella lo había hecho adrede, me hice el sorprendido y asustado y rogué encarecidamente a Goldschmidt que quemara ese papel, que podía ser causante de alguna desgracia. Seguí haciendo todo el tiempo como si no supiera nada de que ustedes habían desaparecido, pero al ver el papelito se me ocurrió una buena idea. «Señor Goldschmidt —le dije—, ahora que lo pienso, me parece saber con qué puede tener que ver esa dirección. Recuerdo muy bien que hace más o menos medio año vino a la oficina un oficial de alta graduación, que resultó ser un gran amigo de infancia del señor Frank. Prometió ayudarlo en caso de necesidad, y precisamente residía en Maastricht. Se me hace que este oficial ha mantenido su palabra y que ha ayudado al señor Frank a pasar a Bélgica y de allí a Suiza. Puede decirles esto a los amigos de los Frank que pregunten por ellos. Claro que no hace falta que mencione lo de Maastricht.» Dicho esto, me retiré. La mayoría de los amigos y conocidos ya lo saben, porque en varias oportunidades ya me ha tocado oír esta versión.

La historia nos causó mucha gracia, pero todavía nos hizo reír más la fantasía de la gente cuando Van Daan se puso a contar lo que algunos decían. Una familia de la Merwedeplein aseguraba que nos había visto pasar a los cuatro temprano por la mañana en bicicleta, y otra señora estaba segurísima de que en medio de la noche nos habían cargado en un furgón militar.

Tu Anne

Viernes, 21 de agosto de 1942

Querida Kitty:
Nuestro escondite solo ahora se ha convertido en un verdadero escondite. Al señor Kugler le pareció que era mejor que delante de la puerta que da acceso a la

Casa de atrás colocáramos una estantería, ya que los alemanes están registrando muchas casas en busca de bicicletas escondidas. Pero se trata naturalmente de una estantería giratoria, que se abre como una puerta. La ha fabricado el señor Voskuijl. (Lo hemos puesto al corriente de los siete escondidos, y se ha mostrado muy servicial en todos los aspectos.)

Ahora, cuando queremos bajar al piso de abajo, tenemos que agacharnos primero y luego saltar. Al cabo de tres días, todos teníamos la frente llena de chichones de tanto chocarnos la cabeza al pasar por la puerta, demasiado baja. Para amortiguar los golpes en lo posible, Peter ha colocado un paño con virutas de madera en el umbral. ¡Veremos si funciona!

Estudiar, no estudio mucho. Hasta septiembre he decidido que tengo vacaciones. Papá me ha dicho que luego él me dará clases, pero primero tendremos que comprar todos los libros del nuevo curso.

Nuestra vida no cambia demasiado. Hoy le han lavado la cabeza a Peter, lo que no tiene nada de particular. El señor Van Daan y yo siempre andamos discutiendo. Mamá siempre me trata como a una niñita, y a mí eso me da mucha rabia. Por lo demás, estamos algo mejor. Peter sigue sin caerme más simpático que antes; es un chico latoso, que está todo el día ganduleando en la cama, luego se pone a martillear un poco y cuando acaba se vuelve a tumbar. ¡Vaya un tonto!

Esta mañana mamá me ha vuelto a soltar un soberano sermón. Nuestras opiniones son diametralmente opuestas. Papá es un cielo, aunque a veces se enfada conmigo durante cinco minutos.

Afuera hace buen tiempo, y pese a todo tratamos de aprovecharlo en lo posible, tumbándonos en el catre que tenemos en el desván.

Tu Anne

21 de septiembre de 1942. (Añadido.)

El señor Van Daan está como una malva conmigo últimamente. Yo lo dejo hacer, sin oponerme.

Miércoles, 2 de septiembre de 1942

Querida Kitty:

Los Van Daan han tenido una gran pelea. Nunca he presenciado una cosa igual, ya que a papá y mamá ni se les ocurriría gritarse de esa manera. El motivo fue tan tonto que ni merece la pena mencionarlo. En fin, allá cada uno.

Claro que es muy desagradable para Peter, que está en medio de los dos, pero a Peter ya nadie lo toma en serio, porque es tremendamente quisquilloso y vago. Ayer andaba bastante preocupado porque tenía la lengua de color azul en lugar de rojo. Este extraño fenómeno, sin embargo, desapareció tan rápido como se había producido. Hoy anda con una gran bufanda al cuello, ya que tiene tortícolis, y por lo demás el señor Van Daan se queja de que tiene lumbago. También tiene unos dolores en la zona del corazón, los riñones y el pulmón. ¡Es un verdadero hipocondríaco! (Se les llama así, ¿verdad?)

Mamá y la señora Van Daan no hacen muy buenas migas. Motivos para la discordia hay de sobra. Por poner un ejemplo: la señora ha sacado del ropero común todas sus sábanas, dejando solo tres. ¡Si se cree que toda la familia va a usar la ropa de mamá, se llevará un buen chasco cuando vea que mamá ha seguido su ejemplo!

Además, la señora está de mala uva porque no usamos nuestra vajilla, y sí la suya. Siempre está tratando de averiguar dónde hemos metido nuestros platos; están más cerca de lo que ella supone: en el desván, metidos en cajas de cartón, detrás de un montón de material publicitario de Opekta. Mientras estemos escondidos, los platos estarán fuera de alcance. ¡Tanto mejor!

A mí siempre me ocurren toda clase de desgracias. Ayer rompí en mil pedazos un plato sopero de la señora.

—¡Ay! —exclamó furiosa—. Ten más cuidado con lo que haces, que es *lo uno* que me queda.

Por favor, ten en cuenta, Kitty, que las dos señoras de la casa hablan un holandés macarrónico (de los señores no me animo a decir nada, se ofenderían mucho). Si vieras cómo mezclan y confunden todo, te partirías de risa. Ya ni prestamos atención al asunto, ya que no tiene sentido corregirlas. Cuando te escriba sobre alguna de ellas, no te citaré textualmente lo que dicen, sino que lo pondré en holandés correcto.

La semana pasada ocurrió algo que rompió un poco la monotonía: tenía que ver con un libro sobre mujeres y Peter. Has de saber que a Margot y Peter les está permitido leer casi todos los libros que nos presta el señor Kleiman, pero este libro en concreto sobre un tema de mujeres, los adultos prefirieron reservárselo para ellos. Esto despertó enseguida la curiosidad de Peter. ¿Qué cosas prohibidas contendría ese libro? Lo cogió a escondidas de donde lo tenía guardado su madre mientras ella estaba abajo charlando, y se llevó el botín a la buhardilla. Este método funcionó bien durante dos días; la señora Van Daan sabía perfectamente lo que pasaba, pero no decía nada, hasta que su marido se enteró. Este se enojó, le quitó el libro a Peter y pensó que la cosa terminaría ahí. Sin embargo, había subestimado la curiosidad de su hijo, que no se dejó impresionar por la enérgica actuación de su padre. Peter se puso a rumiar las posibilidades de seguir con la lectura de este libro tan interesante.

Su madre, mientras tanto, consultó a mamá sobre lo que pensaba del asunto. A mamá le pareció que este no era un libro muy recomendable para Margot, pero los otros no tenían nada de malo, según ella.

—Entre Margot y Peter, señora Van Daan —dijo mamá—, hay una gran diferencia. En primer lugar, Margot es una chica, y las mujeres siempre son más maduras que los varones; en segundo lugar, Margot ya ha leído bastantes libros serios y no anda buscando temas que ya no le están prohibidos, y en tercer lugar, Margot es más seria y está mucho más adelantada, puesto que ya ha ido cuatro años al liceo.

La señora Van Daan estuvo de acuerdo, pero de todas maneras consideró que en principio era inadecuado dar a leer a los jóvenes libros para adultos.

Entretanto, Peter encontró el momento indicado en el que nadie se preocupara por el libro ni le prestara atención a él: a las siete y media de la tarde, cuando toda la familia se reunía en el antiguo despacho de papá para escuchar la radio, se llevaba el tesoro a la buhardilla. A las ocho y media tendría que haber vuelto de nuevo abajo, pero como el libro lo había cautivado tanto, no se fijó en la hora y justo estaba bajando la escalera del desván cuando su padre entraba en el cuarto de estar. Lo que siguió es fácil de imaginar: un cachete, un golpe, un tirón, el libro tirado sobre la mesa y Peter de vuelta en la buhardilla.

Así estaban las cosas cuando la familia se reunió para cenar. Peter se quedó arriba, nadie le hacía caso, tendría que irse a la cama sin comer. Seguimos comiendo, conversando alegremente, cuando de repente se oyó un pitido penetrante. Todos soltamos los tenedores y miramos con las caras pálidas del susto.

Entonces oímos la voz de Peter por el tubo de la chimenea:

—¡No os creáis que bajaré!

El señor Van Daan se levantó de un salto, se le cayó la servilleta al suelo, y con la cara de un rojo encendido exclamó:

—¡Hasta aquí hemos llegado!

Papá lo cogió del brazo, temiendo que algo malo pudiera pasarle, y juntos subieron al desván. Tras muchas protestas y pataleo, Peter fue a parar a su habitación, la puerta se cerró y nosotros seguimos comiendo.

La señora Van Daan quería guardarle un bocado a su niñito, pero su marido fue terminante.

—Si no se disculpa inmediatamente, tendrá que dormir en la buhardilla.

Todos protestamos; mandarlo a la cama sin cenar ya nos parecía castigo suficiente. Si Peter llegaba a acatarrarse, no podríamos hacer venir a ningún médico.

Peter no se disculpó, y volvió a instalarse en la buhardilla. El señor Van Daan no intervino más en el asunto, pero por la mañana descubrió que la cama de Peter había sido usada. Este había vuelto a subir al desván a las siete, pero papá lo convenció con buenas palabras para que bajara. Al cabo de tres días de ceños fruncidos y de silencios obstinados, todo volvió a la normalidad.

Tu Anne

Lunes, 21 de septiembre de 1942

Querida Kitty:

Hoy te comunicaré las noticias generales de la Casa de atrás. Por encima de mi diván hay una lamparita para que pueda tirar de una cuerda en caso de que haya disparos. Sin embargo, de momento esto no es posible, ya que tenemos la ventana entornada día y noche.

La sección masculina de la familia Van Daan ha fabricado una despensa muy cómoda, de madera barnizada y provista de mosquiteros de verdad. Al principio habían instalado el armatoste en el cuarto de Peter, pero para que esté más fresco lo han trasladado al desván. En su lugar hay ahora un estante. Le he recomendado a Peter que ponga allí la mesa, con un bonito mantel, y que cuelgue el armarito en la pared, donde ahora tiene la mesa. Así, aún puede convertirse en un sitio acogedor, aunque a mí no me gustaría dormir ahí.

La señora Van Daan es insufrible. Arriba me regañan continuamente porque hablo sin parar, pero yo no les hago caso. Una novedad es que a la señora ahora le ha dado por negarse a fregar las ollas. Cuando queda un poquitín dentro, en vez de guardarlo en una fuente de vidrio deja que se pudra en la olla. Y si luego a Margot le toca fregar muchas ollas, la señora le dice:

—Ay, Margot, Margotita, ¡cómo trabajas!

El señor Kleiman me trae cada quince días algunos libros para niñas. Me encanta la serie de libros sobre Joop ter Heul, y los de Cissy van Marxveldt por lo general también me gustan mucho. *Locura de verano* me lo he leído ya cuatro veces, pero me siguen divirtiendo mucho las situaciones tan cómicas que describe.

Con papá estamos haciendo un árbol genealógico de su familia, y sobre cada uno de sus miembros me va contando cosas.

Ya hemos empezado otra vez los estudios. Yo hago mucho francés, y cada día me machaco la conjugación de cinco verbos irregulares. Sin embargo, he olvidado mucho de lo que aprendí en el colegio.

Peter ha encarado con muchos suspiros su tarea de estudiar inglés. Algunos libros acaban de llegar; los cuadernos, lápices, gomas de borrar y etiquetas me los he traído de casa en grandes cantidades. *Pim* (así llamo cariñosamente a papá) quiere que le demos clases de holandés. A mí no me importa dárselas, en compensación por la ayuda que me da en francés y otras asignaturas. Pero no te imaginas los errores garrafales que comete. ¡Son increíbles!

A veces me pongo a escuchar Radio Orange;[1] hace poco habló el príncipe Bernardo, que contó que para enero esperan el nacimiento de un niño. A mí me encanta la noticia, pero en casa no entienden mi afición por la Casa de Orange.[2]

Hace días estuvimos hablando de que todavía soy muy ignorante, por lo que al día siguiente me puse a estudiar como loca, porque no me apetece para nada tener que volver al primer curso cuando tenga catorce o quince años. En esa conversación también se habló de que casi no me permiten leer nada. Mamá de momento está leyendo *Hombres, mujeres y criados,* pero a mí por supuesto no me lo dejan leer (¡a Margot sí!); primero tengo que tener más cultura, como la sesuda de mi hermana. Luego hablamos de mi ignorancia en temas de filosofía, psicología y fisiología (estas palabras tan difíciles he tenido que buscarlas en el diccionario), y es cierto que de eso no sé nada. ¡Tal vez el año que viene ya sepa algo!

He llegado a la aterradora conclusión de que no tengo más que un vestido de manga larga y tres chalecos para el invierno. Papá me ha dado permiso para que me haga un jersey de lana blanca. La lana que tengo no es muy bonita que digamos, pero el calor que me dé me compensará de sobra. Tenemos algo de ropa en casa de otra gente, pero lamentablemente solo podremos ir a recogerla cuando termine la guerra, si es que para entonces todavía sigue allí.

Hace poco, justo cuando te estaba escribiendo algo sobre ella, apareció la señora Van Daan. ¡Plaf!, tuve que cerrar el cuaderno de golpe.

1. Emisora del Gobierno holandés en el exilio, que emitía desde Londres. *(N. del T.)*
2. Nombre de la casa real holandesa. *(N. del T.)*

—Oye, Anne, ¿no me enseñas algo de lo que escribes?

—No, señora, lo siento.

—¿Tampoco la última página?

—No, señora, tampoco.

Menudo susto me llevé, porque lo que había escrito sobre ella justo en esa página no era muy halagüeño que digamos.

Así, todos los días pasa algo, pero soy demasiado perezosa y estoy demasiado cansada para escribírtelo todo.

Tu Anne

Viernes, 25 de septiembre de 1942

Querida Kitty:

Papá tiene un antiguo conocido, el señor Dreher, un hombre de unos setenta y cinco años, bastante sordo, enfermo y pobre, que tiene a su lado, a modo de apéndice molesto, a una mujer veintisiete años menor que él, igualmente pobre, con los brazos llenos de brazaletes y anillos falsos y de verdad, que le han quedado de otras épocas. Este señor Dreher ya le ha causado a papá muchas molestias, y siempre he admirado su inagotable paciencia cuando atendía a este pobre tipo al teléfono. Cuando aún vivíamos en casa, mamá siempre le recomendaba a papá que colocara el auricular al lado de un gramófono, que a cada tres minutos dijera «Sí, señor Dreher; no, señor Dreher», porque total el viejo no entendía ni una palabra de las largas respuestas de papá.

Hoy el señor Dreher telefoneó a la oficina y le pidió a Kugler que pasara un momento a verlo. A Kugler no le apetecía y quiso enviar a Miep. Miep llamó por teléfono para disculparse. Luego la señora de Dreher telefoneó tres veces, pero como presuntamente Miep no estaba en toda la tarde, tuvo que imitar al teléfono la voz de Bep. En el piso de abajo, en las oficinas, y también arriba hubo grandes carcajadas, y ahora, cada vez que suena el teléfono, dice Bep: «¡Debe de ser la señora Dreher!» por lo que a Miep ya le da la risa de antemano y atiende el teléfono entre risitas muy poco corteses. Ya ves, seguro que en el mundo no hay otro negocio como el nuestro, en el que los directores y las secretarias se divierten horrores.

Por las noches me paso a veces por la habitación de los Van Daan a charlar un rato. Comemos una «galleta apolillada» con melaza (la caja de galletas estaba guardada en el ropero atacado por las polillas) y lo pasamos bien. Hace poco hablamos de Peter. Yo les conté que Peter me acaricia a menudo la mejilla y que eso a mí no me gusta. Ellos me preguntaron de forma muy paternalista si yo no podía querer a Peter, ya que él me quería mucho. Yo pensé «¡huy!» y contesté que no. ¡Figúrate! Entonces les dije que Peter era un poco torpe y que me parecía que era tímido. Eso les pasa a todos los chicos cuando no están acostumbrados a tratar con chicas.

Debo decir que la Comisión de Escondidos de la Casa de atrás (sección masculina) es muy inventiva. Fíjate lo que han ideado para hacerle llegar al señor Broks, representante de la Cía. Opekta, conocido nuestro y depositario de algunos de nuestros bienes escondidos, un mensaje de nuestra parte: escriben una carta a máquina dirigida a un tendero que es cliente indirecto de Opekta en la provincia de Zelanda, pidiéndole que rellene una nota adjunta y nos la envíe a vuelta de correo en el sobre también adjunto. El sobre ya lleva escrita la dirección en letra de papá. Cuando llega todo a Zelanda, reemplazan la nota por una señal de vida manuscrita de papá. Así, Broks la lee sin albergar sospechas. Han escogido precisamente Zelanda porque al estar cerca de Bélgica la carta puede haber pasado la frontera de manera clandestina y porque nadie puede viajar allí sin permiso especial. Un representante corriente como Broks seguro que nunca recibiría un permiso así.

Anoche papá volvió a hacer teatro. Estaba muerto de cansancio y se fue a la cama tambaleándose. Como tenía frío en los pies, le puse mis escarpines para dormir. A los cinco minutos ya se le habían caído al suelo. Luego tampoco quería luz y metió la cabeza debajo de la sábana. Cuando se apagó la luz fue sacando la cabeza lentamente. Fue algo de lo más cómico. Luego, cuando estábamos hablando de que Peter trata de «tía» a Margot, se oyó de repente la voz cavernosa de papá, diciendo: «tía María».

El gato Mouschi está cada vez más bueno y simpático conmigo, pero yo sigo teniéndole un poco de miedo.

Tu Anne

Domingo, 27 de septiembre de 1942

Querida Kitty:
Hoy he tenido lo que se dice una «discusión» con mamá, pero lamentablemente siempre se me saltan enseguida las lágrimas, no lo puedo evitar. Papá *siempre* es bueno conmigo, y también mucho más comprensivo. En momentos así, a mamá no la soporto, y es que se le nota que soy una extraña para ella, ni siquiera sabe lo que pienso de las cosas más cotidianas.

Estábamos hablando de criadas, de que habría que llamarlas «asistentas domésticas», y de que después de la guerra seguro que será obligatorio llamarlas así. Yo no estaba tan segura de ello, y entonces me dijo que yo muchas veces hablaba de lo que pasará «más adelante», y que pretendía ser una gran dama, pero eso no es cierto; ¿acaso yo no puedo construirme mis propios castillitos en el aire? Con eso no hago mal a nadie, no hace falta que se lo tomen tan en serio. Papá al menos me defiende; si no fuera por él, seguro que no aguantaría seguir aquí, o casi.

Con Margot tampoco me llevo bien. Aunque en nuestra familia nunca hay enfrentamientos como el que te acabo de describir, para mí no siempre es agradable ni mucho menos formar parte de ella. La manera de ser de Margot y de mamá me es muy extraña. Comprendo mejor a mis amigas que a mi propia madre. Una lástima, ¿verdad?

La señora Van Daan está de mala uva por enésima vez. Está muy malhumorada y va escondiendo cada vez más pertenencias personales. Lástima que mamá, a cada ocultación vandaaniana, no responda con una ocultación frankiana.

Hay algunas personas a las que parece que les diera un placer especial educar no solo a sus propios hijos, sino también participar en la educación de los hijos de sus amigos. Tal es el caso de Van Daan. A Margot no hace falta educarla, porque es la bondad, la dulzura y la sapiencia personificada; a mí, en cambio, me ha tocado en suerte ser maleducada por partida doble. Cuando estamos todos comiendo, las recriminaciones y las respuestas insolentes van y vienen más de una vez. Papá y mamá siempre me defienden a capa y espada, si no fuera por ellos no podría entablar la lucha tantas veces sin pestañear. Aunque una y otra vez me dicen que tengo que hablar menos, no meterme en lo que no me importa y ser más modesta, mis esfuerzos no tienen demasiado éxito. Si papá no tuviera tanta paciencia, yo ya habría perdido hace mucho las esperanzas de llegar a satisfacer las exigencias de mis propios padres, que no son nada estrictas.

Cuando en la mesa me sirvo poco de alguna verdura que no me gusta nada, y como patatas en su lugar, el señor Van Daan, y sobre todo su mujer, no soportan que me consientan tanto. No tardan en dirigirme un «¡Anda, Anne, sírvete más verdura!».

—No, gracias, señora —le contesto—. Me basta con las patatas.

—La verdura es muy sana, lo dice tu propia madre. Anda, sírvete —insiste, hasta que intercede papá y confirma mi negativa.

Entonces, la señora empieza a despotricar:

—Tendrían que haber visto cómo se hacía en mi casa. Allí por lo menos se educaba a los niños. A esto no lo llamo yo educar. Anne es una niña terriblemente malcriada. Yo nunca lo permitiría. Si Anne fuese mi hija...

Así siempre empiezan y terminan todas sus peroratas: «Si Anne fuera mi hija...». ¡Pues por suerte no lo soy!

Pero volviendo a nuestro tema de la educación, ayer, tras las palabras elocuentes de la señora, se produjo un silencio. Entonces papá contestó:

—A mí me parece que Anne es una niña muy bien educada, al menos ya ha aprendido a no contestarle a usted cuando le suelta sus largas peroratas. Y en cuanto a la verdura, no puedo más que contestarle que a lo dicho, viceversa.

La señora estaba derrotada, y bien. El «viceversa» de papá estaba dirigido directamente a ella, ya que por las noches nunca come judías ni coles, porque le producen «ventosidad». Pero eso también podría decirlo yo. ¡Qué mujer más idiota! Por lo menos, que no se meta conmigo.

Es muy cómico ver la facilidad con que se pone colorada. Yo por suerte no, y se ve que eso a ella, secretamente, le da mucha rabia.

Tu Anne

Querida Kitty:

Cuando todavía faltaba mucho para terminar mi carta de ayer, tuve que interrumpir la escritura. No puedo reprimir las ganas de informarte sobre otra disputa, pero antes de empezar debo contarte otra cosa: me parece muy curioso que los adultos se peleen tan fácilmente y por cosas pequeñas. Hasta ahora siempre he pensado que reñir era cosa de niños, y que con los años se pasaba. Claro que a veces hay motivo para pelearse en serio, pero las rencillas de aquí no son más que riñas de poca monta. Como están a la orden del día, en realidad ya debería estar acostumbrada a ellas. Pero no es el caso, y no lo será nunca, mientras sigan hablando de mí en casi todas las discusiones (esta es la palabra que usan en lugar de riña, lo que por supuesto no está mal, pero la confusión es por el alemán). Nada, pero absolutamente nada de lo que yo hago les cae bien: mi comportamiento, mi carácter, mis modales, todos y cada uno de mis actos son objeto de un tremendo chismorreo y de continuas habladurías, y las duras palabras y gritos que me sueltan, dos cosas a las que no estaba acostumbrada, me los tengo que tragar alegremente, según me ha recomendado una autoridad en la materia. Pero ¡yo no puedo! Ni pienso permitir que me insulten de esa manera. Ya les enseñaré que Anne Frank no es ninguna tonta, se quedarán muy sorprendidos y deberán cerrar sus bocazas cuando les haga ver que antes de ocuparse tanto de mi educación, deberían ocuparse de la suya propia. Pero ¡qué se han creído! ¡Vaya unos zafios! Hasta ahora siempre me ha dejado perpleja tanta grosería y, sobre todo, tanta estupidez (de la señora Van Daan). Pero tan pronto como esté acostumbrada, y ya no falta mucho, les pagaré con la misma moneda. ¡Ya no volverán a hablar del mismo modo! ¿Es que realmente soy tan maleducada, tan terca, tan caprichosa, tan poco modesta, tan tonta, tan haragana, etcétera, etcétera, como dicen los de arriba? Claro que no. Ya sé que tengo muchos defectos y que hago muchas cosas mal, pero ¡tampoco hay que exagerar tanto! Si supieras, Kitty, cómo a veces me hierve la sangre cuando todos se ponen a gritar y a insultar de ese modo. Te aseguro que no falta mucho para que toda mi rabia contenida estalle.

Pero basta ya de hablar de este asunto. Ya te he aburrido bastante con mis disputas, y sin embargo no puedo dejar de relatarte una discusión de sobremesa harto interesante.

A raíz de no sé qué tema llegamos a hablar sobre la gran modestia de Pim. Dicha modestia es un hecho indiscutible, que hasta el más idiota no puede dejar de admitir. De repente, la señora Van Daan, que siempre tiene que meterse en todas las conversaciones, dijo:

—Yo también soy muy modesta, mucho más modesta que mi marido.

¡Habrase visto! ¡Pues en esta frase sí que puede apreciarse claramente toda su modestia! El señor Van Daan, que creyó necesario aclarar aquello de «que mi marido», replicó muy tranquilamente:

—Es que yo no quiero ser modesto. Toda mi vida he podido ver que las personas que no son modestas llegan mucho más lejos que las modestas.

Y dirigiéndose a mí, dijo:

—No te conviene ser modesta, Anne. No llegarás a ninguna parte siendo modesta.

Mamá estuvo completamente de acuerdo con este punto de vista, pero la señora Van Daan, como de costumbre, tuvo que añadir su parecer a este tema educacional. Por esta única vez, no se dirigió directamente a mí, sino a mis señores padres, pronunciando las siguientes palabras:

—¡Qué concepción de la vida tan curiosa la suya, al decirle a Anne una cosa semejante! En mis tiempos no era así, y ahora seguro que tampoco lo es, salvo en una familia moderna como la suya.

Esto último se refería al método educativo moderno, tantas veces defendido por mamá. La señora Van Daan estaba coloradísima de tanto sulfurarse. Una persona que se pone colorada se altera cada vez más por el acaloramiento y por consiguiente lleva todas las de perder frente a su adversario.

La madre no colorada, que quería zanjar el asunto lo antes posible, recapacitó tan solo un instante, y luego respondió:

—Señora Van Daan, también yo opino ciertamente que en la vida es mucho mejor no ser tan modesta. Mi marido, Margot y Peter son todos tremendamente modestos. A su marido, a Anne, a usted y a mí no nos falta modestia, pero tampoco permitimos que se nos dé de lado.

La señora Van Daan:

—¡Pero, señora, no la entiendo! De verdad que soy muy, pero que muy modesta. ¡Cómo se le ocurre llamarme poco modesta a mí!

Mamá:

—Es cierto que no le falta modestia, pero nadie la consideraría verdaderamente modesta.

La señora:

—Me gustaría saber en qué sentido soy poco modesta. ¡Si yo aquí no cuidara de mí misma, nadie lo haría, y entonces tendría que morirme de hambre, pero eso no significa que no sea igual de modesta que su marido!

Lo único que mamá pudo hacer con respecto a esta autodefensa tan ridícula fue reírse. Esto irritó a la señora Van Daan, que continuó su maravillosa perorata soltando una larga serie de hermosas palabras germanoholandesas y holando-germanas, hasta que la oradora nata se enredó tanto en su propia palabrería, que finalmente se levantó de su silla y quiso abandonar la habitación, pero entonces sus ojos se clavaron en mí. ¡Deberías haberlo visto! Desafortunadamente, en el mismo momento en que la señora nos había vuelto la espalda, yo meneé burlonamente la cabeza, no a propósito, sino de manera más bien involuntaria, por haber estado siguiendo la conversación con tanta atención. La señora se volvió y empezó a reñirme en voz alta, en alemán, de manera soez y grosera, como una verdulera gorda y colorada. Daba gusto verla. Si supiera dibujar, ¡cómo me habría gustado dibujar a esa mujer bajita y tonta en esa posición tan cómica! De todos modos, he aprendido una cosa, y es lo siguiente: a la gente no se la conoce bien hasta que no se ha tenido una verdadera pelea con ella. Solo entonces puede uno juzgar el carácter que tienen.

Tu Anne

Martes, 29 de septiembre de 1942

Querida Kitty:
A los escondidos les pasan cosas muy curiosas. Figúrate que como no tenemos bañera, nos bañamos en una pequeña tina, y como solo la oficina (con esta palabra siempre me refiero a todo el piso de abajo) dispone de agua caliente, los siete nos turnamos para bajar y aprovechar esta gran ventaja. Pero como somos todos tan distintos y la cuestión del pudor y la vergüenza está más desarrollada en unos que en otros, cada miembro de la familia se ha buscado un lugar distinto para bañarse. Peter se baña en la cocina, pese a que esta tiene una puerta de cristal. Cuando va a darse un baño, pasa a visitarnos a todos por separado para comunicarnos que durante la próxima media hora no debemos transitar

por la cocina. Esta medida le parece suficiente. El señor Van Daan se baña en el piso de arriba. Para él la seguridad del baño tomado en su propia habitación le compensa la molestia de subir toda el agua caliente tantos pisos. La señora, de momento, no se baña en ninguna parte; todavía está buscando el mejor sitio para hacerlo. Papá se baña en su antiguo despacho, mamá en la cocina, detrás de una mampara, y Margot y yo hemos elegido para nuestro chapoteo la oficina grande. Los sábados por la tarde cerramos las cortinas y nos aseamos a oscuras. Mientras una está en la tina, la otra espía por la ventana por entre las cortinas cerradas y curiosea a la gente graciosa que pasa.

Desde la semana pasada ya no me agrada este lugar para bañarme y me he puesto a buscar un sitio más confortable. Fue Peter quien me dio la idea de instalar la tina en el amplio lavabo de las oficinas. Allí puedo sentarme, encender la luz, cerrar la puerta con el pestillo, vaciar la tina yo sola sin la ayuda de nadie, y además estoy a cubierto de miradas indiscretas. El domingo fue el día en que estrené mi hermoso cuarto de baño, y por extraño que suene, me gusta más que cualquier otro sitio.

El miércoles vino el fontanero, y en el lavabo de las oficinas quitó las cañerías que nos abastecen de agua y las volvió a instalar en el pasillo. Este cambio se ha hecho pensando en un invierno frío, para evitar que el agua de la cañería se congele. La visita del fontanero no fue nada placentera. No solo porque durante el día no podíamos dejar correr el agua, sino porque tampoco podíamos ir al retrete. Ya sé que no es muy educado contarte lo que hemos hecho para remediarlo, pero no soy tan pudorosa como para no hablar de estas cosas. Ya al principio de nuestro período de escondidos, papá y yo improvisamos un orinal; al no disponer de uno verdadero, sacrificamos para este fin un frasco de los de hacer conservas. Durante la visita del fontanero, pusimos dichos frascos en la habitación y allí guardamos nuestras necesidades de ese día. Esto me pareció mucho menos desagradable que el hecho de tener que pasarme todo el día sentada sin moverme y sin hablar. No puedes imaginarte lo difícil que le resultó esto a la señorita Cua-cua-cuá. Habitualmente ya debemos hablar en voz baja, pero no poder abrir la boca ni moverse es mil veces peor.

Después de estar tres días seguidos pegada a la silla, tenía el trasero todo duro y dolorido. Con unos ejercicios de gimnasia vespertina pude hacer que se me quitara un poco el dolor.

Tu Anne

Jueves, 1 de octubre de 1942

Querida Kitty:
Ayer me di un susto terrible. A las ocho alguien tocó el timbre muy fuerte. Pensé que serían ya sabes quiénes. Pero cuando todos aseguraron que serían unos gamberros o el cartero, me calmé.

Los días transcurren en silencio. Levinsohn, un farmacéutico y químico judío menudo que trabaja para Kugler en la cocina, conoce muy bien el edificio y por eso tenemos miedo de que se le ocurra ir a echar un vistazo al antiguo laboratorio. Nos mantenemos silenciosos como ratoncitos bebés. ¡Quién iba a decir hace tres meses que «doña Anne puro nervio» debería y podría estar sentada quietecita horas y horas!

El 29 cumplió años la señora Van Daan. Aunque no hubo grandes festejos, se la agasajó con flores, pequeños obsequios y buena comida. Los claveles rojos de su señor esposo parecen una tradición familiar.

Volviendo a la señora Van Daan, puedo decirte que una fuente permanente de irritación y disgusto para mí es cómo coquetea con papá. Le acaricia la mejilla y el pelo, se sube muchísimo la falda, dice cosas supuestamente graciosas y trata de atraer de esta manera la atención de Pim. Por suerte a Pim ella no le gusta ni la encuentra simpática, de modo que no hace caso de sus coqueteos. Como sabes, yo soy bastante celosa por naturaleza, así que todo esto me sabe muy mal. ¿Acaso mamá hace esas cosas delante de su marido? Eso mismo se lo he dicho a la señora en la cara.

Peter tiene alguna ocurrencia divertida de vez en cuando. Al menos una de sus aficiones que hace reír a todos, la comparte conmigo: le gusta disfrazarse. Un día aparecimos él metido en un vestido negro muy ceñido de su madre, y yo vestida con un traje suyo; Peter llevaba un sombrero y yo una gorra. Los mayores se partían de risa y nosotros no nos divertíamos menos.

Bep ha comprado unas faldas nuevas para Margot y para mí en los grandes almacenes Bijenkorf. Son de una tela malísima, parece yute; como aquella tela de la que hacen sacos para meter patatas. Una falda que las tiendas antes ni se hubieran atrevido a vender, vale ahora 7,75 florines o 24 florines, respectivamente. Otra cosa que se avecina: Bep ha encargado a una academia unas clases de taquigrafía por correspondencia para Margot, para Peter y para mí. Ya verás en qué maravillosos taquígrafos nos habremos convertido el año que viene. A mí al menos me parece superinteresante aprender a dominar realmente esa escritura secreta.

Tengo un dolor terrible en el índice izquierdo, con lo que no puedo planchar. ¡Por suerte!

El señor Van Daan quiso que yo me sentara a su lado a la mesa, porque a su gusto Margot no come suficiente; a mí no me desagrada cambiar por un tiempo. En el jardín ahora siempre hay un gatito negro dando vueltas, que me recuerda a mi querido Moortje, pobrecillo. Mamá siempre tiene algo que objetar, sobre todo cuando estamos comiendo, por eso también me gusta el cambio que hemos hecho. Ahora la que tiene que soportarla es Margot, o, mejor dicho, no tiene que soportarla nada, porque total a ella mamá no le hace esos comentarios tan ponzoñosos, la niña ejemplar. Con eso de la niña ejemplar ahora me paso el día haciéndola rabiar, y ella no lo soporta. Quizá así aprenda a dejar de serlo. ¡Buena hora sería!

Para terminar esta serie de noticias variadas, un chiste muy divertido del señor Van Daan: ¿Sabes lo que hace 99 veces «clic» y una vez «clac»? ¡Un ciempiés con una pata de palo!

Tu Anne

Sábado, 3 de octubre de 1942

Querida Kitty:
Ayer me estuvieron gastando bromas por haber estado tumbada en la cama junto al señor Van Daan.

«¡A esta edad!»

«¡Qué escándalo!» y todo tipo de comentarios similares. ¡Qué tontos son! Nunca me acostaría con Van Daan, en el sentido general de la palabra, naturalmente.

Ayer hubo otro encontronazo; mamá empezó a despotricar y le contó a papá todos mis pecados, y entonces se puso a llorar, y yo también, claro, y eso que ya tenía un dolor de cabeza horrible. Finalmente le conté a papaíto que lo quiero mucho más a él que a mamá. Entonces él dijo que ya me pasaría, pero no le creo. Es que a mamá no la puedo soportar y me tengo que esforzar muchísimo para no estar siempre soltándole bufidos y calmarme. A veces me gustaría darle una torta, no sé de dónde sale esta enorme antipatía que siento por ella. Papá me ha dicho que cuando mamá no se siente bien o tiene dolor de cabeza, yo debería tomar la iniciativa para ofrecerme a hacer algo por ella, pero yo no lo hago, porque no la quiero y sencillamente no me sale. También puedo imaginarme que algún día mamá se morirá, pero me parece que nunca podría superar que se muriera papá. Espero que mamá nunca lea esto ni lo demás.

Últimamente me dejan leer más libros para adultos. Ahora estoy leyendo *La niñez de Eva*, de Nico van Suchtelen. No veo que haya mucha diferencia entre las novelas para chicas y esto. Eva pensaba que los niños crecían en los árboles, como las manzanas, y que la cigüeña los recoge cuando están maduros y se los lleva a las madres. Pero la gata de su amiga tuvo cría y los gatitos salían de la madre gata. Ella pensaba que la gata ponía huevos, igual que las gallinas, y que se ponía a empollarlos, y también que las madres que tienen un niño unos días antes suben a poner un huevo y luego lo empollan. Cuando viene el niño, las madres todavía están debilitadas de tanto estar en cuclillas. Eva también quería tener un niño. Cogió un chal de lana y lo extendió en el suelo, donde caería el huevo. Entonces se puso de cuclillas a hacer fuerza. Al mismo tiempo empezó a cacarear, pero no le vino ningún huevo. Por fin, después de muchos esfuerzos, salió algo que no era ningún huevo, sino una salchichita. Eva sintió mucha vergüenza. Pensó que estaba enferma. ¿Verdad que es cómico? *La niñez de Eva* también habla de mujeres que venden sus cuerpos en unos callejones por un montón de dinero. A mí me daría muchísima vergüenza algo así. Además, también habla de que a Eva le vino la regla. Es algo que quisiera que también me pasara a mí, así al menos sería adulta.

Papá anda refunfuñando y amenaza con quitarme el diario. ¡Por favor, no! ¡Vaya un susto! En lo sucesivo será mejor que lo esconda.

Tu Anne

Miércoles, 7 de octubre de 1942

Me imagino que...
viajo a Suiza. Papá y yo dormimos en la misma habitación, mientras que el cuarto de estudio de los chicos[1] pasa a ser mi cuarto privado, en el que recibo a las visitas. Para darme una sorpresa me han comprado un juego de muebles nuevos, con mesita de té, escritorio, sillones y un diván, todo muy, pero muy bonito. Después de unos días, papá me da 150 florines, o el equivalente en moneda suiza, pero digamos que son florines, y dice que me compre todo lo que me haga falta, solo para mí. (Después, todas las semanas me da un florín, con el que también puedo comprarme lo que se me antoje.) Salgo con Bernd y me compro:

3 blusas de verano, a razón de 0,50 = 1,50
3 pantalones de verano, a razón de 0,50 = 1,50
3 blusas de invierno, a razón de 0,75 = 2,25
3 pantalones de invierno, a razón de 0,75 = 2,25
2 enaguas, a razón de 0,50 = 1,00
2 sostenes (de la talla más pequeña), a razón de 0,50 = 1,00
5 pijamas, a razón de 1,00 = 5,00
1 salto de cama de verano, a razón de 2,50 = 2,50
1 salto de cama de invierno, a razón de 3,00 = 3,00
2 mañanitas, a razón de 0,75 = 1,50

1. Se refiere a sus primos Bernhard y Stephan. *(N. del T.)*

1 cojín, a razón de 1,00 = 1,00

1 par de zapatillas de verano, a razón de 1,00 = 1,00

1 par de zapatillas de invierno, a razón de 1,50 = 1,50

1 par de zapatos de verano (colegio), a razón de 1,50 = 1,50

1 par de zapatos de verano (vestir), a razón de 2,00 = 2,00

1 par de zapatos de invierno (colegio), a razón de 2,50 = 2,50

1 par de zapatos de invierno (vestir), a razón de 3,00 = 3,00

2 delantales, a razón de 0,50 = 1,00

25 pañuelos, a razón de 0,05 = 1,25

4 pares de medias de seda, a razón de 0,75 = 3,00

4 pares de calcetines largos hasta la rodilla, a razón de 0,50 = 2,00

4 pares de calcetines cortos, a razón de 0,25 = 1,00

2 pares de medias de lana, a razón de 1,00 = 2,00

3 ovillos de lana blanca (pantalones, gorro) = 1,50

3 ovillos de lana azul (jersey, falda) = 1,50

3 ovillos de lana de colores (gorro, bufanda) = 1,50

chales, cinturones, cuellos, botones = 1,25

También 2 vestidos para el colegio (verano), 2 vestidos para el colegio (invierno), 2 vestidos de vestir (verano), 2 vestidos de vestir (invierno), 1 falda de verano, 1 falda de invierno de vestir, 1 falda de invierno para el colegio, 1 gabardina, 1 abrigo de verano, 1 abrigo de invierno, 2 sombreros, 2 gorros.

Todo junto son 108 florines.

2 bolsos, 1 traje para patinaje sobre hielo, 1 par de patines con zapatos, 1 caja (con polvos, pomadas, crema desmaquilladora, aceite bronceador, algodón, gasas y esparadrapos, colorete, barra de labios, lápiz de cejas, sales de baño, talco, agua de colonia, jabones, borla).

Luego cuatro jerséis a razón de 1,50, 4 blusas a razón de 1,00, objetos varios por un valor total de 10,00, regalos por valor de 4,50.

Querida Kitty:

Hoy no tengo más que noticias desagradables y desconsoladoras para contarte. A nuestros numerosos amigos y conocidos judíos se los están llevando en grupos. La Gestapo no tiene la mínima consideración con ellos, los cargan nada menos que en vagones de ganado y los envían a Westerbork, el gran campo de concentración para judíos en la provincia de Drente. Miep nos ha hablado de alguien que logró fugarse de allí. Debe de ser un sitio horroroso. A la gente no le dan casi de comer y menos de beber. Solo hay agua una hora al día, y no hay más que un retrete y un lavabo para varios miles de personas. Hombres y mujeres duermen todos juntos, y a estas últimas y a los niños a menudo les rapan la cabeza. Huir es prácticamente imposible. Muchos llevan la marca inconfundible de su cabeza rapada o también la de su aspecto judío.

Si ya en Holanda la situación es tan desastrosa, ¿cómo vivirán en las regiones apartadas y bárbaras adonde los envían? Nosotros suponemos que a la mayoría los matan. La radio inglesa dice que los matan en cámaras de gas, quizá sea la forma más rápida de morir.

Estoy tan confusa por las historias de horror tan sobrecogedoras que cuenta Miep y que también a ella la estremecen. Hace poco, por ejemplo, delante de la puerta de su casa se había sentado una viejecita judía entumecida esperando a la Gestapo, que había ido a buscar una furgoneta para llevársela. La pobre vieja estaba muy atemorizada por los disparos dirigidos a los aviones ingleses que sobrevolaban la ciudad, y por el relampagueo de los reflectores. Sin embargo, Miep no se atrevió a hacerla entrar en su casa. Nadie lo haría. Sus señorías alemanas no escatiman medios para castigar.

También Bep está muy callada; al novio lo mandan a Alemania. Cada vez que los aviones sobrevuelan nuestras casas, ella tiene miedo de que suelten sus cargas explosivas de hasta mil toneladas en la cabeza de su Bertus. Las bromas del tipo «Seguro que no le caerán mil toneladas» y «Con una sola bomba basta» me parece que están un tanto fuera de lugar. Bertus no es el único, todos los días salen trenes llenos de muchachos holandeses que van a trabajar a Alemania. En el camino, cuando paran en alguna pequeña estación, algunos se bajan a escondidas e intentan buscar refugio. Una pequeña parte de ellos quizá lo consiga.

Todavía no he terminado con mis lamentaciones.

¿Sabes lo que es un rehén? Es el último método que han impuesto como castigo para los saboteadores. Es lo más horrible que te puedas imaginar. Detienen a destacados ciudadanos inocentes y anuncian que los ejecutarán en caso de que alguien realice un acto de sabotaje. Cuando hay un sabotaje y no encuentran a los responsables, la Gestapo sencillamente pone a cuatro o cinco rehenes contra el paredón. A menudo los periódicos publican esquelas mortuorias sobre estas personas, calificando sus muertes de «accidente fatal».

¡Bonito pueblo el alemán, y pensar que en realidad yo también pertenezco a él! Pero no, hace mucho que Hitler nos ha convertido en apátridas. De todos modos, no hay enemistad más grande en el mundo que entre los alemanes y los judíos.

Tu Anne

Querida Kitty:

Estoy atareadísima. Ayer, primero traduje un capítulo de *La belle Nivernaise* e hice un glosario. Luego resolví un problema de matemáticas dificilísimo y traduje tres páginas de gramática francesa. Hoy tocaba gramática francesa e historia. Me niego a hacer problemas tan difíciles todos los días. Papá también dice que son horribles. Yo casi los sé hacer mejor que él, pero en realidad no nos salen a ninguno de los dos, de modo que siempre tenemos que recurrir a Margot. También estoy muy afanada con la taquigrafía, que me encanta. Soy la que va más adelantada de los tres.

He leído *Los exploradores*. Es un libro divertido, pero no tiene ni punto de comparación con *Joop ter Heul*. Por otra parte, aparecen a menudo las mismas palabras, pero eso se entiende al ser de la misma escritora. Cissy van Marxveldt escribe de miedo. Fijo que luego se los daré a leer a mis hijos.

Además, he leído un montón de obras de teatro de Körner. Me gusta cómo escribe. Por ejemplo: *Eduviges*, *El primo de Bremen*, *La gobernanta*, *El dominó verde* y otras más.

Mamá, Margot y yo hemos vuelto a ser grandes amigas, y en realidad me parece que es mucho mejor así. Anoche estábamos acostadas en mi cama Margot y yo. Había poquísimo espacio, pero por eso justamente era muy divertido. Me pidió que le dejara leer mi diario.

—Solo algunas partes —le contesté, y le pedí el suyo. Me dejó que lo leyera.

Así llegamos al tema del futuro, y le pregunté qué quería ser cuando fuera mayor. Pero no quiso decírmelo, se lo guarda como un gran secreto. Yo he captado algo así como que le interesaría la enseñanza. Naturalmente, no sé si le convendrá, pero sospecho que tirará por ese lado. En realidad no debería ser tan curiosa.

Esta mañana me tumbé en la cama de Peter, después de ahuyentarlo. Estaba furioso, pero me importa un verdadero bledo. Podría ser más amable conmigo, porque sin ir más lejos, anoche le regalé una manzana.

Le pregunté a Margot si yo le parecía muy fea. Me contestó que tenía un aire gracioso, y que tenía unos ojos bonitos. Una respuesta un tanto vaga, ¿no te parece?

¡Hasta la próxima!

Anne Frank

P.D. Esta mañana todos hemos pasado por la balanza. Margot pesa 60 kilos, mamá 62, papá 70$^1/_2$, Anne 43$^1/_2$, Peter 67, la señora Van Daan 53, el señor Van Daan 75. En los tres meses que llevo aquí, he aumentado 8$^1/_2$ kilos. ¡Cuánto!, ¿no?

Martes, 20 de octubre de 1942

Querida Kitty:

Todavía me tiembla la mano, a pesar de que ya han pasado dos horas desde el enorme susto que nos dimos. Debes saber que en el edificio hay cinco aparatos Minimax contra incendios. Los de abajo fueron tan inteligentes de no avisarnos que venía el carpintero, o como se le llame, a rellenar estos aparatos. Por consiguiente, no estábamos para nada tratando de no hacer ruido, hasta que en el descansillo (frente a nuestra puerta-armario) oí golpes de martillo. Enseguida pensé que sería el carpintero y avisé a Bep, que estaba comiendo, que no podría bajar a la oficina. Papá y yo nos apostamos junto a la puerta para oír cuándo el hombre se iba. Tras haber estado unos quince minutos trabajando, depositó el martillo y otras herramientas sobre nuestro armario (por lo menos, así nos pareció) y golpeó a la puerta. Nos pusimos blancos. ¿Habría oído algún ruido y estaría tratando de investigar el misterioso mueble? Así parecía, porque los golpes, tirones y empujones continuaban.

Casi me desmayo del susto, pensando en lo que pasaría si aquel perfecto desconocido lograba desmantelar nuestro hermoso escondite. Y justo cuando pensaba que había llegado el fin de mis días, oímos la voz del señor Kleiman, diciendo:

—Abridme, soy yo.

Le abrimos inmediatamente. ¿Qué había pasado? El gancho con el que se cierra la puerta-armario se había atascado, con lo que nadie nos había podido avisar de la venida del carpintero. El hombre ya había bajado y Kleiman vino a buscar a Bep, pero no lograba abrir el armario. No te imaginas lo aliviada que me sentí. El hombre que yo creía que quería entrar en nuestra casa había ido adoptando en mi fantasía proporciones cada vez más gigantescas, pasando a ser un fascista monstruoso como ninguno. ¡Ay!, por suerte esta vez todo acabó bien.

El lunes nos divertimos mucho. Miep y Jan pasaron la noche con nosotros. Margot y yo nos fuimos a dormir una noche con papá y mamá, para que los Gies pudieran ocupar nuestro lugar. La cena de honor estuvo deliciosa. Hubo una pequeña interrupción originada por la lámpara de papá, que causó un cortocircuito y nos dejó a oscuras. ¿Qué hacer? Plomos nuevos había, pero había que ir a cambiarlos al almacén del fondo, y eso de noche no era una tarea muy agradable. Igualmente, los hombres de la casa hicieron un intento y a los diez minutos pudimos volver a guardar nuestras velas iluminatorias.

Esta mañana me levanté temprano. Jan ya estaba vestido. Tenía que marcharse a las ocho y media, de modo que a las ocho ya estaba arriba desayunando. Miep se estaba vistiendo, y solo tenía puesta la enagua cuando entré. Usa las mismas bragas de lana que yo para montar en bicicleta. Margot y yo también nos vestimos y subimos al piso de arriba mucho antes que de costumbre. Después de un ameno desayuno, Miep bajó a la oficina. Llovía a cántaros, y se alegró de no tener que pedalear al trabajo bajo la lluvia. Hice las camas con papá y luego me aprendí la conjugación irregular de cinco verbos franceses. ¡Qué aplicada soy!, ¿verdad?

Margot y Peter estaban leyendo en nuestra habitación, y Mouschi se había instalado junto a Margot en el diván. Al acabar con mis irregularidades francesas yo también me sumé al grupo, y me puse a leer *El canto eterno de los bosques*. Es un libro muy bonito, pero muy particular, y ya casi lo he terminado.

La semana que viene también Bep nos hará una visita nocturna.

Tu Anne

Jueves, 29 de octubre de 1942

Querida Kitty:

Estoy muy preocupada; papá se ha puesto malo. Tiene mucha fiebre y le han salido granos. Parece que tuviera viruela. ¡Y ni siquiera podemos llamar a un médico! Mamá lo hace sudar, quizá con eso le baje la fiebre.

Esta mañana Miep nos contó que han «desmueblado» la casa de los Van Daan, en la Zuider-Amstellaan. Todavía no se lo hemos dicho a la señora, porque últimamente anda bastante nerviosa y no tenemos ganas de que nos suelte otra jeremiada sobre su hermosa vajilla de porcelana y las sillas tan elegantes que debió abandonar en su casa. También nosotros hemos tenido que abandonar casi todas nuestras cosas bonitas. ¿De qué nos sirve ahora lamentarnos?

Papá quiere que empiece a leer libros de Hebbel y de otros escritores alemanes famosos. Leer alemán ya no me resulta tan difícil, solo que por lo general leo bisbiseando, en vez de leer para mis adentros. Pero ya se me pasará. Papá ha sacado los dramas de Goethe y de Schiller de la biblioteca grande, y quiere leerme unos párrafos todas las noches. Ya hemos empezado con DON CARLOS. Siguiendo el buen ejemplo de papá, mamá me ha dado su libro de oraciones. Para no contrariarla he leído algunos rezos en alemán. Me parecen bonitos, pero no me dicen nada. ¿Por qué me obliga a ser tan beata y religiosa?

Mañana encenderemos la estufa por primera vez. Seguro que se nos llenará la casa de humo, porque hace mucho que no han deshollinado la chimenea. ¡Esperemos que tire!

Tu Anne

Lunes, 2 de noviembre de 1942

Querida Kitty:
El viernes estuvo con nosotros Bep. Pasamos un rato agradable, pero no durmió bien porque había bebido vino. Por lo demás, nada de particular. Ayer tuve mucho dolor de cabeza y me fui a la cama temprano. Margot está nuevamente latosa.

Esta mañana empecé a ordenar un fichero de la oficina, que se había caído y que tenía todas las fichas mezcladas. Como era para volverme loca, les pedí a Margot y Peter que me ayudaran, pero los muy haraganes no quisieron. Así que lo guardé tal cual, porque sola no lo voy a hacer. ¡Soy tonta pero no tanto!

Tu Anne

P.D. He olvidado comunicarte la importante noticia de que es muy probable que muy pronto me venga la regla. Lo noto porque a cada rato tengo una sustancia pegajosa en las bragas y mamá ya me lo anticipó. Apenas puedo esperar. ¡Me parece algo tan importante! Es una lástima que ahora no pueda usar compresas, porque ya no se consiguen, y los palitos que usa mamá solo son para mujeres que ya han tenido hijos alguna vez.

22 de enero de 1944 (Añadido.)

Ya no podría escribir una cosa así.

Ahora que releo mi diario después de un año y medio, me sorprendo de que alguna vez haya sido tan cándida e ingenua. Me doy cuenta de que, por más que quisiera, nunca más podré ser así. Mis estados de ánimo, las cosas que digo sobre Margot, mamá y papá, todavía lo comprendo como si lo hubiera escrito ayer. Pero esa manera desvergonzada de escribir sobre ciertas cosas ya no me la puedo imaginar. De verdad me avergüenzo de leer algunas páginas que tratan de temas que preferiría imaginármelos más bonitos. Los he descrito de manera tan poco elegante... Pero ¡ya basta de lamentarme!

Lo que también comprendo muy bien es la añoranza de Moortje y el deseo de tenerlo conmigo. A menudo conscientemente, pero mucho más a menudo de manera inconsciente, todo el tiempo que he estado y que estoy aquí he tenido un gran deseo de confianza, afecto y cariño. Este deseo es fuerte a veces, y menos fuerte otras veces, pero siempre está ahí.

Querida Kitty:

Por fin los ingleses han tenido algunas victorias en África, y Stalingrado aún no ha caído, de modo que los señores de la casa están muy alegres y contentos, así que esta mañana sirvieron café y té. Por lo demás, nada de particular.

Esta semana he leído mucho y he estudiado poco. Así han de hacerse las cosas en este mundo, y así seguro que se llega lejos...

Mamá y yo nos entendemos bastante mejor últimamente, aunque *nunca* llegamos a tener una verdadera relación de confianza, y papá, aunque hay algo que me oculta, no deja de ser un cielo.

La estufa lleva varios días encendida, y la habitación está inundada de humo. Yo realmente prefiero la calefacción central, y supongo que no soy la única. A Margot no puedo calificarla más que de detestable; me crispa terriblemente los nervios de la noche a la mañana.

Anne Frank

Lunes, 9 de noviembre de 1942

Querida Kitty:

Ayer fue el cumpleaños de Peter. Cumplió dieciséis años. A las ocho ya subí a saludarlo y a admirar sus regalos. Le han regalado, entre otras cosas, un juego de la Bolsa, una afeitadora y un encendedor. No es que fume mucho; al contrario, pero es por motivos de elegancia.

La mayor sorpresa nos la dio el señor Van Daan, cuando nos informó que los ingleses habían desembarcado en Túnez, Argel, Casablanca y Orán.

«Es el principio del fin», dijeron todos, pero Churchill, el primer ministro inglés, que seguramente oyó la misma frase en Inglaterra, dijo: «Este desembarco es una proeza, pero no se debe pensar que sea el principio del fin. Yo más bien diría que significa el fin del principio». ¿Te das cuenta de la diferencia? Sin embargo, hay motivos para mantener el optimismo. Stalingrado, la ciudad rusa que ya llevan tres meses defendiendo, aún no ha sido entregada a los alemanes.

Para darte una idea de otro aspecto de nuestra vida en la Casa de atrás, tendré que escribirte algo sobre nuestra provisión de alimentos. (Has de saber que los del piso de arriba son unos verdaderos golosos.)

El pan nos lo proporciona un panadero muy amable, uno conocido de Kleiman. No conseguimos tanto pan como en casa, naturalmente, pero nos alcanza. Los cupones de racionamiento también los compramos de forma clandestina. El precio aumenta continuamente; de 27 florines ha subido ya a 33. ¡Y eso solo por una hoja de papel impresa!

Para tener más víveres no perecederos, aparte de los cien botes de comida que tenemos, hemos comprado 135 kilos de legumbres. Esto no es para nosotros solos; una parte es para los de la oficina. Los sacos de legumbres estaban colgados con ganchos en el pasillo que hay detrás de la puerta-armario. Algunas costuras de los sacos se abrieron debido al gran peso. Decidimos que era mejor llevar nuestras provisiones de invierno al desván, y encomendamos la tarea a Peter. Cuando cinco de los seis sacos ya se encontraban arriba sanos y salvos y Peter estaba subiendo el sexto, la costura de debajo se soltó y una lluvia, mejor dicho un granizo, de judías pintas voló por el aire y rodó por la escalera. En el saco había unos 25 kilos, de modo que fue un ruido infernal. Abajo pensaron que se les venía el viejo edificio encima. Peter se asustó un momento, pero soltó una carcajada cuando me vio al pie de la escalera como una especie de isla en medio de un mar de judías, que me llegaba hasta los tobillos. Enseguida nos pusimos a recogerlas, pero las judías son tan pequeñas y resbaladizas que se meten en todos los rincones y grietas posibles e imposibles. Cada vez que ahora alguien sube la escalera, se agacha para recoger un puñado de judías, que seguidamente entrega a la señora Van Daan.

Casi me olvidaba de decirte que a papá ya se le ha pasado totalmente la enfermedad que tenía.

Tu Anne

P.D. Acabamos de oír por radio la noticia de que ha caído Argel. Marruecos, Casablanca y Orán ya hace algunos días que están en manos de los ingleses. Ahora solo falta Túnez.

Martes, 10 de noviembre de 1942

Querida Kitty:

¡Gran noticia! ¡Vamos a acoger a otro escondido!

Sí, es cierto. Siempre habíamos dicho que en la casa en realidad aún había lugar y comida para una persona más, pero no queríamos que Kugler y Kleiman cargaran con más responsabilidad. Pero como nos llegan noticias cada vez más atroces respecto de lo que está pasando con los judíos, papá consultó a los dos principales implicados y a ellos les pareció un plan excelente. «El peligro es tan grande para ocho como lo es para siete», dijeron muy acertadamente. Cuando nos habíamos puesto de acuerdo, pasamos revista mentalmente a todos nuestros amigos y conocidos en busca de una persona soltera o sola que encajara bien en nuestra familia de escondidos. No fue difícil dar con alguien así: después de que papá había descartado a todos los parientes de los Van Daan, la elección recayó en un dentista llamado Alfred Dussel. Vive con una mujer cristiana muy agradable y mucho más joven que él, con la que seguramente no está casado, pero ese es un detalle sin importancia. Tiene fama de ser una persona tranquila y educada, y a juzgar por la presentación, aunque superficial, tanto a Van Daan como a nosotros nos pareció simpático. También Miep lo conoce, de modo que ella podrá organizar el plan de su venida al escondite. Cuando venga Dussel, tendrá que dormir en mi habitación en la cama de Margot, que deberá conformarse con el catre.[1] También le pediremos que traiga algo para engañar el estómago.

Tu Anne

Jueves, 12 de noviembre de 1942

Querida Kitty:
Vino Miep a informarnos que había estado con el doctor Dussel, quien al verla entrar en su consulta le había preguntado enseguida si no sabía de un escondite. Se había alegrado muchísimo cuando Miep le contó que sabía de uno y que tendría que ir allí lo antes posible, mejor ya el mismo sábado. Pero eso lo hizo entrar en la duda, ya que todavía tenía que ordenar su fichero, atender a dos pacientes y hacer la caja. Esta fue la noticia que nos trajo Miep esta mañana. No nos pareció bien esperar tanto tiempo. Todos esos preparativos significan dar explicaciones a un montón de gente que preferiríamos no implicar en el asunto. Miep le iba a preguntar

---

1. Tras la llegada de Dussel, Margot tuvo que dormir en la habitación de sus padres. *(N. del T.)*

si no podía organizar las cosas de tal manera que pudiera venir el sábado, pero Dussel dijo que no, y ahora llega el lunes.

Me parece muy curioso que no haya aceptado inmediatamente nuestra propuesta. Si lo detienen en la calle tampoco podrá ordenar el fichero ni atender a sus pacientes. ¿Por qué retrasar el asunto entonces? Creo que papá ha hecho mal en ceder.

Ninguna otra novedad.

Tu Anne

Martes, 17 de noviembre de 1942

Querida Kitty:

Ha llegado Dussel. Todo ha salido bien. Miep le había dicho que a las once de la mañana estuviera en un determinado lugar frente a la oficina de correos, y que allí un señor lo pasaría a buscar. A las once en punto, Dussel se encontraba en el lugar convenido. Se le acercó el señor Kleiman, informándole que la persona en cuestión todavía no podía venir y que si no podía pasar un momento por la oficina de Miep. Kleiman volvió a la oficina en tranvía y Dussel hizo lo propio andando.

A las once y veinte Dussel tocó a la puerta de la oficina. Miep lo ayudó a quitarse el abrigo procurando que no se le viera la estrella, y lo condujo al antiguo despacho de papá, donde Kleiman lo entretuvo hasta que se fue la asistenta. Esgrimiendo la excusa de que ya el despacho estaba ocupado, Miep acompañó a Dussel arriba, abrió la estantería giratoria y, para gran sorpresa de este, entró en nuestra Casa de atrás.

Los siete estábamos sentados alrededor de la mesa con coñac y café, esperando a nuestro futuro compañero de escondite. Miep primero le enseñó el cuarto de estar; Dussel enseguida reconoció nuestros muebles, pero no pensó ni remotamente en que nosotros pudiéramos encontrarnos encima de su cabeza. Cuando Miep se lo dijo, casi se desmaya del asombro. Pero por suerte, Miep no le dejó tiempo de seguir asombrándose y lo condujo hacia arriba. Dussel se dejó caer en un sillón y se nos quedó mirando sin decir palabra, como si primero quisiera enterarse de lo ocurrido a través de nuestras caras. Luego tartamudeó:

—Perro... ¿entonces ustedes no son en la Bélgica? ¿El militar no es aparrecido? ¿El coche? ¿El huida no es logrrado?[1]

Le explicamos cómo había sido todo, cómo habíamos difundido la historia del militar y el coche a propósito, para despistar a la gente y a los alemanes que pudieran venir a buscarnos. Dussel no tenía palabras para referirse a tanta ingeniosidad, y no pudo más que dar un primer recorrido por nuestra querida casita de atrás, asombrándose de lo superpráctico que era todo. Comimos todos juntos, Dussel se echó a dormir un momento y luego tomó el té con nosotros, ordenó sus poquitas cosas que Miep había traído de antemano y muy pronto se sintió como en su casa. Sobre todo cuando se le entregaron las siguientes normas de la Casaescondite de atrás (obra de Van Daan):

PROSPECTO Y GUÍA DE LA CASA DE ATRÁS
Establecimiento especial para la permanencia temporal de judíos y similares.

Abierto todo el año.
Convenientemente situado, en zona tranquila y boscosa en el corazón de Amsterdam. Sin vecinos particulares (solo empresas). Se puede llegar en las líneas 13 y 17

1. Dussel se expresaba muy mal en neerlandés. *(N. del T.)*

del tranvía municipal, en automóvil y en bicicleta. En los casos en que las autoridades alemanas no permiten el uso de estos últimos medios de transporte, también andando. Disponibilidad permanente de pisos y habitaciones, con pensión incluida o sin ella.

Alquiler: gratuito.

Dieta: sin grasas.

Agua corriente: en el cuarto de baño (sin bañera, lamentablemente) y en varias paredes y muros. Estufas y hogares de calor agradable.

Amplios almacenes: para el depósito de mercancías de todo tipo. Dos grandes y modernas cajas de seguridad.

Central de radio propia: con enlace directo desde Londres, Nueva York, Tel Aviv y muchas otras capitales. Este aparato está a disposición de todos los inquilinos a partir de las seis de la tarde, no existiendo emisoras prohibidas, con la salvedad de que las emisoras alemanas solo podrán escucharse a modo de excepción, por ejemplo audiciones de música clásica y similares. Queda terminantemente prohibido escuchar y difundir noticias alemanas (indistintamente de dónde provengan).

Horario de descanso: desde las 10 de la noche hasta las 7.30 de la mañana, los domingos hasta las 10.15. Debido a las circunstancias reinantes, el horario de descanso también regirá durante el día, según indicaciones de la dirección. ¡Se ruega encarecidamente respetar estos horarios por razones de seguridad!

Tiempo libre: suspendido hasta nueva orden por lo que respecta a actividades fuera de casa.

Uso del idioma: es imperativo hablar en voz baja a todas horas; admitidas todas las lenguas civilizadas; o sea, el alemán no.

Lectura y entretenimiento: no se podrán leer libros en alemán, excepto los científicos y de autores clásicos; todos los demás, a discreción.

Ejercicios de gimnasia: a diario.

Canto: en voz baja exclusivamente, y solo después de las 18 horas.

Cine: funciones a convenir.

Clases: de taquigrafía, una clase semanal por correspondencia; de inglés, francés, matemáticas e historia, a todas horas; retribución en forma de otras clases, de idioma neerlandés, por ejemplo.

Sección especial: para animales domésticos pequeños, con atención esmerada (excepto bichos y alimañas, que requieren un permiso especial).

Reglamento de comidas.

Desayuno: todos los días, excepto domingos y festivos, a las 9 de la mañana; domingos y festivos, a las 11.30 horas, aproximadamente.

Almuerzo: parcialmente completo. De 13.15 a 13.45 horas.

Cena: fría y/o caliente; sin horario fijo, debido a los partes informativos.

Obligaciones con respecto a la brigada de aprovisionamiento: estar siempre dispuestos a asistir en las tareas de oficina.

Aseo personal: los domingos a partir de las 9 de la mañana, los inquilinos pueden disponer de la tina; posibilidad de usarla en el lavabo, la cocina, el despacho o la oficina principal, según preferencias de cada uno.

Bebidas fuertes: solo por prescripción médica.

Fin.

Tu Anne

Jueves, 19 de noviembre de 1942

Querida Kitty:

Como todos suponíamos, Dussel es una persona muy agradable. Por supuesto, le pareció bien compartir la habitación conmigo; yo sinceramente no estoy muy contenta de que un extraño vaya a usar mis cosas, pero hay que hacer algo por la causa común, de modo que es un pequeño sacrificio que hago de buena gana. «Con tal que podamos salvar a alguno de nuestros conocidos, todo lo demás es secundario», ha dicho papá, y tiene toda la razón.

El primer día de su estancia aquí, Dussel empezó a preguntarme enseguida toda clase de cosas, por ejemplo cuándo viene la asistenta, cuáles son las horas de uso del cuarto de baño, cuándo se puede ir al lavabo, etcétera. Te reirás, pero todo esto no es tan fácil en un escondite. Durante el día no podemos hacer ruido, para que no nos oigan desde abajo, y cuando hay otra persona, como por ejemplo la asistenta, tenemos que prestar más atención aún para no hacer ruido. Se lo expliqué prolijamente a Dussel, pero hubo una cosa que me sorprendió; que es un poco duro de entendederas, porque pregunta todo dos veces y aun así no lo retiene.

Quizá se le pase, y solo es que está aturdido por la sorpresa. Por lo demás todo va bien.

Dussel nos ha contado mucho de lo que está pasando fuera, en ese mundo exterior que tanto echamos de menos. Todo lo que nos cuenta es triste. A muchísimos de nuestros amigos y conocidos se los han llevado a un horrible destino. Noche tras noche pasan los coches militares verdes y grises. Llaman a todas las puertas, preguntando si allí viven judíos. En caso afirmativo, se llevan en el acto a toda la familia. En caso negativo continúan su recorrido. Nadie escapa a esta suerte, a no ser que se esconda. A menudo pagan un precio por persona que se llevan: tantos florines por cabeza. ¡Como una cacería de esclavos de las que se hacían antes! Pero no es broma, la cosa es demasiado dramática para eso. Por las noches veo a menudo a esa pobre gente inocente desfilando en la oscuridad, con niños que lloran, siempre en marcha, cumpliendo las órdenes de esos individuos, golpeados y maltratados hasta casi no poder más. No respetan a nadie: ancianos, niños, bebés, mujeres embarazadas, enfermos, todos sin excepción marchan camino de la muerte.

Qué bien estamos aquí, qué bien y qué tranquilos. No necesitaríamos tomarnos tan a pecho toda esta miseria, si no fuera que tememos por lo que les está pasando a todos los que tanto queremos y a quienes ya no podemos ayudar. Me siento mal, porque mientras yo duermo en una cama bien abrigada, mis amigas más queridas quién sabe dónde estarán tiradas.

Me da mucho miedo pensar en todas las personas con quienes me he sentido siempre tan íntimamente ligada y que ahora están en manos de los más crueles verdugos que hayan existido jamás.

Y todo por ser judíos.

Tu Anne

Viernes, 20 de noviembre de 1942

Querida Kitty:
Ninguno de nosotros sabe muy bien qué actitud adoptar. Hasta ahora nunca nos habían llegado tantas noticias sobre la suerte de los judíos y nos pareció mejor conservar en lo posible el buen humor. Las pocas veces que Miep ha soltado algo sobre las cosas terribles que le sucedieron a alguna conocida o amiga, mamá y la señora Van Daan se han puesto cada vez a llorar, de modo que Miep decidió no contarles nada más. Pero a Dussel enseguida lo acribillaron a preguntas, y las historias que contó eran tan terribles y bárbaras que no eran como para entrar por un oído y salir por el otro. Sin embargo, cuando ya no tengamos las noticias tan frescas en nues-

tras memorias, seguramente volveremos a contar chistes y a gastarnos bromas. De nada sirve seguir tan apesadumbrados como ahora. A los que están fuera de todos modos no podemos ayudarlos. ¿Y qué sentido tiene hacer de la Casa de atrás una «casa melancolía»?

En todo lo que hago me acuerdo de todos los que están ausentes. Y cuando alguna cosa me da risa, me asusto y dejo de reír, pensando en que es una vergüenza que esté tan alegre. Pero ¿es que tengo que pasarme el día llorando? No, no puedo hacer eso, y esta pesadumbre ya se me pasará.

A todos estos pesares se les ha sumado ahora otro más, pero de tipo personal, y que no es nada comparado con la desgracia que acabo de relatar. Sin embargo, no puedo dejar de contarte que últimamente me estoy sintiendo muy abandonada, que hay un gran vacío demasiado grande a mi alrededor. Antes nunca pensaba realmente en estas cosas; mis alegrías y mis amigas ocupaban todos mis pensamientos. Ahora solo pienso en cosas tristes o acerca de mí misma. Y finalmente he llegado a la conclusión de que papá, por más bueno que sea, no puede suplantar él solo a mi antiguo mundo. Mamá y Margot ya no cuentan para nada en cuanto a mis sentimientos.

Pero ¿por qué molestarte con estas tonterías, Kitty? Soy muy ingrata, ya lo sé, pero ¡la cabeza me da vueltas cuando no hacen más que reñirme, y además, solo me vienen a la mente todas estas cosas tristes!

Tu Anne

Sábado, 28 de noviembre de 1942

Querida Kitty:
Hemos estado usando mucha luz, excediéndonos de la cuota de electricidad que nos corresponde. La con-

secuencia ha sido una economía exagerada en el consumo de luz y la perspectiva de un corte en el suministro. ¡Quince días sin luz! ¿Qué te parece? Pero quizá no lleguemos a tanto. A las cuatro o cuatro y media de la tarde ya está demasiado oscuro para leer, y entonces matamos el tiempo haciendo todo tipo de tonterías. Adivinar acertijos, hacer gimnasia a oscuras, hablar inglés o francés, reseñar libros, pero a la larga todo te aburre. Ayer descubrí algo nuevo: espiar con un catalejo las habitaciones bien iluminadas de los vecinos de atrás. Durante el día no podemos correr las cortinas ni un centímetro, pero cuando todo está tan oscuro no hay peligro.

Nunca antes me había dado cuenta de lo interesante que podían resultar los vecinos, al menos los nuestros. A unos los encontré sentados a la mesa comiendo, una familia estaba haciendo una proyección y el dentista de aquí enfrente estaba atendiendo a una señora mayor muy miedica.

El señor Dussel, el hombre del que siempre decían que se entendía tan bien con los niños y que los quería mucho a todos, ha resultado ser un educador de lo más chapado a la antigua, a quien le gusta soltar sermones interminables sobre buenos modales y buen comportamiento. Dado que tengo la extraordinaria dicha (!) de compartir mi lamentablemente muy estrecha habitación con este archidistinguido y educado señor, y dado que por lo general se me considera la peor educada de los tres jóvenes de la casa, tengo que hacer lo imposible para eludir sus reiteradas regañinas y recomendaciones de viejo y hacerme la sueca. Todo esto no sería tan terrible si el estimado señor no fuera tan soplón y, para colmo de males, no hubiera elegido justo a mamá para irle con el cuento. Cada vez que me suelta un sermón, al poco tiempo aparece mamá y la historia se repite. Y cuando estoy realmente de suerte, a los cinco minutos me llama la señora Van Daan para pedirme cuentas, y ¡vuelta a empezar!

De veras, no creas que es tan fácil ser el foco maleducado de la atención de una familia de escondidos entrometidos.

Por las noches, cuando me pongo a repensar los múltiples pecados y defectos que se me atribuyen, la gran masa de cosas que debo considerar me confunde de tal manera que o bien me echo a reír, o bien a llorar, según cómo esté de humor. Y entonces me duermo con la extraña sensación de querer otra cosa de la que soy, o de ser otra cosa de la que quiero, o quizá también de hacer otra cosa de la que quiero o soy.

¡Santo cielo!, ahora también te voy a confundir a ti, perdóname, pero no me gusta hacer tachones, y tirar papel en épocas de gran escasez está prohibido. De modo que solo puedo recomendarte que no releas la frase de arriba y sobre todo que no te pongas a analizarla, porque de cualquier modo no llegarás a comprenderla.

Tu Anne

Lunes, 7 de diciembre de 1942

Querida Kitty:

Este año Januká[1] y San Nicolás[2] casi coinciden; hay un solo día de diferencia. Januká no lo festejamos con tanto bombo, solo unos pequeños regalitos y luego las velas. Como hay escasez de velas, no las tenemos encendidas más que diez minutos, pero si va acompañado

1. En el calendario judío, fiesta de la dedicación del Templo. *(N. del T.)*
2. Fiesta tradicional holandesa. El 25 de diciembre, San Nicolás trae regalos a los niños. *(N. del T.)*

del cántico, con eso basta. El señor Van Daan ha fabricado un candelabro de madera, así que eso también lo tenemos.

La noche de San Nicolás, el sábado, fue mucho más divertida. Bep y Miep habían despertado nuestra curiosidad cuchicheando todo el tiempo con papá entre las comidas, de modo que ya intuíamos que algo estaban tramando. Y así fue: a las ocho de la noche todos bajamos por la escalera de madera, pasando por el pasillo superoscuro (yo estaba aterrada y hubiese querido estar nuevamente arriba, sana y salva), hasta llegar al pequeño cuarto del medio. Allí pudimos encender la luz, ya que este cuartito no tiene ventanas. Entonces papá abrió la puerta del armario grande.

—¡Oh, qué bonito! —exclamamos todos.

En el rincón había una enorme cesta adornada con papel especial de San Nicolás y con una careta de su criado Pedro el Negro.

Rápidamente nos llevamos la cesta arriba. Había un regalo para cada uno, acompañado de un poema alusivo. Ya sabrás cómo son los poemas de San Nicolás, de modo que no te los voy a copiar.

A mí me regalaron un muñeco, a papá unos sujetalibros, etcétera. Lo principal es que todo era muy ingenioso y divertido, y como ninguno de los ocho escondidos habíamos festejado jamás San Nicolás, este estreno estuvo muy acertado.

Tu Anne

P.D. Para los de abajo por supuesto también había regalos, todos procedentes de otras épocas mejores, y además algún dinero, que a Miep y Bep siempre les viene bien.

Hoy supimos que el cenicero que le regalaron al señor Van Daan, el portarretratos de Dussel y los sujetalibros de papá, los hizo todos el señor Voskuijl en persona. ¡Es asombroso lo que ese hombre sabe fabricar con las manos!

Jueves, 10 de diciembre de 1942

Querida Kitty:
El señor Van Daan ha trabajado toda su vida en el ramo de los embutidos, las carnes y las especias. En el negocio de papá se le contrató por sus cualidades de especiero, pero ahora está mostrando su lado de charcutero, lo que no nos viene nada mal.

Habíamos encargado mucha carne (clandestinamente, claro) para conservar en frascos para cuando tuviéramos que pasar tiempos difíciles. Van Daan quería hacer salchicha, longaniza y salchichón. Era gracioso ver cómo iba pasando primero por la picadora los trozos de carne, dos o tres veces, y cómo iba introduciendo en la masa de carne todos los aditivos y llenando las tripas a través de un embudo. Las salchichas nos las comimos enseguida al mediodía con el chucrut, pero las longanizas, que eran para conservar, primero debían secarse bien, y para ello las colgamos de un palo que pendía del techo con dos cuerdas. Todo el que entraba en el cuarto y veía la exposición de embutidos, se echaba a reír. Es que era todo un espectáculo.

En el cuarto reinaba un gran ajetreo. Van Daan tenía puesto un delantal de su mujer y estaba, todo lo gordo que era (parecía más gordo de lo que es en realidad), atareadísimo preparando la carne. Las manos ensangrentadas, la cara colorada y las manchas en el delantal le daban el aspecto de un carnicero de verdad. La señora hacía de todo a la vez: aprender holandés de un librito, remover la sopa, mirar la carne, suspirar y lamentarse por su costilla pectoral superior rota. ¡Eso es lo que pasa cuando las señoras mayores (!) se ponen a hacer esos ejercicios de gimnasia tan ridículos para rebajar el gran trasero que tienen!

Dussel tenía un ojo inflamado y se aplicaba compresas de manzanilla junto a la estufa. Pim estaba sentado en una silla justo donde le daba un rayo de sol que entraba por la ventana; le pedían que se hiciera a un lado continuamente. Seguro que de nuevo le molestaba el reúma, porque torcía bastante el cuerpo y miraba lo que hacía Van Daan con un gesto de fastidio en la cara. Parecía clavado uno de esos viejecitos inválidos de un asilo de ancianos. Peter se revolcaba por el suelo con el gato Mouschi, y mamá, Margot y yo estábamos pelando patatas. Pero finalmente nadie hacía bien su trabajo, porque todos estábamos pendientes de lo que hacía Van Daan.

Dussel ha abierto su consulta de dentista. Para que te diviertas, te contaré cómo ha sido el primer tratamiento.

Mamá estaba planchando la ropa y la señora Van Daan, la primera víctima, se sentó en un sillón en el medio de la habitación. Dussel empezó a sacar sus cosas de una cajita con mucha parsimonia, pidió agua de colonia para usar como desinfectante, y vaselina para usar como cera. Le miró la boca a la señora y le tocó un diente y una muela, lo que hizo que se encogiera del dolor como si se estuviera muriendo, emitiendo al mismo tiempo sonidos ininteligibles. Tras un largo reconocimiento (según le pareció a ella, porque en realidad no duró más que dos minutos), Dussel empezó a escarbar una caries. Pero ella no se lo iba a permitir. Se puso a agitar frenéticamente brazos y piernas, de modo que en determinado momento Dussel soltó el escarbador... ¡que a la señora se le quedó clavado en un diente! ¡Ahí sí que se armó la gorda! La señora empezó a hacer aspavientos, lloraba (en la medida en que eso es posible con un instrumento así en la boca), intentaba sacarse el escarbador de la boca, pero en vez de salirse, se le iba metiendo más. Dussel observaba el espectáculo con toda la calma del mundo, con las manos en la cintura. Los demás espectadores nos moríamos de risa, lo que estaba muy mal, porque estoy segura de que yo misma hubiera gritado más fuerte aún. Después de mucho dar vueltas, patear, chillar y gritar, la señora logró quitarse el escarbador y Dussel, sin inmutarse, continuó su trabajo. Lo hizo tan rápido que a la señora ni le dio tiempo de volver a la carga. Es que Dussel contaba con más ayuda de la que había tenido jamás: el señor Van Daan y yo éramos sus dos asistentes, lo cual no era poco. La escena parecía una estampa de la Edad Media, titulada «Curandero en acción». Entretanto, la señora no se mostraba muy paciente, ya que tenía que hacerse cargo de su tarea de vigilar la sopa y la comida. Lo que es seguro es que la señora dejará pasar algún tiempo antes de pedir que le hagan otro tratamiento.

Tu Anne

Domingo, 13 de diciembre de 1942

Querida Kitty:
Estoy cómodamente instalada en la oficina principal, mirando por la ventana a través de la rendija del cortinaje. Estoy en la penumbra, pero aún hay suficiente luz para escribirte.

Es curioso ver pasar a la gente, parece que todos llevaran muchísima prisa y anduvieran pegando tropezones. Y las bicicletas, bueno, ¡esas sí que pasan a ritmo vertiginoso! Ni siquiera puedo ver qué clase de individuo va montado en ellas. La gente del barrio no tiene muy buen aspecto, y sobre todo los niños están tan sucios que da asco tocarlos. Son verdaderos barriobajeros, con los mocos colgándoles de la nariz. Cuando hablan, casi no entiendo lo que dicen.

Ayer por la tarde, Margot y yo estábamos aquí bañándonos y le dije:

—¿Qué pasaría si con una caña de pescar pescáramos a los niños que pasan por aquí y los metiéramos en la tina, uno por uno, les laváramos y arregláramos la ropa y volviéramos a soltarlos?

A lo que Margot respondió:

—Mañana estarían igual de mugrientos y con la ropa igual de rota que antes.

Pero basta ya de tonterías, que también se ven otras cosas: coches, barcos y la lluvia. Oigo pasar el tranvía y a los niños, y me divierto.

Nuestros pensamientos varían tan poco como nosotros mismos. Pasan de los judíos a la comida y de la comida a la política, como en un tiovivo. Entre paréntesis, hablando de judíos: ayer, mirando por entre las cortinas, y como si se tratara de una de las maravillas del mundo, vi pasar a dos judíos. Fue una sensación tan extraña... como si los hubiera traicionado y estuviera espiando su desgracia.

Justo enfrente de aquí hay un barco vivienda en el que viven el patrón con su mujer y sus hijos. Tienen uno de esos perritos ladradores, que aquí todos conocemos por sus ladridos y por el rabo en alto, que es lo único que sobresale cuando recorre el barco.

¡Uf!, ha empezado a llover y la mayoría de la gente se ha escondido bajo sus paraguas. Ya no veo más que gabardinas y a veces la parte de atrás de alguna cabeza con gorro. En realidad no hace falta ver más. A las mujeres ya casi me las conozco de memoria: hinchadas de tanto comer patatas, con un abrigo rojo o verde, con zapatos de tacones desgastados, un bolso colgándoles del brazo, con un aire furioso o bonachón, según cómo estén de humor sus maridos.

Tu Anne

Martes, 22 de diciembre de 1942

Querida Kitty:
La Casa de atrás ha recibido la buena nueva de que para Navidad entregarán a cada uno un cuarto de kilo de mantequilla extra. En el periódico dice un cuarto de kilo, pero eso es solo para los mortales dichosos que reciben sus cupones de racionamiento del Estado, y no para judíos escondidos, que a causa de lo elevado del precio compran cuatro cupones en lugar de ocho, y clandestinamente. Con la mantequilla todos pensamos hacer alguna cosa de repostería. Yo esta mañana he hecho galletas y dos tartas. En el piso de arriba todos andan trajinando como locos, y mamá me ha prohibido que vaya a estudiar o a leer hasta que no hayan terminado de hacer todas las tareas domésticas.

La señora Van Daan guarda cama a causa de su costilla contusionada, se queja todo el día, pide que le cambien los vendajes a cada rato y no se conforma con nada. Daré gracias cuando vuelva a valerse por sí misma, porque hay que reconocer una cosa: es extraordinariamente hacendosa y ordenada y también alegre, siempre y cuando esté en forma, tanto física como anímicamente.

Como si durante el día no me estuvieran insistiendo bastante con el «¡chis, chis!» para que no haga ruido, a mi compañero de habitación ahora se le ha ocurrido chistarme también por las noches a cada rato. O sea, que, según él, ni siquiera puedo volverme en la cama. Me niego a hacerle caso, y la próxima vez le contestaré con otro «¡chis!».

Cada día que pasa está más fastidioso y egoísta. De las galletas que tan generosamente me prometió, después de la primera semana no volví a ver ni una. Sobre todo los domingos me pone furiosa que encienda la luz tempranísimo y se ponga a hacer gimnasia durante diez minutos.

A mí, pobre víctima, me parece que fueran horas, porque las sillas que hacen de prolongación de mi cama se mueven continuamente bajo mi cabeza, medio dormida aún. Cuando acaba con sus ejercicios, haciendo unos enérgicos movimientos de brazos, el caballero comienza con su rito indumentario. Los calzoncillos cuelgan de un gancho, de modo que primero va hasta allí a recogerlos, y luego vuelve a donde estaba. La corbata está sobre la mesa, y para ir hasta allí tiene que pasar junto a las sillas, a empujones y tropezones.

Pero mejor no te molesto con mis lamentaciones sobre viejos latosos, ya que de todos modos no cambian nada, y mis pequeñas venganzas, como desenroscarle la lámpara, cerrar la puerta con el pestillo o esconderle la ropa, debo suprimirlas, lamentablemente, para mantener la paz.

¡Qué sensata me estoy volviendo! Aquí todo debe hacerse con sensatez: estudiar, obedecer, cerrar el pico, ayudar, ser buena, ceder y no sé cuántas cosas más. Temo que mi sensatez, que no es muy grande, se esté agotando demasiado rápido y que no me quede nada para después de la guerra.

Tu Anne

Miércoles, 13 de enero de 1943

Querida Kitty:
Esta mañana me volvieron a interrumpir en todo lo que hacía, por lo que no he podido acabar nada bien.

Tenemos una nueva actividad: llenar paquetes con salsa de carne (en polvo), un producto de Gies & Cía.

El señor Kugler no encuentra gente que se lo haga, y haciéndolo nosotros también resulta mucho más barato. Es un trabajo como el que hacen en las cárceles, muy aburrido, y que a la larga te marea y hace que te entre la risa tonta.

Afuera es terrible. Día y noche se están llevando a esa pobre gente, que no lleva consigo más que una mochila y algo de dinero. Y aun estas pertenencias se las quitan en el camino. A las familias las separan sin clemencia: hombres, mujeres y niños van a parar a sitios diferentes. Al volver de la escuela, los niños ya no encuentran a sus padres. Las mujeres que salen a hacer la compra al volver a sus casas se encuentran con la puerta sellada y con que sus familias han desaparecido. Los holandeses cristianos también empiezan a tener miedo, pues se están llevando a sus hijos varones a Alemania a trabajar. Todo el mundo tiene miedo. Y todas las noches cientos de aviones sobrevuelan Holanda, en dirección a Alemania, donde las bombas que tiran arrasan con las ciudades, y en Rusia y África caen cientos o miles de soldados cada hora. Nadie puede mantenerse al margen. Todo el planeta está en guerra, y aunque a los aliados les va mejor, todavía no se logra divisar el final.

¿Y nosotros? A nosotros nos va bien, mejor que a millones de otras personas. Estamos en un sitio seguro y tranquilo y todavía nos queda dinero para mantenernos. Somos tan egoístas que hablamos de lo que haremos «después de la guerra», de que nos compraremos ropa nueva y zapatos, mientras que deberíamos ahorrar hasta el último céntimo para poder ayudar a esa gente cuando acabe la guerra, e intentar salvar lo que se pueda.

Los niños del barrio andan por la calle vestidos con una camisa finita, los pies metidos en zuecos, sin abrigos, sin gorros, sin medias, y no hay nadie que haga algo por ellos. Tienen la panza vacía, pero van mordiendo una zanahoria, dejan sus frías casas, van andando por las calles aún más frías y llegan a las aulas igualmente frías. Holanda ya ha llegado al extremo de que por las calles muchísimos niños paran a los transeúntes para pedirles un pedazo de pan.

Podría estar horas contándote sobre las desgracias que trae la guerra, pero eso haría que me desanimara aún más. No nos queda más remedio que esperar con la mayor tranquilidad posible el final de toda esta desgracia. Tanto los judíos como los cristianos están esperando, todo el planeta está esperando, y muchos están esperando la muerte.

Tu Anne

Sábado, 30 de enero de 1943

Querida Kitty:

Me hierve la sangre y tengo que ocultarlo. Quisiera patalear, gritar, sacudir con fuerza a mamá, llorar y no sé qué más, por todas las palabras desagradables, las miradas burlonas, las recriminaciones que como flechas me lanzan todos los días con sus arcos tensados y que se clavan en mi cuerpo sin que pueda sacármelas. A mamá, Margot, Van Daan, Dussel y también a papá me gustaría gritarles: «¡Dejadme en paz, dejadme dormir por fin una noche sin que moje de lágrimas la almohada, me ardan los ojos y me latan las sienes! ¡Dejadme que me vaya lejos, muy lejos, lejos del mundo si fuera posible!». Pero no puedo. No puedo mostrarles mi desesperación, no puedo hacerles ver las heridas que han abierto en mí. No soportaría su compasión ni sus burlas bienintencionadas. En ambos casos me daría por gritar.

Todos dicen que hablo de manera afectada, que soy ridícula cuando callo, descarada cuando contesto, taimada cuando tengo una buena idea, holgazana cuando estoy cansada, egoísta cuando como un bocado de más, tonta, cobarde, calculadora, etcétera. Todo el santo día me están diciendo que soy una tipa insoportable, y aunque me río de ello y hago como que no me importa, en verdad me afecta, y me gustaría pedirle a Dios que me diera otro carácter, uno que no haga que la gente siempre descargue su furia sobre mí.

Pero no es posible, mi carácter me ha sido dado tal cual es, y siento en mí que no puedo ser mala. Me esfuerzo en satisfacer los deseos de todos, más de lo que se imaginan aun remotamente. Arriba trato de reír, pues no quiero mostrarles mis penas.

Más de una vez, después de recibir una sarta de recriminaciones injustas, le he dicho a mamá: «No me importa lo que digas. No te preocupes más por mí, que soy un caso perdido». Naturalmente, enseguida me contestaba que era una descarada, me ignoraba más o menos durante dos días y luego, de repente, se olvidaba de todo y me trataba como a cualquier otro.

Me es imposible ser toda melosa un día, y al otro día dejar que me echen a la cara todo su odio. Prefiero el justo medio, que de justo no tiene nada, y no digo nada de lo que pienso, y alguna vez trato de ser tan despreciativa con ellos como ellos lo son conmigo. ¡Ay, si solo pudiera!

Tu Anne

Viernes, 5 de febrero de 1943

Querida Kitty:
Hace mucho que no te escribo nada sobre las riñas, pero de todos modos, nada ha cambiado al respecto. El

señor Dussel al principio se tomaba nuestras desavenencias, rápidamente olvidadas, muy en serio, pero está empezando a acostumbrarse a ellas y ya no intenta hacer de mediador.

Margot y Peter no son para nada lo que se dice «jóvenes»; los dos son tan aburridos y tan callados... Yo desentono muchísimo con ellos, y siempre me andan diciendo «Margot y Peter tampoco hacen eso, fíjate en cómo se porta tu hermana». ¡Estoy harta!

Te confesaré que yo no quiero ser para nada como Margot. La encuentro demasiado blandengue e indiferente, se deja convencer por todo el mundo y cede en todo. ¡Yo quiero ser más firme de espíritu! Pero estas teorías me las guardo para mí, se reirían mucho de mí si usara estos argumentos para defenderme.

En la mesa reina por lo general un clima tenso. Menos mal que los «soperos» cada tanto evitan que se llegue a un estallido. Los soperos son todos los que suben de la oficina a tomar un plato de sopa.

Esta tarde el señor Van Daan volvió a hablar de lo poco que come Margot: «Seguro que lo hace para guardar la línea», prosiguió en tono de burla.

Mamá, que siempre sale a defenderla, dijo en voz bien alta:

—Ya estoy cansada de oír las sandeces que dice.

La señora se puso colorada como un tomate; el señor miró al frente y no dijo nada.

Pero muchas veces también nos reímos de algo que dice alguno de nosotros. Hace poco la señora soltó un disparate muy cómico cuando estaba hablando del pasado, de lo bien que se entendía con su padre y de sus múltiples coqueteos:

—Y saben ustedes que cuando a un caballero se le va un poco la mano —prosiguió—, según mi padre, había que decirle: «Señor, que soy una dama», y él sabría a qué atenerse.

Soltamos la carcajada como si se tratara de un buen chiste.

Aun Peter, pese a que normalmente es muy callado, de tanto en tanto nos hace reír. Tiene la desgracia de que le encantan las palabras extranjeras, pero que no siempre conoce su significado. Una tarde en la que no podíamos ir al retrete porque había visitas en la oficina, Peter tuvo gran necesidad de ir, pero no pudo tirar de la cadena. Para prevenirnos del olor, sujetó un cartel en la puerta del lavabo, que ponía «Svp[1] gas». Naturalmente, había querido poner «Cuidado, gas», pero «Svp» le pareció más fino. No tenía la más mínima idea de que eso significa «por favor».

Tu Anne

Sábado, 27 de febrero de 1943

Querida Kitty:

Según Pim, la invasión se producirá en cualquier momento. Churchill ha tenido una pulmonía, pero se está restableciendo. Gandhi, el independentista indio, hace su enésima huelga de hambre.

La señora asegura que es fatalista. Pero ¿a quién le da más miedo cuando disparan? Nada menos que a Petronella van Daan.

Jan Gies nos ha traído una copia de la carta pastoral de los obispos dirigida a la grey católica. Es muy bonita y está escrita en un estilo muy exhortativo. «¡Holandeses, no permanezcáis pasivos! ¡Que cada uno luche con sus propias armas por la libertad del país, por su pueblo y por su religión! ¡Ayudad, dad, no dudéis!». Esto lo exclaman sin más ni más desde el púlpito. ¿Servirá de

---

1. Abreviatura de la expresión francesa *s'il vous plaît*. *(N. del T.)*

algo? Decididamente no servirá para salvar a nuestros correligionarios.

No te imaginas lo que nos acaba de pasar: el propietario del edificio ha vendido su propiedad sin consultar a Kugler ni a Kleiman. Una mañana se presentó el nuevo dueño con un arquitecto para ver la casa. Menos mal que estaba Kleiman, que les enseñó todo el edificio, salvo nuestra casita de atrás. Supuestamente había olvidado la llave de la puerta de paso en su casa. El nuevo casero no insistió. Esperemos que no vuelva para ver la Casa de atrás, porque entonces sí que nos veremos en apuros.

Papá ha vaciado un fichero para que lo usemos Margot y yo, y lo ha llenado de fichas con una cara todavía sin escribir. Será nuestro fichero de libros, en el que las dos apuntaremos qué libros hemos leído, el nombre de los autores y la fecha. He aprendido dos palabras nuevas: «burdel» y «cocotte». He comprado una libreta especial para apuntarlas.

Tenemos un nuevo sistema para la distribución de la mantequilla y la margarina. A cada uno se le da su ración en el plato, pero la distribución es bastante injusta. Los Van Daan, que son los que se encargan de hacer el desayuno, se dan a sí mismos casi el doble de lo que nos ponen a nosotros. Mis viejos no dicen nada porque no quieren pelea. Lástima, porque pienso que a esa gente hay que pagarle con la misma moneda.

Tu Anne

Jueves, 4 de marzo de 1943

Querida Kitty:
La señora tiene un nuevo nombre; la llamamos la Sra. Beaverbrook. Claro, no comprenderás el porqué. Te explico: en la radio inglesa habla a menudo un tal míster

Beaverbrook sobre que se bombardea demasiado poco a Alemania. La señora Van Daan siempre contradice a todo el mundo, hasta a Churchill y al servicio informativo, pero con míster Beaverbrook está completamente de acuerdo. Por eso, a nosotros nos pareció lo mejor que se casara con este Beaverbrook, y como se sintió halagada, en lo sucesivo la llamaremos Sra. Beaverbrook.

Vendrá a trabajar un nuevo mozo de almacén. Al viejo lo mandan a trabajar a Alemania. Lo lamentamos por él, pero a nosotros nos conviene porque el nuevo no conoce el edificio. Los mozos del almacén todavía nos tienen bastante preocupados.

Gandhi ha vuelto a comer.

El mercado negro funciona a las mil maravillas. Podríamos comer todo lo que quisiéramos si tuviéramos el dinero para pagar los precios prohibitivos que piden. El verdulero le compra las patatas a la Wehrmacht y las trae en sacos al antiguo despacho de papá. Sabe que estamos escondidos, y por eso siempre se las arregla para venir al mediodía, cuando los del almacén se van a sus casas a comer.

Cada vez que respiramos, nos vienen estornudos o nos da la tos, de tanta pimienta que estamos moliendo. Todos los que suben a visitarnos, nos saludan con un «¡achís!». La señora afirma que no baja porque se enfermaría si sigue aspirando tanta pimienta.

No me gusta mucho el negocio de papá; no vende más que gelatinizantes y pimienta. ¡Un comerciante en productos alimenticios debería vender por lo menos alguna golosina!

Esta mañana ha vuelto a caer sobre mí una tormenta de palabras. Hubo rayos y centellas de tal calibre que todavía me zumban los oídos. Que esto y que aquello, que «Anne mal» y que «Van Daan bien», que patatín y que patatán.

Tu Anne

Querida Kitty:

Anoche se produjo un cortocircuito. Además, hubo tiros a granel. Todavía no le he perdido el miedo a todo lo que sea metrallas o aviones y casi todas las noches me refugio en la cama de papá para que me consuele. Te parecerá muy infantil, pero ¡si supieras lo horrible que es! No puedes oír ni tus propias palabras, de tanto que truenan los cañones. La Sra. Beaverbrook, la fatalista, casi se echó a llorar y dijo con un hilito de voz:

—¡Ay, por Dios, qué desagradable! ¡Ay, qué disparos tan fuertes!

Lo que viene a significar: ¡Estoy muerta de miedo!

A la luz de una vela no parecía tan terrible como cuando todo estaba oscuro. Yo temblaba como una hoja y le pedí a papá que volviera a encender la vela. Pero él fue implacable y no la encendió. De repente empezaron a disparar las ametralladoras, que son diez veces peor que los cañones. Mamá se levantó de la cama de un salto y, con gran disgusto de Pim, encendió la vela. Cuando Pim protestó, mamá le contestó resueltamente:

—¡Anne no es soldado viejo!

Y sanseacabó.

¿Te he contado sobre los demás miedos de la señora? Creo que no. Para que estés al tanto de todas las aventuras y desventuras de la Casa de atrás, debo contarte lo siguiente. Una noche, la señora creyó que había ladrones en el desván. De verdad oyó pasos fuertes, según ella, y sintió tanto miedo que despertó a su marido. Justo en ese momento, los ladrones desaparecieron y el único ruido que oyó el señor fue el latido del corazón temeroso de la fatalista.

—¡Ay, *Putti* —(el apodo cariñoso del señor)—, seguro que se han llevado las longanizas y todas nuestras legumbres! ¡Y Peter! ¡Oh!, ¿estará todavía en su cama?

—A Peter difícilmente se lo habrán llevado, no temas. Y ahora, déjame dormir.

Pero fue imposible. La señora tenía tanto miedo que ya no se pudo dormir.

Algunas noches más tarde, toda la familia del piso de arriba se despertó a causa de un ruido fantasmal. Peter subió al desván con una linterna y, ¡trrrr!, vio cómo un ejército de ratas se daba a la fuga.

Cuando nos enteramos de quiénes eran los ladrones, dejamos que Mouschi durmiera en el desván, y los huéspedes inoportunos ya no regresaron. Al menos, no por las noches.

Hace algunos días, Peter subió a la buhardilla a buscar unos periódicos viejos. Eran las siete y media de la tarde y aún había luz. Para poder bajar por la escalera, tenía que agarrarse de la trampilla. Apoyó la mano sin mirar y... ¡casi se cae del susto! Sin saberlo había apoyado la mano en una enorme rata, que le dio un gran mordisco en el brazo. La sangre se le pasaba por la tela del pijama cuando llegó tambaleándose y más blanco que el papel donde estábamos nosotros. No era para menos: acariciar una rata no debe de ser nada agradable y recibir una mordedura encima, menos aún.

Tu Anne

Viernes, 12 de marzo de 1943

Querida Kitty:

Permíteme que te presente: mamá Frank, defensora de los niños. Más mantequilla para los jóvenes, los problemas de la juventud moderna: en todo sale a la defensa de los jóvenes y, tras una buena dosis de disputas, casi siempre se sale con la suya.

Una lata de lenguado en conserva se ha echado a perder. Comida de gala para Mouschi y Moffie.[1]

Moffie aún es un desconocido para ti. Sin embargo, ya pertenecía al edificio antes de que nos instaláramos aquí. Es el gato del almacén y de la oficina, que ahuyenta a las ratas en los depósitos de mercancías. Su nombre político es fácil de explicar. Durante una época, la firma Gies & Cía. tenía dos gatos, uno para el almacén y otro para el desván. A veces sucedía que los dos se encontraban, lo que acababa en grandes peleas. El que atacaba era generalmente el almacenero, aunque luego fuera el desvanero el que ganara. Igual que en la política. Por eso, el gato del almacén pasó a ser el alemán o Moffie, y el del desván, el inglés o Tommie.[2] Tommie ya no está, pero Moffie hace las delicias de todos nosotros cuando bajamos al piso de abajo.

Hemos comido tantas habas y judías pintas que ya no las puedo ni ver. Con solo pensar en ellas se me revuelve el estómago.

Hemos tenido que suprimir el suministro de pan por las noches.

Papá acaba de anunciar que está de malhumor. Otra vez tiene los ojos tan tristes, pobre ángel.

Estoy completamente enganchada con el libro *El golpe en la puerta*, de Ina Boudier-Bakker. La parte que describe la historia de la familia está muy bien, pero las partes sobre la guerra, los escritores y la emancipación de la mujer son menos buenas, y en realidad tampoco me interesan demasiado.

Bombardeos terribles en Alemania. El señor Van Daan está de malhumor. El motivo: la escasez de tabaco.

1. En neerlandés, *mof* es el mote despectivo de los alemanes. *(N. del T.)*
2. Mote de los soldados ingleses. *(N. del T.)*

La discusión sobre si debemos abrir o no las latas de conservas para comerlas la hemos ganado nosotros.

Ya no me entra ningún zapato, salvo los de esquiar, que son poco prácticos para andar dentro de la casa. Un par de sandalias de esparto de 6,50 florines solo pude usarlas durante una semana, luego ya no me sirvieron. Quizá Miep consiga algo en el mercado negro.

Todavía tengo que cortarle el pelo a papá. Pim dice que lo hago tan bien que cuando termine la guerra nunca más irá a un peluquero. ¡Ojalá no le cortara tantas veces en la oreja!

Tu Anne

Jueves, 18 de marzo de 1943

Querida Kitty:
Turquía ha entrado en guerra. Gran agitación. Esperamos con gran ansiedad las noticias de la radio.

Viernes, 19 de marzo de 1943

Querida Kitty:
La alegría dio paso a la decepción en menos de una hora. Turquía aún no ha entrado en guerra; el ministro de allí solo mencionó la supresión inminente de la neutralidad. Un vendedor de periódicos de la plaza del Dam exclamaba: «¡Turquía del lado de Inglaterra!». La gente le arrebataba los ejemplares de las manos. Así fue como la grata noticia llegó también a nuestra casa.

Los billetes de mil florines serán declarados sin valor, lo que supondrá un gran chasco para los estraperlistas y similares, pero aún más para los que tienen dinero negro y para los escondidos. Los que quieran cambiar un billete de mil florines tendrán que explicar y demostrar cómo lo consiguieron exactamente. Para pagar los impuestos todavía se pueden utilizar, pero la semana que viene eso habrá acabado. Y para esa misma fecha, también los billetes de quinientos florines habrán perdido su validez. Gies & Cía. aún tenía algunos billetes de mil en dinero negro, pero los han usado para pagar un montón de impuestos por adelantado, con lo que ha pasado a ser dinero limpio.

A Dussel le han traído un pequeño taladro a pedal. Supongo que en poco tiempo más me tocará hacerme una revisión a fondo.

Hablando de Dussel, no acata para nada las reglas del escondite. No solo le escribe cartas a la mujer, sino que también mantiene una asidua correspondencia con varias otras personas. Las cartas se las da a Margot, la profe de holandés de la Casa de atrás, para que se las corrija. Papá le ha prohibido terminantemente a Dussel que siga con sus cartas. La tarea de corregir de Margot ha terminado, pero supongo que Dussel no estará mucho tiempo sin escribir.

El «*Führer* de todos los alemanes» ha hablado con los soldados heridos. Daba pena oírlo. El juego de preguntas y respuestas era más o menos el siguiente:

—Me llamo Heinrich Scheppel.

—¿Lugar donde fue herido?

—Cerca de Stalingrado.

—¿Tipo de heridas?

—Pérdida de los dos pies por congelamiento y rotura de la articulación del brazo izquierdo.

Exactamente así nos transmitía la radio este horrible teatro de marionetas. Los heridos parecían estar orgullosos de sus heridas. Cuantas más tenían, mejor. Uno estaba tan emocionado de poder estrecharle la mano al *Führer* (si es que aún la tenía), que casi no podía pronunciar palabra.

Se me ha caído la pastilla de jabón de Dussel, y como luego la pisé, se le ha quedado en la mitad. Ya le he pedido a papá una indemnización por adelantado, sobre todo porque a Dussel no le dan más que una pastilla de jabón al mes.

Tu Anne

Jueves, 25 de marzo de 1943

Querida Kitty:
Mamá, papá, Margot y yo estábamos sentados placenteramente en la habitación, cuando de repente entró Peter y le dijo algo al oído a papá. Oí algo así como «un barril volcado en el almacén» y «alguien forcejeando la puerta».

También Margot había entendido eso, pero trató de tranquilizarme un poco, porque ya me había puesto más blanca que el papel y estaba muy nerviosa, naturalmente. Las tres nos quedamos esperando a ver qué pasaba, mientras papá bajó con Peter. No habían pasado dos minutos cuando la señora Van Daan, que había estado escuchando la radio abajo, subió para decir que Pim le había pedido que apagara la radio y que se fuera para arriba sin hacer ruido. Pero como suele pasar cuando uno no quiere hacer ruido: los escalones de una vieja escalera crujen más que nunca. A los cinco minutos volvieron Peter y Pim blancos hasta la punta de las narices, y nos contaron sus vicisitudes.

Se habían apostado a esperar al pie de la escalera, pero sin resultado. Pero de repente escucharon dos fuertes golpes, como si dentro de la casa se hubieran cerrado con violencia dos puertas. Pim había subido de un salto, pero Peter había ido antes a avisar a Dussel, que haciendo muchos aspavientos y estruendo llegó también por fin arriba. Luego todos subimos en calcetines al piso de los Van Daan. El señor estaba muy acatarrado y ya se había acostado, de modo que nos reunimos alrededor de su lecho y le susurramos nuestras sospechas. Cada vez que se ponía a toser fuerte, a su mujer y a mí nos daba un susto tremendo. Esto sucedió unas cuantas veces, hasta que a alguien se le ocurrió darle codeína. La tos se le pasó enseguida.

Esperamos y esperamos, pero no se oyó nada más. Entonces en realidad todos supusimos que los ladrones, al oír pasos en la casa que por lo demás estaba tan silenciosa, se habrían largado. Pero el problema era que la radio de abajo aún estaba sintonizada en la emisora inglesa, con las sillas en hilera a su alrededor. Si alguien forzaba la puerta y los de la defensa antiaérea se enteraban y avisaban a la policía, las consecuencias podrían ser muy desagradables para nosotros. El señor Van Daan se levantó, se puso los pantalones y la chaqueta, se caló el sombrero y siguió a papá escaleras abajo, cautelosamente, con Peter detrás, que para mayor seguridad iba armado con un gran martillo. Las mujeres (incluidas Margot y yo) nos quedamos arriba esperando con gran ansiedad, hasta que a los cinco minutos los hombres volvieron diciendo que en toda la casa reinaba la calma. Convinimos en que no dejaríamos correr el agua ni tiraríamos de la cadena, pero como el revuelo nos había trastocado el estómago, te podrás imaginar el aroma que había en el retrete cuando fuimos uno tras otro a depositar nuestras necesidades.

Cuando pasa algo así, siempre hay varias cosas que coinciden. Lo mismo que ahora: en primer lugar, las campanas de la iglesia no tocaban, lo que normalmente siempre me tranquiliza. En segundo lugar, el señor Voskuijl se había retirado la tarde anterior un rato antes de lo habitual, sin que nosotros supiéramos a ciencia cierta si Bep se había hecho con la llave a tiempo o si había olvidado cerrar con llave.

Pero no importaban los detalles. Lo cierto es que aún era de noche y no sabíamos a qué atenernos, aunque por otro lado ya estábamos algo más tranquilos, ya que desde las ocho menos cuarto, aproximadamente, hora en que el ladrón había entrado en la casa, hasta las diez y media no oímos más ruidos. Pensándolo bien, nos pareció bastante poco probable que un ladrón hubiera forzado una puerta a una hora tan temprana, cuando todavía podía haber gente andando por la calle. Además, a uno de nosotros se le ocurrió que era posible que el jefe de almacén de nuestros vecinos, la compañía Keg, aún estuviera trabajando, porque con tanta agitación y dadas nuestras paredes tan finitas, uno puede equivocarse fácilmente en los ruidos, y en momentos tan angustiantes también la imaginación suele jugar un papel importante.

Por lo tanto nos acostamos, pero ninguno podía conciliar el sueño. Tanto papá como mamá, y también el señor Dussel, estuvieron mucho rato despiertos, y exagerando un poco puedo asegurarte que tampoco yo pude pegar ojo. Esta mañana los hombres bajaron hasta la puerta de entrada, controlaron si aún estaba cerrada y vieron que no había ningún peligro.

Los acontecimientos por demás desagradables les fueron relatados, naturalmente, con pelos y señales a todos los de la oficina, ya que pasado el trance es fácil reírse de esas cosas, y solo Bep se tomó el relato en serio.

Tu Anne

P.D. El retrete estaba esta mañana atascado, y papá ha tenido que sacar de la taza con un palo todas las recetas de fresas (nuestro actual papel higiénico) junto con unos cuantos kilos de caca. El palo luego lo quemamos.

Querida Kitty:

El curso de taquigrafía ha terminado. Ahora empezamos a practicar la velocidad. ¡Seremos unas hachas! Te voy a contar algo más sobre nuestras «asignaturas matarratos» que llamamos así porque las estudiamos para que los días transcurran lo más rápido posible, y de ese modo hacer que el fin de nuestra vida de escondidos llegue pronto. Me encanta la mitología, sobre todo los dioses griegos y romanos. Aquí piensan que son aficiones pasajeras, ya que nunca han sabido de ninguna jovencita con inclinaciones deístas. ¡Pues bien, entonces seré yo la primera!

El señor Van Daan está acatarrado, o, mejor dicho, le pica un poco la garganta. A causa de eso se hace el interesante: hace gárgaras con manzanilla, se unta el paladar con tintura de mirra, se pone bálsamo mentolado en el pecho, la nariz, los dientes y la lengua, y aun así está de malhumor.

Rauter, un pez gordo alemán, ha dicho en un discurso que para el 1 de julio todos los judíos deberán haber abandonado los países germanos. Del 1 de abril al 1 de mayo se hará una purga en la provincia de Utrecht (como si de cucarachas se tratara), y del 1 de mayo al 1 de junio en las provincias de Holanda septentrional y Holanda Meridional. Como si fueran ganado enfermo y abandonado, se llevan a esa pobre gente a sus inmundos mataderos. Pero será mejor no hablar de ello, que de solo pensarlo me entran pesadillas.

Una buena nueva es que ha habido un incendio en la sección alemana de la Bolsa de trabajo, por sabotaje. Unos días más tarde le tocó el turno al Registro civil. Unos hombres en uniformes de la policía alemana amordazaron a los guardias e hicieron desaparecer un montón de papeles importantes.

Tu Anne

Querida Kitty:

No te creas que estoy para bromas (fíjate en la fecha).[1] Al contrario, hoy más bien podría citar aquel refrán que dice: «Las desgracias nunca vienen solas».

En primer lugar, el señor Kleiman, que siempre nos alegra la vida, sufrió ayer una gran hemorragia estomacal y tendrá que guardar cama por lo menos durante tres semanas. Has de saber que estas hemorragias le vienen a menudo, y que al parecer no tienen remedio. En segundo lugar, Bep está con gripe. En tercer lugar, al señor Voskuijl lo internan en el hospital la semana que viene. Según parece, tiene una úlcera y lo tienen que operar. Y en cuarto lugar, iban a venir los directores de la fábrica Pomosin, de Frankfurt, para negociar las nuevas entregas de mercancías de Opekta. Todos los puntos de las negociaciones los había conversado papá con Kleiman, y no había suficiente tiempo para informar bien de todo a Kugler.

Vendrían los señores de Frankfurt y papá temblaba pensando en los resultados de la reunión.

—¡Ojalá pudiera estar yo presente, ojalá pudiera estar yo allí abajo! —decía.

—Pues échate en el suelo con el oído pegado al linóleo. Los señores se reunirán en tu antiguo despacho, de modo que podrás oírlo todo.

A papá se le iluminó la cara, y ayer a las diez y media de la mañana, Margot y Pim (dos oyen más que uno) tomaron sus posiciones en el suelo. A mediodía la reunión no había terminado, pero papá no estaba en condiciones de continuar con su campaña de escuchas por la tarde. Estaba molido por la posición poco acos-

---

1. 1 de abril: fecha en que se festeja en Holanda el Día de los inocentes. *(N. del T.)*

tumbrada e incómoda. A las dos y media de la tarde, cuando oímos voces en el pasillo, yo ocupé su lugar. Margot me hizo compañía. La conversación era en parte tan aburrida y tediosa que de repente me quedé dormida en el suelo frío y duro de linóleo. Margot no se atrevía a tocarme por miedo a que nos oyeran abajo, y menos aún podía llamarme. Dormí una buena media hora, me desperté medio asustada y había olvidado todo lo referente a la importante conversación. Menos mal que Margot había prestado más atención.

Tu Anne

Viernes, 2 de abril de 1943

Querida Kitty:
Nuevamente se ha ampliado mi extensa lista de pecados. Anoche estaba acostada en la cama esperando que viniera papá a rezar conmigo y darme las buenas noches, cuando entró mamá y, sentándose humildemente en el borde de la cama, me preguntó:
—Anne, papá todavía no viene, ¿quieres que rece yo contigo?
—No, *Mansa*[1] —le contesté.
Mamá se levantó, se quedó de pie junto a la cama y luego se dirigió lentamente a la puerta. De repente se volvió, y con un gesto de amargura en la cara me dijo:
—No quiero enfadarme contigo. El amor no se puede forzar.
Salió de la habitación con lágrimas en las mejillas.
Me quedé quieta en la cama y enseguida me pareció mal de mi parte haberla rechazado de esa manera tan ruda, pero al mismo tiempo sabía que no habría podido

1. Apelativo cariñoso de la madre de Anne. *(N. del T.)*

contestarle de otro modo. No puedo fingir y rezar con ella en contra de mi voluntad. Sencillamente no puedo. Sentí compasión por ella, una gran compasión, porque por primera vez en mi vida me di cuenta de que mi actitud fría no le es indiferente. Pude leer tristeza en su cara, cuando decía que el amor no se puede forzar. Es duro decir la verdad, y sin embargo es verdad cuando digo que es ella la que me ha rechazado, ella la que me ha hecho insensible a cualquier amor de su parte, con sus comentarios tan faltos de tacto y sus bromas burdas sobre cosas que yo difícilmente podía encontrar graciosas. De la misma manera que siento que me enojo cuando me suelta sus duras palabras, se encogió su corazón cuando se dio cuenta de que nuestro amor realmente había desaparecido.

Lloró casi toda la noche y toda la noche durmió mal. Papá ni me mira, y cuando lo hace solo un momento, leo en sus ojos las siguientes palabras: «¡Cómo puedes ser así, cómo te atreves a causarle tanta pena a tu madre!».

Todos se esperan que le pida perdón, pero se trata de un asunto en el que no puedo pedir perdón, sencillamente porque lo que he dicho es cierto y es algo que mamá tarde o temprano tenía que saber. Parezco indiferente a las lágrimas de mamá y a las miradas de papá, y lo soy, porque es la primera vez que sienten algo de lo que yo me doy cuenta continuamente. Mamá solo me inspira compasión. Ella misma tendrá que buscar cómo recomponerse. Yo, por mi parte, seguiré con mi actitud fría y silenciosa, y tampoco en el futuro le tendré miedo a la verdad, puesto que cuanto más se la pospone, tanto más difícil es enfrentarla.

Tu Anne

Querida Kitty:

La casa entera retumba por las disputas. Mamá y yo, Van Daan y papá, mamá y la señora, todos están enojados con todos. Bonito panorama, ¿verdad? Como de costumbre, sacaron a relucir toda la lista de pecados de Anne.

El sábado pasado volvieron a pasar los señores extranjeros. Se quedaron hasta las seis de la tarde. Estábamos todos arriba inmóviles, sin apenas respirar. Cuando no hay nadie trabajando en todo el edificio ni en los aledaños, en el despacho se oye cualquier ruidito. De nuevo me ha dado la fiebre sedentaria: no es nada fácil tener que estar sentada tanto tiempo sin moverme y en el más absoluto silencio.

El señor Voskuijl ya está en el hospital, y el señor Kleiman ha vuelto a la oficina, ya que la hemorragia estomacal se le ha pasado antes que otras veces. Nos ha contado que el Registro civil ha sido dañado de forma adicional por los bomberos, que en vez de limitarse a apagar el incendio, inundaron todo de agua. ¡Me gusta!

El hotel Carlton ha quedado destruido. Dos aviones ingleses que llevaban un gran cargamento de bombas incendiarias cayeron justo sobre el centro de oficiales alemán. Toda la esquina del Singel y la calle Vijzelstraat se ha quemado. Los ataques aéreos a las ciudades alemanas son cada día más intensos. Por las noches ya no dormimos; tengo unas ojeras terribles por falta de sueño.

La comida que comemos es una calamidad. Para el desayuno, pan seco con sucedáneo de café. El almuerzo ya hace quince días que consiste en espinacas o lechuga. Patatas de veinte centímetros de largo, dulces y con sabor a podrido. ¡Quien quiera adelgazar, que pase una temporada en la Casa de atrás! Los del piso de arriba viven quejándose, pero a nosotros no nos parece tan trágico.

Todos los hombres que pelearon contra los alemanes o que estuvieron movilizados en 1940, se han tenido que presentar en los campos de prisioneros de guerra para trabajar para el *Führer*. ¡Seguro que es una medida preventiva para cuando sea la invasión!

Tu Anne

Sábado, 1 de mayo de 1943

Querida Kitty:
Fue el cumpleaños de Dussel. Antes de que llegara el día se hizo el desinteresado, pero cuando vino Miep con una gran bolsa de la compra llena de regalos, se puso como un niño de contento. Su mujer Lotje le ha enviado huevos, mantequilla, galletas, limonada, pan, coñac, pastel de especias, flores, naranjas, chocolate, libros y papel de cartas. Instaló una mesa de regalos de cumpleaños, que estuvieron expuestos nada menos que tres días. ¡Viejo loco!

No vayas a pensar que pasa hambre; en su armario hemos encontrado pan, queso, mermelada y huevos. Es un verdadero escándalo que tras acogerlo con tanto cariño para salvarlo de una desgracia segura, se llene el estómago a escondidas sin darnos nada a nosotros. ¿Acaso nosotros no hemos compartido todo con él? Pero peor aún nos pareció lo miserable que es con Kleiman, Voskuijl y Bep, a quienes tampoco ha dado nada. Las naranjas que tanta falta le hacen a Kleiman para su estómago enfermo, Dussel las considera más sanas para su propio estómago.

Anoche recogí cuatro veces todas mis pertenencias, a causa de los fuertes disparos. Hoy he hecho una pequeña maleta, en la que he puesto mis cosas de primera necesidad en caso de huida. Pero mamá, con toda la razón, me ha preguntado: «¿Adónde piensas huir?».

Toda Holanda ha sido castigada por la huelga de tantos trabajadores. Han declarado el estado de sitio y a todos les van a dar un cupón de mantequilla menos. ¡Eso les pasa por portarse mal!

Al final de la tarde le lavé la cabeza a mamá, lo que en estos tiempos no resulta nada fácil. Como no tenemos champú, debemos arreglarnos con un jabón verde todo pegajoso, y en segundo lugar Mansa no puede peinarse bien, porque al peine de la familia solo le quedan diez dientes.

Tu Anne

Domingo, 2 de mayo de 1943

Querida Kitty:
A veces me pongo a reflexionar sobre la vida que llevamos aquí, y entonces por lo general llego a la conclusión de que, en comparación con otros judíos que no están escondidos, vivimos como en un paraíso. De todos modos, algún día, cuando todo haya vuelto a la normalidad, me extrañaré de cómo nosotros, que en casa éramos tan pulcros y ordenados, hayamos venido tan a menos, por así decirlo. Venido a menos por lo que se refiere a nuestro modo de vida. Desde que llegamos aquí, por ejemplo, tenemos la mesa cubierta con un hule que, como lo usamos tanto, por lo general no está demasiado limpio. A veces trato de adecentarlo un poco, pero con un trapo que es puro agujero y que ya es de mucho antes de que nos instaláramos aquí; por mucho que frote, no consigo quitarle toda la suciedad. Los Van Daan llevan todo el invierno durmiendo sobre una

franela que aquí no podemos lavar por el racionamiento del jabón en polvo, que además es de pésima calidad. Papá lleva unos pantalones deshilachados y tiene la corbata toda desgastada. El corsé de mamá hoy se ha roto de puro viejo, y ya no se puede arreglar, mientras que Margot anda con un sostén que es dos tallas más pequeño del que necesitaría. Mamá y Margot han compartido tres camisetas durante todo el invierno, y las mías son tan pequeñas que ya no me llegan ni al ombligo. Ya sé que son todas cosas de poca importancia, pero a veces me asusta pensar: si ahora usamos cosas gastadas, desde mis bragas hasta la brocha de afeitar de papá, ¿cómo tendremos que hacer para volver a pertenecer a nuestra clase social de antes de la guerra?

Tu Anne

Domingo, 2 de mayo de 1943

Apreciaciones sobre la guerra de los moradores de la Casa de atrás

El señor Van Daan: en opinión de todos, este honorable caballero entiende mucho de política. Sin embargo, nos predice que tendremos que permanecer aquí hasta finales del 43. Aunque me parece mucho tiempo, creo que aguantaremos. Pero ¿quién nos garantiza que esta guerra, que no nos ha traído más que penas y dolores, habrá acabado para esa fecha? ¿Y quién nos puede asegurar que a nosotros y a nuestros cómplices del escondite no nos habrá pasado nada? ¡Absolutamente nadie! Y por eso vivimos tan angustiados día a día. Angustiados tanto por la espera y la esperanza, como por el miedo cuando se oyen ruidos dentro o fuera de la casa, cuando suenan los terribles disparos o cuando publican en los periódicos nuevos «comunicados», porque también es posible que en cualquier momento algunos de nuestros cómplices tengan que esconderse aquí ellos mismos. La palabra escondite se ha convertido en un término muy corriente. ¡Cuánta gente no habrá refugiada en un escondite! En proporción no serán tantos, naturalmente, pero seguro que cuando termine la guerra nos asombraremos cuando sepamos cuánta gente buena en Holanda ha dado cobijo en su casa a judíos y también a cristianos que debían huir, con o sin dinero. Y también es increíble la cantidad de gente de la que dicen que tiene un carnet de identidad falsificado.

La señora Van Daan: cuando esta bella dama (en palabras de ella misma) se enteró de que ya no era tan difícil como antes conseguir un carnet de identidad falsificado, inmediatamente propuso que nos mandáramos hacer uno cada uno. Como si fueran gratis, o como si a papá y al señor Van Daan el dinero les lloviera del cielo. Cuando la señora Van Daan profiere las tonterías más increíbles, Putti a menudo pega un salto de exasperación. Pero es lógico, porque un día *Kerli*,[1] dice: «Cuando todo esto acabe, haré que me bauticen», y al otro día afirma: «¡Siempre he querido ir a Jerusalén, porque solo me siento en mi casa cuando estoy rodeada de judíos!».

Pim es un gran optimista, pero es que siempre encuentra motivo para serlo.

El señor Dussel no hace más que inventar todo lo que dice, y cuando alguien osa contradecir a su excelencia, luego las tiene que pagar. En casa del señor Alfred Dussel supongo que la norma es que él siempre tiene la última palabra, pero a Anne Frank eso no le va para nada.

Lo que piensan sobre la guerra los demás integrantes de la Casa de atrás no tiene ningún interés. Solo las cuatro personas mencionadas pintan algo en materia de

---

1. Apelativo cariñoso de la señora Van Daan. *(N. del T.)*

política; en verdad tan solo dos, pero doña Van Daan y Dussel consideran que sus opiniones también cuentan.

Tu Anne

Martes, 18 de mayo de 1943

Querida Kitty:
He sido testigo de un feroz combate aéreo entre aviadores ingleses y alemanes. Algunos aliados han tenido que saltar de sus aviones en llamas, lamentablemente. El lechero, que vive en Halfweg, ha visto a cuatro canadienses sentados a la vera del camino, uno de los cuales hablaba holandés fluido. Este le pidió fuego al lechero para encender un cigarrillo y le contó que la tripulación del avión estaba compuesta por seis personas. El piloto se había quemado y el quinto hombre estaba escondido en alguna parte. A los otros cuatro, que estaban vivitos y coleando, se los llevó la «policía verde»[1] alemana. ¡Qué increíble que después de un salto tan impresionante en paracaídas todavía tuvieran tanta presencia de ánimo!

Aunque ya va haciendo calor, tenemos que encender la lumbre un día sí y otro no para quemar los desechos y la basura. No podemos usar los cubos, porque eso despertaría las sospechas del mozo de almacén. La menor imprudencia nos delataría.

Todos los estudiantes tienen que firmar una lista del Gobierno, declarando que «simpatizan con todos los alemanes y con el nuevo orden político». El ochenta por ciento se ha negado a traicionar su conciencia y a renegar de sus convicciones, pero las consecuencias no

---

1. Cuerpo de policía ligado a las fuerzas de ocupación alemanas en Holanda. *(N. del T.)*

tardaron en hacerse sentir. A los estudiantes que no firmaron los envían a campos de trabajo en Alemania. ¿Qué quedará de la juventud holandesa si todos tienen que trabajar tan duramente en Alemania?

Anoche mamá cerró la ventana a causa de los fuertes estallidos. Yo estaba en la cama de Pim. De repente, oímos cómo en el piso de arriba la señora saltó de la cama, como mordida por Mouschi, a lo que inmediatamente siguió otro golpe. Sonó como si hubiera caído una bomba incendiaria junto a mi cama. Grité:

—¡La luz, la luz!

Pim encendió la luz. No me esperaba otra cosa sino que en pocos minutos estuviera la habitación en llamas. No pasó nada. Todos nos precipitamos por la escalera al piso de arriba para ver lo que pasaba. Los Van Daan habían visto por la ventana abierta un resplandor de color rosa. El señor creía que había fuego por aquí cerca, y la señora pensaba que la que se había prendido fuego era nuestra casa. Cuando se oyó el golpe, la señora estaba temblando de pie. Dussel se quedó arriba fumando un cigarrillo, mientras nosotros volvíamos a nuestras camas. Cuando aún no habían pasado quince minutos, volvimos a oír tiros. La señora se levantó enseguida y bajó la escalera a la habitación de Dussel, para buscar junto a él la tranquilidad que no le era dada junto a su cónyuge. Dussel la recibió pronunciando las palabras «Acuéstate aquí conmigo, hija mía», lo que hizo que nos desternilláramos de risa. El tronar de los cañones ya no nos preocupaba: nuestro temor había desaparecido.

Tu Anne

Querida Kitty:
El poema de cumpleaños que me ha hecho papá es tan bonito que no quisiera dejar de enseñártelo.

Como papá escribe en alemán, Margot ha tenido que ponerse a traducir. Juzga por ti misma lo bien que ha cumplido su tarea de voluntaria. Tras el habitual resumen de los acontecimientos del año, pone lo siguiente:

Siendo la más pequeña, aunque ya no una niña,
no lo tienes fácil; todos quieren ser
un poco tu maestro, y no te causa placer.
«¡Tenemos experiencia!» «¡Sé lo que te digo!»
«Para nosotros no es la primera vez,
sabemos muy bien lo que hay que hacer.»
Sí, sí, es siempre la misma historia
y todos tienen muy mala memoria.
Nadie se fija en sus propios defectos,
solo miran los errores ajenos;
a todos les resulta muy fácil regañar
y lo hacen a menudo sin pestañear.
A tus padres nos resulta difícil ser justos,
tratando de que no haya mayores disgustos;
regañar a tus mayores es algo que está mal
por mucho que te moleste la gente de edad,
como una píldora has de tragar
sus regañinas para que haya paz.
Los meses aquí no pasan en vano,
aprovéchalos bien con tu estudio sano,
que estudiando y leyendo libros por cientos
se ahuyenta el tedio y el aburrimiento.
La pregunta más difícil es sin duda:
«¿Qué me pongo? No tengo ni una muda,
todo me va chico, pantalones no tengo,
mi camisa es un taparrabo, pero es lo de menos.

Luego están los zapatos: no puedo ya decir
los dolores inmensos que me hacen sufrir».
Cuando creces 10 cm no hay nada que hacer;
ya no tienes ni un trapo que te puedas poner.

Margot no logró traducir con rima la parte referida al tema de la comida, así que esa parte no la he copiado. Pero el resto es muy bonito, ¿verdad?

Por lo demás me han malcriado mucho con los hermosos regalos que me han dado; entre otras cosas, un libro muy gordo sobre mitología griega y romana, mi tema favorito. Tampoco puedo quejarme de las golosinas, ya que todos me han dado algo de sus respectivas últimas provisiones. Como benjamina de la familia de escondidos me han mimado verdaderamente mucho más de lo que merezco.

Tu Anne

Martes, 15 de junio de 1943

Querida Kitty:
Han pasado cantidad de cosas, pero muchas veces pienso que todas mis charlas poco interesantes te resultarán muy aburridas y que te alegrarás de no recibir tantas cartas. Por eso, será mejor que te resuma brevemente las noticias.

Al señor Voskuijl no lo han operado del estómago. Cuando lo tenían tumbado en la mesa de operaciones con el estómago abierto, los médicos vieron que tenía un cáncer mortal en un estado tan avanzado, que ya no había nada que operar. Entonces le cerraron nuevamente el estómago, le hicieron guardar cama durante tres semanas y comer bien, y luego lo mandaron a su casa. Pero cometieron la estupidez imperdonable de decirle exactamente en qué estado se encuentra. Ya no está en condiciones de trabajar, está en casa rodeado de sus ocho hijos y cavila sobre la muerte que se avecina. Me da muchísima lástima, y también me da mucha rabia no poder salir a la calle, porque si no iría muchas veces a visitarlo para distraerlo. Para nosotros es una calamidad que el bueno de Voskuijl ya no esté en el almacén para informarnos sobre todo lo que pasa allí o todo lo que oye. Era nuestra mayor ayuda y apoyo en materia de seguridad, y lo echamos mucho de menos.

El mes que viene nos toca a nosotros entregar la radio. Kleiman tiene en su casa una radio miniatura clandestina, que nos dará para reemplazar nuestra Philips grande. Es una verdadera lástima que haya que entregar ese mueble tan bonito, pero una casa en la que hay escondidos no debe, bajo ningún concepto, despertar las sospechas de las autoridades. La radio pequeñita nos la llevaremos arriba, naturalmente. Entre judíos clandestinos y dinero negro, qué más da una radio clandestina.

Todo el mundo trata de conseguir una radio vieja para entregar en lugar de su «fuente de ánimo». De veras es cierto que a medida que las noticias de fuera van siendo peores, la radio con su voz maravillosa nos ayuda a que no perdamos las esperanzas y digamos cada vez: «¡Adelante, ánimo, ya vendrán tiempos mejores!».

Tu Anne

Domingo, 11 de julio de 1943

Querida Kitty:
Volviendo por enésima vez al tema de la educación, te diré que hago unos esfuerzos tremendos para ser cooperativa, simpática y buena y para hacer todo de tal manera que el torrente de comentarios se reduzca a una

leve llovizna. Es endiabladamente difícil tener un comportamiento tan ejemplar ante personas que no soportas, sobre todo al ser tan fingido. Pero veo que realmente se llega más lejos con un poco de hipocresía que manteniendo mi vieja costumbre de decirle a cada uno sin vueltas lo que pienso (aunque nunca nadie me pida mi opinión ni le dé importancia). Por supuesto que a menudo me salgo de mi papel y no puedo contener la ira ante una injusticia, y durante cuatro semanas no hacen más que hablar de la chica más insolente del mundo. ¿No te parece que a veces deberías compadecerme? Menos mal que no soy tan refunfuñona, porque terminaría agriándome y perdería mi buen sentido del humor. Por lo general me tomo las regañinas con humor, pero me sale mejor cuando es otra persona a la que ponen como un trapo, y no cuando esa persona soy yo misma.

Por lo demás, he decidido abandonar un poco la taquigrafía, aunque me lo he tenido que pensar bastante. En primer lugar quisiera dedicar más tiempo a mis otras asignaturas, y en segundo lugar a causa de la vista, que es lo que más me tiene preocupada. Me he vuelto bastante miope y hace tiempo que necesito gafas. (¡Huy, qué cara de lechuza tendré!) Pero ya sabes que a los escondidos no les está permitido (etc.).

Ayer en toda la casa no se habló más que de la vista de Anne, porque mamá sugirió que la señora Kleiman me llevara al oculista. La noticia me hizo estremecer, porque no era ninguna tontería. ¡Salir a la calle! ¡A la calle, figúrate! Cuesta imaginárselo. Al principio me dio muchísimo miedo, pero luego me puse contenta. Sin embargo, la cosa no era tan fácil, porque no todos los que tienen que tomar la decisión se ponían de acuerdo tan fácilmente. Todos los riesgos y dificultades debían ponerse en el platillo de la balanza, aunque Miep quería llevarme inmediatamente. Lo primero que hice fue sacar del ropero mi abrigo gris, que me quedaba tan pequeño que parecía el abrigo de mi hermana menor. Se le salía el dobladillo y, además, ya no podía abotonármelo. Realmente tengo gran curiosidad por saber lo que pasará, pero no creo que el plan se lleve a cabo, porque mientras tanto los ingleses han desembarcado en Sicilia y papá tiene la mira puesta en un «desenlace inminente».

Bep nos da mucho trabajo de oficina a Margot y a mí. A las dos nos da la sensación de estar haciendo algo muy importante, y para Bep es una gran ayuda. Archivar la correspondencia y hacer los asientos en el libro de ventas es algo que puede hacer todo el mundo, pero nosotras lo hacemos con gran minuciosidad.

Miep parece un verdadero burro de carga, siempre llevando y trayendo cosas. Casi todos los días encuentra verdura en alguna parte y la trae en su bicicleta, en grandes bolsas colgadas del manillar. También nos trae todos los sábados cinco libros de la biblioteca. Siempre esperamos con gran ansiedad a que llegue el sábado, porque entonces nos traen los libros. Como cuando les traen regalitos a los niños. Es que la gente corriente no sabe lo que significa un libro para un escondido. La lectura, el estudio y las audiciones de radio son nuestra única distracción.

Tu Anne

Martes, 13 de julio de 1943

El mejor escritorio.
Ayer por la tarde le pregunté a Dussel, con permiso de papá (y de forma bastante educada, me parece), si por favor estaría de acuerdo en que dos veces por semana, de cuatro a cinco y media de la tarde, yo hiciera uso

del pequeño escritorio de nuestra habitación. Ya escribo ahí todos los días de dos y media a cuatro mientras Dussel duerme la siesta; a otras horas la habitación y el escritorio son zona prohibida para mí. En el cuarto de estar común hay demasiado alboroto por las tardes; ahí uno no se puede concentrar, y además también a papá le gusta sentarse a escribir en el escritorio grande por las tardes.

Por lo tanto, el motivo era bastante razonable y mi ruego una mera cuestión de cortesía. Pero ¿a que no sabes lo que contestó el distinguido señor Dussel?

—No.

¡Dijo lisa y llanamente que no!

Yo estaba indignada y no lo dejé ahí. Le pregunté cuáles eran sus motivos para decirme que no y me llevé un chasco. Fíjate cómo arremetió contra mí:

—Yo también necesito el escritorio. Si no puedo disponer de él por la tarde no me queda nada de tiempo. Tengo que poder escribir mi cuota diaria, si no todo mi trabajo habrá sido en balde. De todos modos, tus tareas no son serias. La mitología, qué clase de tarea es esa, y hacer punto y leer tampoco son tareas serias. De modo que el escritorio lo seguiré usando yo.

Mi respuesta fue:

—Señor Dussel, mis tareas sí que son serias. En el cuarto de estar, por las tardes no me puedo concentrar, así que le ruego encarecidamente que vuelva a considerar mi petición.

Tras pronunciar estas palabras, Anne se volvió ofendida e hizo como si el distinguido doctor no existiera. Estaba fuera de mí de rabia. Dussel me pareció un gran maleducado (lo que en verdad era) y me pareció que yo misma había estado muy cortés.

Por la noche, cuando logré hablar un momento con Pim, le conté cómo había terminado todo y le pregunté qué debía hacer ahora, porque no quería darme por vencida y prefería arreglar la cuestión yo sola. Pim me explicó más o menos cómo debía encarar el asunto, pero me recomendó que esperara hasta el otro día, dado mi estado de exaltación. Desoí este último consejo, y después de fregar los platos me senté a esperar a Dussel. Pim estaba en la habitación contigua, lo que me daba una gran tranquilidad.

Empecé diciendo:

—Señor Dussel, creo que a usted no le ha parecido que valiera la pena hablar con más detenimiento sobre el asunto; sin embargo, le ruego que lo haga.

Entonces, con su mejor sonrisa, Dussel comentó:

—Siempre y en todo momento estaré dispuesto a hablar sobre este asunto ya zanjado.

Seguí con la conversación, interrumpida continuamente por Dussel:

—Al principio, cuando usted vino aquí, convinimos en que esta habitación sería de los dos. Si el reparto fuera equitativo, a usted le corresponderían las mañanas y a mí todas las tardes. Pero yo ni siquiera le pido eso, y por lo tanto me parece que dos tardes a la semana es de lo más razonable.

En ese momento Dussel saltó como pinchado por un alfiler:

—¿De qué reparto equitativo me estás hablando? ¿Adónde he de irme entonces? Tendré que pedirle al señor Van Daan que me construya una caseta en el desván, para que pueda sentarme allí. ¡Será posible que no pueda trabajar tranquilo en ninguna parte, y que uno tenga que estar siempre peleándose contigo! Si la que me lo pidiera fuera tu hermana Margot, que tendría más motivos que tú para hacerlo, ni se me ocurriría negárselo, pero tú...

Y luego siguió la misma historia sobre la mitología y el hacer punto, y Anne volvió a ofenderse. Sin embargo, hice que no se me notara y dejé que Dussel acabara:

—Pero ya está visto que contigo no se puede hablar. Eres una tremenda egoísta. Con tal de salirte con la tuya, los demás que revienten. Nunca he visto una niña igual. Pero al final me veré obligado a darte el gusto; si no, en algún momento me dirán que a Anne Frank la suspendieron porque el señor Dussel no le quería ceder el escritorio.

El hombre hablaba y hablaba. Era tal la avalancha de palabras que al final me perdí. Había momentos en que pensaba: «¡Le voy a dar un sopapo que va a ir a parar con todas sus mentiras contra la pared!», y otros en que me decía a mí misma: «Tranquilízate. Este tipo no se merece que te sulfures tanto por su culpa».

Por fin Dussel terminó de desahogarse y, con una cara en la que se leía el enojo y el triunfo al mismo tiempo, salió de la habitación con su abrigo lleno de alimentos.

Corrí a ver a papá y a contarle toda la historia, en la medida en que no la había oído ya. Pim decidió hablar con Dussel esa misma noche, y así fue. Estuvieron más de media hora hablando. Primero hablaron sobre si Anne debía disponer del escritorio o no. Papá le dijo que ya habían hablado sobre el tema, pero que en aquella ocasión le había dado supuestamente la razón a Dussel para no dársela a una niña frente a un adulto, pero que tampoco en ese momento a papá le había parecido razonable. Dussel respondió que yo no debía hablar como si él fuera un intruso que tratara de apoderarse de todo, pero aquí papá le contradijo con firmeza, porque en ningún momento me había oído a mí decir eso. Así estuvieron un tiempo discutiendo: papá defendiendo mi egoísmo y mis «tareítas» y Dussel refunfuñando todo el tiempo.

Finalmente Dussel tuvo que ceder, y se me concedieron dos tardes por semana para dedicarme a mis tareas sin ser molestada. Dussel puso cara de mártir, no habló durante dos días y, como un niño, fue a ocupar el escritorio de cinco a cinco y media, antes de la hora de cenar.

A una persona de cincuenta y cuatro años que todavía tiene hábitos tan pedantes y mezquinos, la naturaleza la ha hecho así, y ya nunca se le quitarán.

Viernes, 16 de julio de 1943

Querida Kitty:
Nuevamente han entrado ladrones, pero esta vez ladrones de verdad. Esta mañana a las siete, como de costumbre, Peter bajó al almacén y enseguida vio que tanto la puerta del almacén como la de la calle estaban abiertas. Se lo comunicó enseguida a Pim, que en su antiguo despacho sintonizó la radio alemana y cerró la puerta con llave. Entonces subieron los dos. La consigna habitual para estos casos, «no lavarse, guardar silencio, estar listos a las ocho y no usar el retrete», fue acatada rigurosamente como de costumbre. Todos nos alegrábamos de haber dormido muy bien y de no haber oído nada durante la noche. Pero también estábamos un poco indignados de que en toda la mañana no se le viera el pelo a ninguno de los de la oficina, y de que el señor Kleiman nos dejara hasta las once y media en ascuas. Nos contó que los ladrones habían abierto la puerta de la calle con una palanca de hierro y luego habían forzado la del almacén. Pero como en el almacén no encontraron mucho para llevarse, habían probado suerte un piso más arriba. Robaron dos cajas con cuarenta florines, talonarios en blanco de la caja postal y del banco, y lo peor: todos nuestros cupones de racionamiento del azúcar, por un total de ciento cincuenta kilos. No será fácil conseguir nuevos cupones.

El señor Kugler cree que el ladrón pertenece a la misma banda que el que estuvo aquí hace seis semanas y que intentó entrar por las tres puertas (la del almacén y las dos puertas de la calle), pero que en aquel momento no tuvo éxito.

El asunto nos ha estremecido a todos, y casi se diría que la Casa de atrás no puede pasarse sin estos sobresaltos. Naturalmente nos alegramos de que las máquinas de escribir y la caja fuerte estuvieran a buen recaudo en nuestro ropero.

Tu Anne

P.D. Desembarco en Sicilia. Otro paso más que nos acerca a...

Lunes, 19 de julio de 1943

Querida Kitty:
El domingo hubo un terrible bombardeo en el sector norte de Amsterdam. Los destrozos parece que son enormes. Calles enteras han sido devastadas, y tardarán mucho en rescatar a toda la gente sepultada bajo los escombros. Hasta ahora se han contado doscientos muertos y un sinnúmero de heridos. Los hospitales están llenos hasta los topes. Se dice que hay niños que, perdidos entre las ruinas incandescentes, van buscando a sus padres muertos. Cuando pienso en los estruendos que se oían en la lejanía, que para nosotros eran una señal de la destrucción que se avecina, me da escalofríos.

Tu Anne

Querida Kitty:

De momento, Bep ha vuelto a conseguir cuadernos, sobre todo diarios y libros mayores, que son los que necesita mi hermana la contable. Otros cuadernos también se consiguen, pero no me preguntes de qué tipo y por cuánto tiempo. Los cuadernos llevan actualmente el siguiente rótulo: «Venta sin cupones». Como todo lo que se puede comprar sin cupones, son un verdadero desastre. Un cuaderno de estos consiste en doce páginas de papel grisáceo de líneas torcidas y estrechas. Margot tiene pensado seguir un curso de caligrafía. Yo se lo he recomendado encarecidamente. Mamá me prohíbe que yo también participe, por no arruinarme la vista, pero me parece una tontería. Lo mismo da que haga eso u otra cosa.

Como tú nunca has vivido una guerra, Kitty, y como a pesar de mis cartas tampoco te haces una idea clara de lo que es vivir escondido, pasaré a escribirte cuál es el deseo más ferviente de cada uno de nosotros para cuando volvamos a salir de aquí:

Lo que más anhelan Margot y el señor Van Daan es un baño de agua caliente hasta el cogote, durante por lo menos media hora. La señora Van Daan quisiera irse enseguida a comer pasteles; Dussel en lo único que piensa es en su Charlotte, y mamá en ir a algún sitio a tomar café. Papá iría a visitar al señor Voskuijl; Peter iría al centro y al cine, y yo de tanta gloria no sabría por dónde empezar.

Lo que más anhelo yo es una casa propia, poder moverme libremente y que alguien me ayude en las tareas, o sea, ¡volver al colegio!

Bep nos ha ofrecido fruta, pero cuesta lo suyo, ¡y cómo! Uvas a 5 florines el kilo, grosellas a 70 céntimos el medio kilo, un melocotón a 50 céntimos, melón a

1,50 el kilo. Y luego ponen en el periódico en letras enormes: «¡El alza de los precios es usura!».

Querida Kitty:
Ayer fue un día de mucho alboroto, y todavía estamos exaltados. No me extrañaría que te preguntaras si es que pasa algún día sin sobresaltos.

Por la mañana, cuando estábamos desayunando, sonó la primera prealarma, pero no le hacemos mucho caso, porque solo significa que hay aviones sobrevolando la costa. Después de desayunar fui a tumbarme un rato en la cama porque me dolía mucho la cabeza. Luego bajé a la oficina. Eran alrededor de las dos de la tarde. A las dos y media, Margot había acabado con su trabajo de oficina. No había terminado aún de recoger sus bártulos cuando empezaron a sonar las sirenas, de modo que la seguí al piso de arriba. Justo a tiempo, porque menos de cinco minutos después de llegar arriba comenzaron los disparos y tuvimos que refugiarnos en el pasillo. Yo tenía mi bolsa para la huida bien apretada entre los brazos, más para tener algo a que aferrarme que para huir realmente, porque de cualquier modo no nos podemos ir, o en caso extremo la calle implica el mismo riesgo de muerte que un bombardeo. Después de media hora se oyeron menos aviones, pero dentro de casa la actividad aumentó. Peter volvió de su atalaya en el desván de la casa de delante. Dussel estaba en la oficina principal, la señora se sentía más segura en el antiguo despacho de papá, el señor Van Daan había observado la acción por la ventana de la buhardilla, y también los que habíamos esperado en el descansillo nos dispersamos para ver las columnas de humo que se elevaban en la zona del puerto. Al poco tiempo todo olía a incendio y afuera parecía que hubiera una tupida bruma.

A pesar de que un incendio de esa magnitud no es un espectáculo agradable, para nosotros el peligro felizmente había pasado y todos volvimos a nuestras respectivas ocupaciones. Al final de la tarde, a la hora de la comida: alarma aérea. La comida era deliciosa, pero al oír la primera sirena se me quitó el apetito. Sin embargo, no pasó nada y a los cuarenta y cinco minutos ya no había peligro. Cuando habíamos fregado los platos: alarma aérea, tiros, muchísimos aviones. «Dos veces en un mismo día es mucho», pensamos todos, pero fue inútil, porque nuevamente cayeron bombas a raudales, esta vez al otro lado de la ciudad, en la zona del aeropuerto. Los aviones caían en picado, volvían a subir, había zumbidos en el aire y era terrorífico. A cada momento yo pensaba: «¡Ahora cae, ha llegado tu hora!».

Puedo asegurarte que cuando me fui a la cama a las nueve de la noche, todavía no podía tenerme en pie sin que me temblaran las piernas. A medianoche me desperté: ¡más aviones! Dussel se estaba desvistiendo, pero no me importó: al primer tiro salté de la cama totalmente despabilada. Hasta la una estuve metida en la cama de papá, a la una y media vuelta a mi propia cama, a las dos otra vez en la de papá, y los aviones volaban y seguían volando. Por fin terminaron los tiros y me pude volver «a casa». A las dos y media me dormí.

Las siete. Me desperté de un sobresalto y me quedé sentada en la cama. Van Daan estaba con papá. «Otra vez ladrones», fue lo primero que pensé. Oí que Van Daan pronunciaba la palabra «todo» y pensé que se lo habían llevado todo. Pero no, era una noticia gratísima, quizá la más grata que hayamos tenido desde que comenzó la guerra. Ha renunciado Mussolini. El rey-emperador de Italia se ha hecho cargo del gobierno.

Pegamos un grito de alegría. Tras los horrores de ayer, por fin algo bueno y... ¡nuevas esperanzas! Esperanzas de que todo termine, esperanzas de que haya paz.

Kugler ha pasado un momento y nos ha contado que en los bombardeos del aeropuerto han causado grandes daños a la fábrica de aviones Fokker. Mientras tanto, esta mañana tuvimos una nueva alarma aérea con aviones sobrevolándonos y otra vez prealarma. Estoy de alarmas hasta las narices, he dormido mal y no me puedo concentrar, pero la tensión de lo que pasa en Italia ahora nos mantiene despiertos y la esperanza por lo que pueda ocurrir de aquí a fin de año...

Tu Anne

Jueves, 29 de julio de 1943

Querida Kitty:
La señora Van Daan, Dussel y yo estábamos fregando los platos y yo estaba muy callada, cosa poco común en mí y que seguramente les debería de llamar la atención. A fin de evitar preguntas molestas busqué un tema neutral de conversación, y pensé que el libro *Enrique, el de la acera de enfrente* cumplía con esa exigencia. Pero me equivoqué de medio a medio. Cuando no me regaña la señora Van Daan, me regaña el señor Dussel. El asunto era el siguiente: Dussel nos había recomendado este libro muy especialmente por ser una obra excelente. Pero a Margot y a mí no nos pareció excelente para nada. El niño estaba bien caracterizado, pero el resto... mejor no decir nada. Al fregar los platos hice un comentario de este tenor, y eso me sirvió para que toda la artillería se volviera contra mí.

— ¡¿Cómo quieres tú comprender la psiquis de un hombre?! La de un niño, aún podría ser. Eres demasiado pequeña para un libro así. Aun para un hombre de veinte años sería demasiado difícil.

Me pregunto por qué nos habrá recomendado entonces el libro tan especialmente a Margot y a mí. Ahora Dussel y la señora arremetieron los dos juntos:

—Sabes demasiado de cosas que no son adecuadas para ti. Te han educado de manera totalmente equivocada. Más tarde, cuando seas mayor, ya no sabrás disfrutar de nada. Dirás que lo has leído todo en los libros hace veinte años. Será mejor que te apresures en conseguir marido o en enamorarte, porque seguro que nada te satisfará. En teoría ya lo sabes todo, solo te falta la práctica.

No resulta nada difícil imaginarse cómo me sentí en aquel momento. Yo misma me sorprendí de que pudiera guardar la calma para responder: «Quizá ustedes opinen que he tenido una educación equivocada, pero no todo el mundo opina como ustedes».

¿Acaso es de buena educación sembrar cizaña todo el tiempo entre mis padres y yo (porque eso es lo que hacen muchas veces) y hablarle de esas cosas a una chica de mi edad? Los resultados de una educación semejante están a la vista.

En ese momento hubiera querido darles un bofetón a los dos, por ponerme en ridículo. Estaba fuera de mí de la rabia y realmente me hubiera gustado contar los días que faltaban para librarme de esa gente, de haber sabido dónde terminar.

¡La señora Van Daan es un caso serio! Es un modelo de conducta... pero ¡de qué conducta! A la señora Van Daan se la conoce por su falta de modestia, su egoísmo, su astucia, su actitud calculadora y porque nunca nada la satisface. A esto se suman su vanidad y su coquetería. No hay más vueltas que darle, es una persona desagradable como ninguna. Podría escribir libros enteros de ella, y puede que alguna vez lo haga. Cualquiera puede aplicarse un bonito barniz exterior. La señora es muy amable con los extraños, sobre todo si son hombres, y eso hace que uno se equivoque cuando la conoce poco.

Mamá la considera demasiado tonta para gastar saliva en ella, Margot la considera demasiado insignificante y Pim, demasiado fea (tanto por dentro como por fuera), y yo, tras un largo viaje —porque nunca me dejo llevar por los prejuicios—, he llegado a la conclusión de que es las tres cosas a la vez, y muchísimo más. Tiene tantas malas cualidades, que no sabría con cuál quedarme.

Tu Anne

P.D. No olvide el lector que cuando fue escrito este relato, la ira de la autora todavía no se había disipado.

Martes, 3 de agosto de 1943

Querida Kitty:
La política marcha viento en popa. En Italia, el partido fascista ha sido prohibido. En muchos sitios el pueblo lucha contra los fascistas, y algunos militares participan en la lucha. ¿Cómo un país así puede seguir haciéndole la guerra a Inglaterra?

La semana pasada entregamos nuestra hermosa radio. Dussel estaba muy enfadado con Kugler porque la entregó en la fecha estipulada. Mi respeto por Dussel se reduce cada día más; ya debe de andar por debajo de cero. Son tales las sandeces que dice en materia de política, historia, geografía o cualquier otro tema, que casi no me atrevo a citarlas. «Hitler desaparece en la historia. El puerto de Rotterdam es más grande que el de Hamburgo. Los ingleses son idiotas porque no bombardean Italia de arriba abajo, etcétera, etcétera.»

Ha habido un tercer bombardeo. He apretado los dientes, tratando de armarme de valor.

La señora Van Daan, que siempre ha dicho «dejadlos que vengan» y «más vale un final con susto que ningún final», es ahora la más cobarde de todos. Esta mañana se puso a temblar como una hoja y hasta se echó a llorar. Su marido, con quien acaba de hacer las paces después de estar reñidos durante una semana, la consolaba. De solo verlo casi me emociono.

Mouschi ha demostrado de forma patente que el tener gatos en la casa no solo trae ventajas: todo el edificio está infestado de pulgas, y la plaga se extiende día a día. El señor Kugler ha echado polvo amarillo en todos los rincones, pero a las pulgas no les hace nada. A todos nos pone muy nerviosos; todo el tiempo creemos que hay algo arañándonos un brazo, una pierna u otra parte del cuerpo. De ahí que muchos integrantes de la familia estén siempre haciendo ejercicios gimnásticos para mirarse la parte trasera de la pierna o la nuca. Ahora pagamos la falta de ejercicio: tenemos el cuerpo demasiado entumecido como para poder torcer bien el cuello. La gimnasia propiamente dicha hace mucho que no la practicamos.

Tu Anne

Miércoles, 4 de agosto de 1943

Querida Kitty:

Ahora que llevamos más de un año de reclusión en la Casa de atrás, ya estás bastante al tanto de cómo es nuestra vida, pero nunca puedo informarte de todo realmente. ¡Es todo tan extremadamente distinto de los tiempos normales y de la gente normal! Pero para que te hagas una idea de la vida que llevamos aquí, a partir de ahora describiré de tanto en tanto una parte de un día cualquiera. Hoy empiezo por la noche.

A las nueve de la noche comienza en la Casa de atrás el ajetreo de la hora de acostarse, y te aseguro que siempre es un verdadero alboroto. Se apartan las sillas, se arman las camas, se extienden las mantas, y nada queda en el mismo estado que durante el día. Yo duermo en el pequeño diván, que no llega a medir un metro y medio de largo, por lo que hay que colocarle un añadido en forma de sillas. De la cama de Dussel, donde están guardados durante el día, hay que sacar plumón, sábanas, almohadas y mantas.

En la habitación de al lado se oye un chirrido: es el catre tipo armónica de Margot. Nuevamente hay que extraer mantas y almohadas del sofá: todo sea por hacer un poco más confortables las tablitas de madera del catre. Arriba parece que se hubiera desatado una tormenta, pero no es más que la cama de la señora. Es que hay que arrimarla junto a la ventana, para que el aire pueda estimular los pequeños orificios nasales de su alteza con la mañanita rosa.

Las nueve de la noche: cuando sale Peter entro en el cuarto de baño y me someto a un tratamiento de limpieza a fondo. No pocas veces —solo en los meses, semanas o días de gran calor— ocurre que en el agua del baño se queda flotando alguna pequeña pulga. Luego toca lavarme los dientes, rizarme el pelo, tratarme las uñas, preparar los algodones con agua oxigenada —que son para teñir los pelillos negros del bigote— y todo esto en media hora.

Las nueve y media: me pongo el albornoz. Con el jabón en una mano y el orinal, las horquillas, las bragas, los rulos y el algodón en la otra, me apresuro en dejar libre el cuarto de baño, pero por lo general después me llaman para que vuelva y quite la colección de pelos elegantemente depositados en el lavabo, pero que no son del agrado del usuario siguiente.

Las diez de la noche: colgamos los paneles de oscurecimiento y... ¡buenas noches! En la casa aún se oyen durante un cuarto de hora los crujidos de las camas y el rechinar de los muelles rotos, pero luego reina el silencio; al menos, cuando los de arriba no tienen una disputa de lecho conyugal.

Las once y media: se oye el chirrido de la puerta del cuarto de baño. En la habitación entra un diminuto haz de luz. Unos zapatos que crujen, un gran abrigo, más grande que la persona que lo lleva puesto... Dussel vuelve de su trabajo nocturno en el despacho de Kugler. Durante diez minutos se le oye arrastrar los pies, hacer ruido de papeles —son los alimentos que guarda— y hacer la cama. Luego, la figura vuelve a desaparecer y solo se oye venir a cada rato un ruidito sospechoso del lavabo.

A eso de las tres de la madrugada: debo levantarme para hacer aguas menores en la lata que guardo debajo de la cama y que para mayor seguridad está colocada encima de una esterilla de goma contra las posibles pérdidas. Cuando me encuentro en este trance, siempre contengo la respiración, porque en la latita se oye como el gorgoteo de un arroyuelo en la montaña. Luego devuelvo la lata a su sitio y la figura del camisón blanco, que a Margot le arranca cada noche la exclamación: «¡Ay, qué camisón tan indecente!», se mete de nuevo en la cama. Entonces, alguien que yo sé permanece unos quince minutos atenta a los ruidos de la noche. En primer lugar, a los que puedan venir de algún ladrón en los pisos de abajo; luego, a los procedentes de las distintas camas de la habitación de arriba, la de al lado y la propia, de los que por lo general se puede deducir cómo está durmiendo cada uno de los convecinos, o si están pasando la noche medio desvelados. Esto último no es nada agradable, sobre todo cuando se trata de un miembro de la familia que responde al nombre de doctor

Dussel. Primero oigo un ruidito como de un pescado que se ahoga. El ruido se repite unas diez veces, y luego, con mucho aparato, pasa a humedecerse los labios, alternando con otros ruiditos como si estuviera masticando, a lo que siguen innumerables vueltas en la cama y reacomodamientos de las almohadas. Luego hay cinco minutos de tranquilidad absoluta, y toda la secuencia se repite tres veces como mínimo, tras lo cual el doctor seguramente se habrá adormilado por un rato.

También puede ocurrir que de noche, variando entre la una y las cuatro, se oigan disparos. Nunca soy realmente consciente hasta el momento en que, por costumbre, me veo de pie junto a la cama. A veces estoy tan metida en algún sueño, que pienso en los verbos franceses irregulares o en las riñas de arriba. Cuando termino de pensar, me doy cuenta de que ha habido tiros y de que me he quedado en silencio en mi habitación. Pero la mayoría de las veces pasa como te he descrito arriba. Cojo rápidamente un pañuelo y una almohada, me pongo el albornoz, me calzo las zapatillas y voy corriendo donde papá, tal como lo describió Margot en el siguiente poema con motivo de mi cumpleaños:

Por las noches, al primerísimo disparo,
se oye una puerta crujir y aparecen
un pañuelo, un cojín y una chiquilla...

Una vez instalada en la cama grande, el mayor susto ya ha pasado, salvo cuando los tiros son muy fuertes.

Las siete menos cuarto: ¡trrrrr...! Suena el despertador, que puede elevar su vocecita a cada hora del día, bien por encargo, bien sin él. ¡Crac...! ¡Paf...! La señora lo ha hecho callar. ¡Cric...! Se ha levantado el señor. Pone agua a hervir y se traslada rápidamente al cuarto de baño.

Las siete y cuarto: la puerta cruje nuevamente. Ahora Dussel puede ir al cuarto de baño. Una vez que estoy sola, quito los paneles de oscurecimiento, y comienza un nuevo día en la Casa de atrás.

Tu Anne

Jueves, 5 de agosto de 1943

Querida Kitty:
Tomemos hoy la hora de la comida, a mediodía.

Son las doce y media: toda la compañía respira aliviada. Por fin Van Maaren, el hombre del oscuro pasado, y De Kok se han ido a sus casas. Arriba se oye el traqueteo de la aspiradora que la señora le pasa a su hermosa y única alfombra. Margot coge unos libros y se los lleva bajo el brazo a la clase «para alumnos que no avanzan», porque así se podría llamar a Dussel. Pim se instala en un rincón con su inseparable Dickens, buscando un poco de tranquilidad. Mamá se precipita hacia el piso de arriba para ayudar a la hacendosa ama de casa, y yo me encierro en el cuarto de baño para adecentarlo un poco, haciendo lo propio conmigo misma.

La una menos cuarto: gota a gota se va llenando el cubo. Primero llega el señor Gies; luego Kleiman o Kugler, Bep y a veces también un rato Miep.

La una: todos escuchan atentos las noticias de la BBC, formando corro en torno a la radio miniatura. Estos son los únicos momentos del día en que los miembros de la Casa de atrás no se interrumpen todo el tiempo mutuamente, porque está hablando alguien al que ni siquiera el señor Van Daan puede llevar la contraria.

La una y cuarto: comienza el gran reparto. A todos los de abajo se les da un tazón de sopa, y cuando hay algún postre, también se les da. El señor Gies se sienta satisfecho en el diván o se reclina en el escritorio. Junto a él, el periódico, el tazón y, la mayoría de las veces, el gato. Si le falta alguno de estos tres, no dejará de protestar. Kleiman cuenta las últimas novedades de la ciudad; para eso es realmente una fuente de información estupenda. Kugler sube la escalera con gran estrépito, da un golpe seco y firme en la puerta y entra frotándose las manos, de buen humor y haciendo aspavientos, o de mal humor y callado, según los ánimos.

Las dos menos cuarto: los comensales se levantan y cada uno retoma sus actividades. Margot y mamá se ponen a fregar los platos, el señor y la señora Van Daan vuelven al diván, Peter al desván, papá al otro diván, Dussel también, y Anne a sus tareas.

Ahora comienza el horario más tranquilo. Cuando todos duermen, no se molesta a nadie. Dussel sueña con una buena comida, se le nota en la cara, pero no me detengo a observarlo porque el tiempo corre y a las cuatro ya lo tengo al doctor pedante a mi lado, con el reloj en la mano, instándome a desocupar el escritorio que he ocupado un minuto de más.

Tu Anne

Sábado, 7 de agosto de 1943

Querida Kitty:
Unas semanas atrás me puse a escribir un relato, algo que fuera pura fantasía, y me ha dado tanto gusto hacerlo que mi producción literaria ya va formando una verdadera pila de papel.

Tu Anne

Querida Kitty:

Sigo con la descripción del horario que tenemos en la Casa de atrás. Tras la comida del mediodía, ahora le toca a la de la tarde.

El señor Van Daan: comencemos por él. Es el primero en ser atendido a la mesa, y se sirve bastante de todo cuando la comida es de su gusto. Por lo general participa en la conversación, dando siempre su opinión, y cuando así sucede, no hay quien le haga cambiar de parecer, porque cuando alguien osa contradecirle, se pone bastante violento. Es capaz de soltarte un bufido como un gato, y la verdad es que es preferible evitarlo. Si te pasa una vez, haces lo posible para que no se repita. Tiene la mejor opinión, es el que más sabe de todo. De acuerdo, sabe mucho, pero también su presunción ha alcanzado altos niveles.

Madame: en verdad sería mejor no decir nada. Ciertos días, especialmente cuando se avecina alguna tormenta, más vale no mirarla a la cara. Bien visto, es ella la culpable de todas las discusiones, ¡pero no el tema! Todos prefieren no hablar de él; pero tal vez pudiera decirse que ella es la iniciadora. Azuzar, eso es lo que le gusta. Azuzar a la señora Frank y a Anne. Azuzar a Margot y al señor Frank no es tan fácil.

Pero ahora volvamos a la mesa. La señora siempre recibe lo que le corresponde, aunque ella a veces piensa que no es así. Escoger para ella las patatas más pequeñas, el bocado más sabroso, lo más tierno de todo, esa es su consigna. «A los demás ya les tocará lo suyo, primero estoy yo.» (Exactamente así piensa ella que piensa Anne.) Lo segundo es hablar, siempre que haya alguien escuchando, le interese o no, eso al parecer le da igual. La señora Van Daan seguramente piensa que a todo el mundo le interesa lo que ella dice.

Las sonrisas coquetas, el hacer como si entendiera de cualquier tema, el aconsejar a todos o el dárselas de madraza, se supone que dejan una buena impresión. Pero si uno mira más allá, lo bueno se acaba enseguida. En primer lugar hacendosa, luego alegre, luego coqueta y a veces una cara bonita. Esa es Petronella van Daan.

El tercer comensal: no dice gran cosa. Por lo general, el joven Van Daan es muy callado y no se hace notar. Por lo que respecta a su apetito: un pozo sin fondo, que no se llena nunca. Aun después de la comida más sustanciosa, afirma sin inmutarse que podría comerse el doble.

En cuarto lugar está Margot: come como un pajarito, no dice ni una palabra. Lo único que toma son frutas y verduras. «Consentida», en opinión de Van Daan. «Falta de aire y deporte», en opinión nuestra.

Luego está mamá: un buen apetito, una buena lengua. No da la impresión de ser el ama de casa, como es el caso de la señora Van Daan. ¿La diferencia? La señora cocina y mamá friega.

En sexto y séptimo lugar: de papá y yo será mejor que no diga mucho. El primero es el más modesto de toda la mesa. Siempre se fija en primer lugar si todos los demás ya tienen. No necesita nada, lo mejor es para los jóvenes. Es la bondad personificada, y a su lado se sienta el terremoto de la Casa de atrás.

Dussel: se sirve, no mira, come, no habla. Y cuando hay que hablar, que sea sobre la comida, así no hay disputa, solo presunción. Deglute raciones enormes y nunca dice que no: tanto en las buenas como también bastante poco en las malas.

Pantalones que le llegan hasta el pecho, chaqueta roja, zapatillas negras de charol y gafas de concha: así se le puede ver sentado frente al pequeño escritorio, eternamente atareado, no avanzando nunca, interrumpiendo su labor solo para dormirse su siestecita, comer y...

acudir a su lugar preferido: el retrete. Tres, cuatro, cinco veces al día hay alguien montando guardia delante de la puerta, conteniéndose, impaciente, balanceándose de una pierna a otra, casi sin aguantar más. ¿Se da por enterado? En absoluto. De las siete y cuarto a las siete y media, de las doce y media a la una, de las dos a las dos y cuarto, de las cuatro a las cuatro y cuarto, de las seis a las seis y cuarto y de las once y media a las doce. Es como para apuntárselo, porque son sus «horas fijas de sesión», de las que no se aparta. Tampoco hace caso de la voz implorante al otro lado de la puerta, que presagia una catástrofe inminente.

La novena no forma parte de la familia de la Casa de atrás, pero sí es una convecina y comensal. Bep tiene un buen apetito. No deja nada, no es quisquillosa. Todo lo come con gusto, y eso justamente nos da gusto a nosotros. Siempre alegre y de buen humor, bien dispuesta y bonachona: esos son sus rasgos característicos.

Martes, 10 de agosto de 1943

Querida Kitty:
Una nueva idea: en la mesa hablo más conmigo misma que con los demás, lo cual resulta ventajoso en dos aspectos. En primer lugar, a todos les agrada que no esté charlando continuamente, y en segundo lugar no necesito estar irritándome a causa de las opiniones de los demás. Mi propia opinión a mí no me parece estúpida, y a otros sí, de modo que mejor me la guardo para mí. Lo mismo hago con la comida que no me gusta: pongo el plato delante de mí, me imagino que es una comida deliciosa, la miro lo menos posible y me la como sin darme cuenta. Por las mañanas, al levantarme —otra de esas cosas nada agradables—, salgo de la cama de un salto, pienso «enseguida puedes volver a meterte en tu cami-

ta», voy hasta la ventana, quito los paneles de oscurecimiento, me quedo aspirando el aire que entra por la rendija y me despierto. Deshago la cama lo más rápido posible, para no poder caer en la tentación. ¿Sabes cómo lo llama mamá? «El arte de vivir.» ¿No te parece graciosa la expresión?

Desde hace una semana todos estamos un poco desorientados en cuanto a la hora, ya que por lo visto se han llevado nuestra querida y entrañable campana de la iglesia para fundirla, por lo que ya no sabemos exactamente qué hora es, ni de día, ni de noche. Todavía tengo la esperanza de que inventen algo que a los del barrio nos haga recordar un poco nuestra campana, como, por ejemplo, un artefacto de estaño, de cobre o de lo que sea.

Vaya a donde vaya, ya sea al piso de arriba o al de abajo, todo el mundo me mira extrañado los pies, que llevan un par de zapatos verdaderamente hermosos para los tiempos que corren. Miep los ha encontrado en una tienda por 27,50 florines. Color vino, de piel de ante y cuero y con un tacón bastante alto. Me siento como si anduviera con zancos y parezco mucho más alta de lo que soy.

Ayer fue un día de mala suerte. Me pinché el pulgar derecho con la punta gruesa de una aguja. En consecuencia, Margot tuvo que pelar las patatas por mí (su lado bueno debía tener) y yo casi no podía escribir. Luego, con la cabeza me llevé por delante la puerta del armario y por poco me caigo, pero me cayó una regañina por hacer tanto ruido y no podía hacer correr el agua para mojarme la frente, por lo que ahora tengo un chichón gigantesco encima del ojo derecho. Para colmo de males, me enganché el dedo pequeño del pie derecho en el extremo de la aspiradora. Me salía sangre y me dolía, pero no tenía ni punto de comparación con mis otros males. Ahora lamento que haya sido así, porque el dedo del pie se me ha infectado, y tengo que ponerme basilicón y gasas y esparadrapo, y no puedo ponerme mis preciosos zapatos.

Dussel nos ha puesto en peligro de muerte por enésima vez. Créase o no, Miep le trajo un libro prohibido, lleno de injurias dirigidas a Mussolini. En el camino la rozó una moto de la SS. Perdió los estribos, les gritó «¡miserables!» y siguió pedaleando. No quiero ni pensar en lo que hubiera pasado si se la llevaban a la comisaría.

Tu Anne

La tarea del día en la comunidad: ¡pelar patatas!

Uno trae las hojas de periódico, otro los pelapatatas (y se queda con el mejor, naturalmente), el tercero las patatas y el cuarto, el agua.

El que empieza es el señor Dussel. No siempre pela bien, pero lo hace sin parar, mirando a diestro y siniestro para ver si todos lo hacen como él. ¡Pues no!

—Anne, mírrame, io cojo el cuchillo en mi mano de este manerra, y pelo de arriba abajo. *Nein!* Así no... ¡así!

—Pues a mí me parece más fácil así, señor Dussel —le digo tímidamente.

—Perro el mejor manerra es este. Haz lo que te digo. En fin, tú sabrrás lo que haces, a mí no me importta.

Seguimos pelando. Como quien no quiere la cosa, miro lo que está haciendo mi vecino. Sumido en sus pensamientos, menea la cabeza (por mi culpa, seguramente), pero ya no dice nada.

Sigo pelando. Ahora miro hacia el otro lado, donde está sentado papá. Para papá, pelar patatas no es una tarea cualquiera, sino un trabajo minucioso. Cuando lee, frunce el ceño con gesto de gravedad, pero cuando ayuda a preparar patatas, judías u otras verduras, no parece enterarse de nada. Pone cara de pelar patatas y nunca entregará una patata que no esté bien pelada. Eso es sencillamente imposible.

Sigo con la tarea y levanto un momento la mirada. Con eso me basta: la señora trata de atraer la atención de Dussel. Primero lo mira un momento, Dussel se hace el desentendido. Luego le guiña el ojo, pero Dussel sigue trabajando. Después sonríe, pero Dussel no levanta la mirada. Entonces también mamá ríe, pero Dussel no hace caso. La señora no ha conseguido nada, de modo que tendrá que utilizar otros métodos. Se produce un silencio, y luego:

—Pero, Putti, ¿por qué no te has puesto un delantal? Ya veo que mañana tendré que quitarte las manchas del traje.

—No me estoy ensuciando.

De nuevo un silencio, y luego:

—Putti, ¿por qué no te sientas?

—Estoy bien así, prefiero estar de pie.

Pausa.

—¡Putti, fíjate cómo estás salpicando!

—Sí, mamita, tendré cuidado.

La señora saca otro tema de conversación:

—Dime, Putti, ¿por qué los ingleses no tiran bombas ahora?

—Porque hace muy mal tiempo, Kerli.

—Pero ayer hacía buen tiempo y tampoco salieron a volar.

—No hablemos más de ello.

—¿Por qué no? ¿Acaso no es un tema del que se puede hablar y dar una opinión?

—No.

—¿Por qué no?

—Cállate, *Mammichen*.[1]

---

1. En alemán, «mamaíta». (*N. del T.*)

—¿Acaso el señor Frank no responde siempre a lo que le pregunta la señora?

El señor lucha, este es su talón de Aquiles, no lo soporta, y la señora arremete una y otra vez:

—¡Pues esa invasión no llegará nunca!

El señor se pone blanco; la señora, al notarlo, se pone colorada, pero igual sigue con lo suyo:

—¡Esos ingleses no hacen nada!

Estalla la bomba.

—¡Cierra el pico, maldita sea!

Mamá casi no puede contener la risa, yo trato de no mirar.

La escena se repite casi a diario, salvo cuando los señores acaban de tener alguna disputa, porque entonces tanto él como ella no dicen palabra.

Me mandan a buscar más patatas. Subo al desván, donde está Peter quitándole las pulgas al gato. Levanta la mirada, el gato se da cuenta y, ¡zas!, se escapa por la ventana, desapareciendo en el canalón.

Peter suelta un taco, yo me río y también desaparezco.

La libertad en la Casa de atrás

Las cinco y media: sube Bep a concedernos la libertad vespertina. Enseguida comienza el trajín. Primero suelo subir con Bep al piso de arriba, donde por lo general le dan por adelantado el postre que nosotros comeremos más tarde. En cuanto Bep se instala, la señora empieza a enumerar todos sus deseos, diciendo por ejemplo:

—Ay, Bep, quisiera pedirte una cosita...

Bep me guiña el ojo; la señora no desaprovecha ninguna oportunidad para transmitir sus deseos y ruegos a cualquier persona que suba a verla. Debe de ser uno de los motivos por los que a nadie le gusta demasiado subir al piso de arriba.

Las seis menos cuarto: se va Bep. Bajo dos pisos para ir a echar un vistazo. Primero la cocina, luego el despacho de papá, y de ahí a la carbonera para abrirle la portezuela a Mouschi.

Tras un largo recorrido de inspección, voy a parar al territorio de Kugler. Van Daan está revisando todos los cajones y archivadores, buscando la correspondencia del día. Peter va a buscar la llave del almacén y a Moffie. Pim carga con máquinas de escribir para llevarlas arriba. Margot se busca un rinconcito tranquilo para hacer sus tareas de oficina. La señora pone a calentar agua. Mamá baja las escaleras con una cacerola llena de patatas. Cada uno sabe lo que tiene que hacer.

Al poco tiempo vuelve Peter del almacén. Lo primero que le preguntan es dónde está el pan: lo ha olvidado. Delante de la puerta de la oficina principal se encoge lo más que puede y se arrastra a gatas hasta llegar al armario de acero, coge el pan y se va; al menos, eso es lo que quiere hacer, pero antes de percatarse de lo que ocurre, Mouschi le salta por encima y se mete debajo del escritorio.

Peter busca por todas partes y por fin descubre al gato. Entra otra vez a gatas en la oficina y le tira de la cola. Mouschi suelta un bufido, Peter suspira. ¿Qué es lo que ha conseguido? Ahora Mouschi se ha instalado junto a la ventana y se lame, contento de haber escapado de las manos de Peter. Y ahora Peter, como último recurso para atraer al animal, le tiende un trozo de pan y... ¡sí!, Mouschi acude a la puerta y esta se cierra.

He podido observarlo todo por la rendija de la puerta.

El señor Van Daan está furioso, da un portazo. Margot y yo nos miramos, pensamos lo mismo: seguro que se ha sulfurado a causa de alguna estupidez cometida por Kugler, y no piensa en Keg.

Se oyen pasos en el pasillo. Entra Dussel. Se dirige a la ventana con aire de propietario, husmea... tose, estornuda y vuelve a toser. Es pimienta, no ha tenido suerte. Prosigue su camino hacia la oficina principal. Las cortinas están abiertas, lo que implica que no habrá papel de cartas. Desaparece con cara de enfado.

Margot y yo volvemos a mirarnos. Oigo que me dice:

—Tendrá que escribirle una hoja menos a su novia mañana.

Asiento con la cabeza.

De la escalera nos llega el ruido de un paso de elefante; es Dussel, que va a buscar consuelo en su lugar más entrañable.

Seguimos trabajando. ¡Tic, tic, tic...! Tres golpes: ¡a comer!

Lunes, 23 de agosto de 1943

Cuando el reloj da las ocho y media...

Margot y mamá están nerviosas. «¡Chis, papá! ¡Silencio, Otto! ¡Chis, Pim! ¡Que ya son las ocho y media! ¡Vente ya, que no puedes dejar correr el agua! ¡No hagas ruido al andar!» Así son las distintas exclamaciones dirigidas a papá en el cuarto de baño. A las ocho y media en punto tiene que estar de vuelta en la habitación. Ni una gota de agua, no usar el retrete, no andar, silencio absoluto. Mientras no está el personal de oficina, en el almacén los ruidos se oyen mucho más.

A las ocho y veinte abren la puerta los del piso de arriba, y al poco tiempo se oyen tres golpecitos en el suelo: la papilla de avena para Anne. Subo trepando por las escaleras y recojo mi platillo para perros.

De vuelta abajo, termino de hacer mis cosas corriendo: cepillarme el pelo, guardar el orinal, volver a colocar la cama en su sitio. ¡Silencio! El reloj da la hora. La señora cambia de calzado: comienza a desplazarse por la habitación en pantuflas; también el señor Charlie Chaplin se calza sus zapatillas; tranquilidad absoluta.

La imagen de familia ideal llega a su apogeo: yo me pongo a leer o a estudiar, Margot también, al igual que papá y mamá. Papá —con Dickens y el diccionario en el regazo, naturalmente— está sentado en el borde de la cama hundida y crujiente, que ni siquiera cuenta con colchones como Dios manda. Dos colchonetas superpuestas también sirven. «No me hacen falta, me arreglo perfectamente sin ellas.»

Una vez sumido en la lectura se olvida de todo, sonríe de tanto en tanto, trata por todos los medios de hacerle leer algún cuento a mamá, que le contesta:

—¡Ahora no tengo tiempo!

Por un momento pone cara de desencanto, pero luego sigue leyendo. Poco después, cuando otra vez encuentra algo divertido, vuelve a intentarlo:

—¡Ma, no puedes dejar de leer esto!

Mamá está sentada en la cama plegable, leyendo, cosiendo, haciendo punto o estudiando, según lo que toque en ese momento. De repente se le ocurre algo, y no tarda en decir.

—Anne, ¿te acuerdas...? Margot, apunta esto...

Al rato vuelve la tranquilidad. Margot cierra su libro de un golpe, papá frunce el ceño y se le forma un arco muy gracioso, reaparece la «arruga de la lectura» y ya está otra vez sumido en el libro, mamá empieza a charlar con Margot, la curiosidad me hace escucharlas. Envolvemos a Pim en el asunto y... ¡Las nueve! ¡A desayunar!

Viernes, 10 de septiembre de 1943

Querida Kitty:

Cada vez que te escribo ha pasado algo especial, pero la mayoría de las veces se trata de cosas más bien desagradables. Ahora, sin embargo, ha pasado algo bonito.

El miércoles 8 de septiembre a las siete de la tarde estábamos escuchando la radio, y lo primero que oímos fue lo siguiente: *«Here follows the best news from whole the war: Italy has capitulated!»*. (¡Italia ha capitulado incondicionalmente!) A las ocho y cuarto empezó a transmitir Radio Orange: «Estimados oyentes: hace una hora y quince minutos, cuando acababa de redactar la crónica del día, llegó a la redacción la muy grata noticia de la capitulación de Italia. ¡Puedo asegurarles que nunca antes me ha dado tanto gusto tirar mis papeles a la papelera!».

Se tocaron los himnos nacionales de Inglaterra y de Estados Unidos y la Internacional rusa. Como de costumbre, Radio Orange levantaba los ánimos, aun sin ser demasiado optimista.

Los ingleses han desembarcado en Nápoles. El norte de Italia ha sido ocupado por los alemanes. El viernes 3 de septiembre ya se había firmado el armisticio, justo el día en que se produjo el desembarco de los ingleses en Italia. Los alemanes maldicen a Badoglio y al emperador italiano en todos los periódicos, por traidores.

Sin embargo, también tenemos nuestras desventuras. Se trata del señor Kleiman. Como sabes, todos lo queremos mucho, y aunque siempre está enfermo, tiene muchos dolores y no puede comer ni andar mucho, anda siempre de buen humor y tiene una valentía admirable. «Cuando viene el señor Kleiman, sale el sol», ha dicho mamá hace poco, y tiene razón.

Resulta que deben internarlo en el hospital para una operación muy delicada de estómago, y que tendrá que quedarse allí por lo menos cuatro semanas. Tendrías que haber visto cómo se despidió de nosotros: como si fuera a hacer un recado, así sin más.

Tu Anne

Querida Kitty:

Las relaciones entre los habitantes de la Casa de atrás empeoran día a día. En la mesa nadie se atreve a abrir la boca —salvo para deslizar en ella un bocado—, por miedo a que lo que diga resulte hiriente o se malinterprete. El señor Voskuijl nos visita de vez en cuando. Es una pena que esté tan malo. A su familia tampoco se lo pone fácil, ya que anda siempre con la idea de que se va a morir pronto, y entonces todo le es indiferente. No resulta difícil hacerse una idea de la atmósfera que debe de reinar en la casa de los Voskuijl, basta con pensar en lo susceptibles que ya son todos aquí.

Todos los días tomo valeriana contra el miedo y la depresión, pero esto no logra evitar que al día siguiente esté todavía peor de ánimo. Poder reír alguna vez con gusto y sin inhibiciones: eso me ayudaría más que diez valerianas, pero ya casi nos hemos olvidado de lo que es reír. A veces temo que de tanta seriedad se me estirará la cara y la boca se me arqueará hacia abajo. Los otros no lo tienen mejor; todos miran con malos presentimientos la mole que se nos viene encima y que se llama invierno.

Otro hecho nada alentador es que Van Maaren, el mozo de almacén, tiene sospechas relacionadas con el edificio de atrás. A una persona con un mínimo de inteligencia le tiene que llamar la atención la cantidad de veces que Miep dice que va al laboratorio, Bep al archivo y Kleiman al almacén de Opekta, y que Kugler sostenga que la Casa de atrás no pertenece a esta parcela, sino que forma parte del edificio de al lado.

No nos importaría lo que Van Maaren pudiera pensar del asunto, si no fuera porque tiene fama de ser poco fiable y porque es tremendamente curioso, y que no se contenta con vagas explicaciones.

Un día, Kugler quería ser en extremo cauteloso: a las doce y veinte del mediodía se puso el abrigo y se fue a la droguería de la esquina. Volvió antes de que hubieran pasado cinco minutos, subió las escaleras de puntillas y entró en nuestra casa. A la una y cuarto quiso marcharse, pero en el descansillo se encontró con Bep, que le previno que Van Maaren estaba en la oficina. Kugler dio media vuelta y se quedó con nosotros hasta la una y media. Entonces se quitó los zapatos y así, a pesar de su catarro, fue hasta la puerta del desván de la casa de delante, bajó la escalera lenta y sigilosamente, y después de haberse balanceado en los escalones durante quince minutos para evitar cualquier crujido, llegó a la oficina como si viniera de la calle.

Bep, que mientras tanto se había librado un momento de Van Maaren, vino a buscar a Kugler a casa, pero Kugler ya se había marchado hacía rato, y todavía andaba descalzo por las escaleras. ¿Qué habrá pensado la gente en la calle al ver al señor director poniéndose los zapatos fuera?

Tu Anne

Miércoles, 29 de septiembre de 1943

Querida Kitty:
Hoy cumple años la señora Van Daan. Aparte de un cupón de racionamiento para comprar queso, carne y pan, tan solo le hemos regalado un frasco de mermelada. También el marido, Dussel y el personal de la oficina le han regalado flores y alimentos exclusivamente. ¡Los tiempos no dan para más!

El otro día a Bep casi le da un ataque de nervios, de tantos recados que le mandaban hacer. Diez veces al día le encargaban cosas, insistiendo en que lo hiciera rápido, en que volviera a salir o en que había traído alguna cosa equivocada. Si te pones a pensar en que abajo tiene que terminar el trabajo de oficina, que Kleiman está enfermo, que Miep está en su casa con catarro, que ella misma se ha torcido el tobillo, que tiene mal de amores y en casa un padre que se lamenta continuamente, te puedes imaginar cuál es su estado. La hemos consolado y le hemos dicho que si nos dijera unas cuantas veces que no tiene tiempo, las listas de los recados se acortarían automáticamente.

El sábado tuvimos un drama, cuya intensidad superó todo lo vivido aquí hasta el momento. Todo empezó con Van Maaren y terminó en una disputa general con llanto. Dussel se quejó ante mamá de que lo tratamos como a un paria, de que ninguno de nosotros es amable con él, de que él no nos ha hecho nada, y le largó toda una sarta de halagos y lisonjas de los que mamá felizmente no hizo caso. Le contestó que él nos había decepcionado mucho a todos y que más de una vez nos había causado disgustos. Dussel le prometió el oro y el moro, pero como siempre, hasta ahora nada ha cambiado.

Con los Van Daan el asunto va a acabar mal, ya me lo veo venir. Papá está furioso, porque nos engañan. Esconden carne y otras cosas. ¡Ay, qué desgracia nos espera! ¡Cuánto daría por no verme metida en todas estas trifulcas! ¡Ojalá pudiera escapar! ¡Nos van a volver locos!

Tu Anne

Sábado, 17 de septiembre de 1943

Querida Kitty:
Ha vuelto Kleiman. ¡Menos mal! Todavía se le ve pálido, pero sale a la calle de buen humor a vender ropa para Van Daan.

Es un hecho desagradable el que a Van Daan se le haya acabado completamente el dinero. Los últimos cien florines los ha perdido en el almacén, lo que nos ha traído problemas. ¿Cómo es posible que un lunes por la mañana vayan a parar cien florines al almacén? Todos motivos de sospecha. Entretanto, los cien florines han volado. ¿Quién es el ladrón?

Pero te estaba hablando de la escasez de dinero. La señora no quiere desprenderse de ninguno de sus abrigos, vestidos ni zapatos; el traje del señor es difícil de vender, y la bicicleta de Peter ha vuelto de la subasta, ya que nadie la quiso comprar. No se sabe cómo acabará todo esto. Quiera o no, la señora tendrá que renunciar a su abrigo de piel. Según ella, la empresa debería mantenernos a todos, pero no logrará imponer su punto de vista. En el piso de arriba han armado una tremenda bronca al respecto, aunque ahora ya han entrado en la fase de reconciliación, con los respectivos «¡Ay, querido Putti!» y «¡Kerli preciosa!».

Las palabrotas que han volado por esta honorable casa durante el último mes dan vértigo. Papá anda por la casa con los labios apretados. Cuando alguien lo llama se espanta un poco, por miedo a que nuevamente lo necesiten para resolver algún asunto delicado. Mamá tiene las mejillas rojas de lo exaltada que está, Margot se queja del dolor de cabeza, Dussel no puede dormir, la señora se pasa el día lamentándose y yo misma no sé dónde tengo la cabeza. Honestamente, a veces ya ni sé con quién estamos reñidos o con quién ya hemos vuelto a hacer las paces.

Lo único que me distrae es estudiar, así que estudio mucho.

Tu Anne

Querida Kitty:
El señor Kleiman se ha tenido que retirar del trabajo nuevamente. Su estómago no lo deja tranquilo. Ni él mismo sabe si la hemorragia ha parado. Nos vino a decir que se sentía mal y que se marchaba para su casa. Es la primera vez que lo vi tan de capa caída.

Aquí ha vuelto a haber ruidosas disputas entre el señor y la señora. Fue así: se les ha acabado el dinero. Quisieron vender un abrigo de invierno y un traje del señor, pero nadie quería comprarlos. El precio que pedían era demasiado alto.

Un día, hace ya algún tiempo, Kleiman comentó algo sobre un peletero amigo. De ahí surgió la idea del señor de vender el abrigo de piel de su mujer. Es un abrigo de pieles de conejo que ya tiene diecisiete años. Le dieron 325 florines por él, una suma enorme. La señora quería quedarse con el dinero para poder comprarse ropa nueva después de la guerra, y no fue nada fácil convencerla de que ese dinero era más que necesario para los gastos de la casa.

No puedes ni imaginarte los gritos, los chillidos, los golpes y las palabrotas. Fue algo espeluznante. Los de mi familia estábamos aguardando al pie de la escalera conteniendo la respiración, listos para separar a los contrincantes en caso de necesidad. Todas esas peleas, llantos y nerviosismos provocan tantas tensiones y esfuerzos, que por las noches caigo en la cama llorando, dando gracias al cielo de que por fin tengo media hora para mí sola.

A mí me va bien, salvo que no tengo ningún apetito. Viven repitiéndome: «¡Qué mal aspecto tienes!». Debo admitir que se esfuerzan mucho por mantenerme más o menos a nivel, recurriendo a la dextrosa, el aceite de hígado de bacalao, a las tabletas de levadura y de calcio. Mis nervios no siempre consigo dominarlos, sobre todo los domingos me siento muy desgraciada. Los domingos reina aquí en casa una atmósfera deprimente, aletargada y pesada; fuera no se oye cantar a ningún pájaro; un silencio sofocante y de muerte lo envuelve todo, y esa pesadez se aferra a mí como si quisiera arrastrarme hasta los infiernos. Papá, mamá y Margot me son indiferentes de tanto en tanto, y yo deambulo por las habitaciones, bajando y subiendo las escaleras, y me da la sensación de ser un pájaro enjaulado al que le han arrancado las alas violentamente, y que en la más absoluta penumbra choca contra los barrotes de su estrecha jaula al querer volar. Oigo una voz dentro de mí que me grita: «¡Sal fuera, al aire, a reír!». Ya ni le contesto; me tumbo en uno de los divanes y duermo para acortar el tiempo, el silencio, y también el miedo atroz, ya que es imposible matarlos.

Tu Anne

Sábado, 30 de octubre de 1943

Querida Kitty:
Mamá anda muy nerviosa, y eso para mí siempre es muy peligroso. ¿Puede ser casual que papá y mamá nunca regañen a Margot, y siempre sea yo la que cargue con la culpa de todo? Anoche, por ejemplo, pasó lo siguiente: Margot estaba leyendo un libro con ilustraciones muy bonitas. Se levantó y dejó de lado el libro con intención de seguir leyéndolo más tarde. Como yo en ese momento no tenía nada que hacer, lo cogí y me puse a mirar las ilustraciones. Margot volvió, vio «su» libro en mis manos, frunció el ceño y me pidió que se lo devolviera, enfadada. Yo quería seguir leyéndolo un poco más. Margot se enfadó más y más, y mamá se metió en el asunto diciendo:

—Ese libro lo estaba leyendo Margot, así que dáselo a ella.

En eso entró papá sin saber siquiera de qué se trataba, pero al ver lo que pasaba, me gritó:

—¡Ya quisiera ver lo que harías tú si Margot se pusiera a hojear tu libro!

Yo enseguida cedí, solté el libro y salí de la habitación, «ofendida» según ellos. No estaba ofendida ni enfadada, sino triste.

Papá no estuvo muy bien al juzgar sin conocer el objeto de la controversia. Yo sola le habría devuelto el libro a Margot, e incluso mucho antes, de no haberse metido papá y mamá en el asunto para proteger a Margot, como si de la peor injusticia se tratara.

Que mamá salga a defender a Margot es normal, siempre se andan defendiendo mutuamente. Yo ya estoy tan acostumbrada, que las regañinas de mamá ya no me hacen nada, igual que cuando Margot se pone furiosa. Las quiero solo porque son mi madre y Margot; como personas, por mí que se vayan a freír espárragos. Con papá es distinto. Cuando hace distinción entre las dos, aprobando todo lo que hace Margot, alabándola y haciéndole cariños, yo siento que algo me carcome por dentro, porque a papá yo lo adoro, es mi gran ejemplo, no quiero a nadie más en el mundo sino a él. No es consciente de que a Margot la trata de otra manera que a mí. Y es que Margot es la más lista, la más buena, la más bonita y la mejor. Pero ¿acaso no tengo yo derecho a que se me trate un poco en serio? Siempre he sido la payasa y la traviesa de la familia, siempre he tenido que pagar dos veces por las cosas que hacía: por un lado, las regañinas, y por el otro, la desesperación dentro de mí misma. Ahora esos mismos frívolos ya no me satisfacen, como tampoco las conversaciones presuntamente serias. Hay algo que quisiera que papá me diera que él no es capaz de darme. No tengo celos de Margot, nunca los he tenido. No ansío ser tan lista y bonita como ella, tan solo desearía sentir el amor verdadero de papá, no solamente como su hija, sino también como Anne-en-sí-misma.

Intento aferrarme a papá, porque cada día desprecio más a mamá, y porque papá es el único que todavía hace que conserve mis últimos sentimientos de familia. Papá no entiende que a veces necesito desahogarme sobre mamá. Pero él no quiere hablar, y elude todo lo que pueda hacer referencia a los errores de mamá.

Y sin embargo es ella, con todos sus defectos, la carga más pesada. No sé qué actitud adoptar; no puedo refregarle debajo de las narices su dejadez, su sarcasmo y su dureza, pero tampoco veo por qué habría de buscar la culpa de todo en mí.

Soy exactamente opuesta a ella en todo, y eso, naturalmente, choca. No juzgo su carácter porque no sé juzgarlo, solo la observo como madre. Para mí, mamá no es mi madre. Yo misma tengo que ser mi madre. Me he separado de ellos, ahora navego sola y ya veré dónde voy a parar. Todo tiene que ver sobre todo con el hecho de que veo en mí misma un gran ejemplo de cómo ha de ser una madre y una mujer, y no encuentro en ella nada a lo que pueda dársele el nombre de madre.

Siempre me propongo no mirar los malos ejemplos que ella me da; tan solo quiero ver su lado bueno, y lo que no encuentre en ella, buscarlo en mí misma. Pero no me sale, y lo peor es que ni papá ni mamá son conscientes de que están fallando en cuanto a mi educación, y de que yo se lo tomo a mal. ¿Habrá gente que pueda satisfacer plenamente a sus hijos?

A veces creo que Dios me quiere poner a prueba, tanto ahora como más tarde. Debo ser buena sola, sin ejemplos y sin hablar, solo así me haré más fuerte.

¿Quién sino yo leerá luego todas estas cartas? ¿Quién sino yo misma me consolará? Porque a menudo necesito consuelo; muchas veces no soy lo suficientemente fuerte y fallo más de lo que acierto. Lo sé, y cada vez intento mejorar, todos los días.

Me tratan de forma poco coherente. Un día Anne es una chica seria, que sabe mucho, y al día siguiente es una borrica que no sabe nada y cree haber aprendido de todo en los libros. Ya no soy el bebé ni la niña mimada que causa gracia haciendo cualquier cosa. Tengo mis propios ideales, mis ideas y planes, pero aún no sé expresarlos.

¡Ah!, me vienen tantas cosas a la cabeza cuando estoy sola por las noches, y también durante el día, cuando tengo que soportar a todos los que ya me tienen harta y siempre interpretan mal mis intenciones. Por eso, al final siempre vuelvo a mi diario: es mi punto de partida y mi destino, porque Kitty siempre tiene paciencia conmigo. Le prometeré que, a pesar de todo, perseveraré, que me abriré mi propio camino y me tragaré mis lágrimas. Solo que me gustaría poder ver los resultados, o que alguien que me quisiera me animara a seguir.

No me juzgues, sino considérame como alguien que a veces siente que está rebosando.

Tu Anne

Miércoles, 3 de noviembre de 1943

Querida Kitty:
Para proporcionarnos un poco de distracción y conocimientos, papá ha pedido un folleto de los cursos por correspondencia de Leiden. Margot estuvo hojeando el voluminoso librito como tres veces, sin encontrar nada que le interesara y a la medida de su presupuesto. Papá fue más rápido en decidirse, y quiso recibir a la institución para solicitar una clase de prueba de «Latín elemental». Dicho y hecho. La clase llegó, Margot se

puso a estudiar con buenos ánimos y el cursillo, aunque caro, se encargó. Para mí es demasiado difícil, aunque me encantaría aprender latín.

Para que yo también empezara con algo nuevo, papá le pidió a Kleiman una biblia para jóvenes, para que por fin me entere de algunas cosas del Nuevo Testamento.

—¿Le vas a regalar a Anne una biblia para Januká? —preguntó Margot algo desconcertada.

—Pues... en fin, creo que será mejor que se la regale para San Nicolás —contestó papá. Y es que Jesús y Januká no tienen nada que ver.

Como se ha roto la aspiradora, todas las noches me toca cepillar la alfombra con un viejo cepillo. Cierro la ventana, enciendo la luz, también la estufa, y paso el escobón. «Esto no puede acabar bien —pensé ya la primera vez—. Seguro que habrá quejas.» Y así fue: a mamá las espesas nubes de polvo que quedaban flotando en la habitación le dieron dolor de cabeza, el nuevo diccionario de latín de Margot se cubrió de suciedad, y Pim hasta se quejó de que el suelo no había cambiado en absoluto de aspecto. «A buen servicio mal galardón», como dice el refrán.

La última consigna de la Casa de atrás es que los domingos la estufa se encienda a las siete y media, y no a las cinco y media de la mañana, como antes. Me parece una cosa peligrosa. ¿Qué van a pensar los vecinos del humo que eche nuestra chimenea?

Lo mismo pasa con las cortinas. Desde que nos instalamos aquí siempre han estado herméticamente cerradas. Pero a veces, a alguno de los señores o a alguna de las señoras le viene el antojo de mirar hacia fuera un momento. El efecto: una lluvia de reproches. La respuesta: «¡Pero si no lo ve nadie!». Por ahí empiezan todos los descuidos. Que esto no lo ve nadie, que aquello no lo oye nadie, que a lo de más allá nadie le presta atención. Es muy fácil decirlo, pero ¿se corresponderá con la verdad? De momento las disputas tempestuosas han amainado, solo Dussel está reñido con Van Daan. Cuando habla de la señora, no hace más que repetir las palabras «vaca idiota», «morsa» y «yegua»; viceversa, la señora califica al estudioso infalible de «vieja solterona», «damisela susceptible», etcétera. Dijo la sartén al cazo: «¡Apártate, que me tiznas!».

Tu Anne

Noche del lunes, 8 de noviembre de 1943

Querida Kitty:
Si pudieras leer mi pila de cartas una detrás de otra, seguramente te llamarían la atención los distintos estados de ánimo en que fueron escritas. Yo misma lamento que aquí, en la Casa de atrás, dependa tanto de los estados de ánimo. En verdad, no solo a mí me pasa; nos pasa a todos. Cuando leo un libro que me causa una impresión profunda, tengo que volver a ordenar bien toda mi cabeza antes de mezclarme con los demás, si no podrían llegar a pensar que me ocurre algo extraño. De momento, como podrás apreciar, estoy en una fase depresiva. De verdad no sabría explicarte a qué se debe, pero creo que es mi cobardía, con la que tropiezo una y otra vez.

Hace un rato, cuando aún estaba con nosotros Bep, se oyó un timbre fuerte, largo y penetrante. En ese momento me puse blanca, me vino dolor de estómago y taquicardia, y todo por la mieditis.

Por las noches, en sueños, me veo en un calabozo, sin papá y mamá. A veces deambulo por la carretera, o se quema nuestra Casa de atrás, o nos vienen a buscar de noche y me escondo debajo de la cama, desesperada. Veo todo como si lo estuviera viviendo en mi propia carne. ¡Y encima tengo la sensación de que todo esto me puede suceder en cualquier momento!

Miep dice a menudo que nos envidia tal como estamos aquí, por la tranquilidad que tenemos. Puede ser, pero se olvida de nuestro enorme miedo.

No puede imaginarse que para nosotros el mundo vuelva a ser alguna vez como era antes. Es cierto que a veces hablo de «después de la guerra», pero es como si hablara de un castillo en el aire, algo que nunca podrá ser realidad.

Nos veo a los ocho y a la Casa de atrás, como si fuéramos un trozo de cielo azul, rodeado de nubes de lluvia negras, muy negras. La isla redonda en la que nos encontramos aún es segura, pero las nubes se van acercando, y el anillo que nos separa del peligro inminente se cierra cada vez más. Ya estamos tan rodeados de peligros y de oscuridad, que la desesperación por buscar una escapatoria nos hace tropezar unos con otros. Miramos todos hacia abajo, donde la gente está peleándose entre sí, miramos todos hacia arriba, donde todo está en calma y es hermoso, y entretanto estamos aislados por esa masa oscura, que nos impide ir hacia abajo o hacia arriba, pero que se halla frente a nosotros como un muro infranqueable, que quiere aplastarnos, pero que aún no lo logra. No puedo hacer otra cosa que gritar e implorar: «¡Oh, anillo, anillo, ensánchate y ábrete, para que podamos pasar!».

Tu Anne

Jueves, 11 de noviembre de 1943

Querida Kitty:

Se me acaba de ocurrir un buen título para este capítulo:

Oda a la estilográfica
«In memoriam»

La estilográfica había sido siempre para mí un preciado tesoro; la apreciaba mucho, sobre todo por la punta gruesa que tenía, porque solo con la punta gruesa de una estilográfica sé hacer una letra realmente bonita. Mi estilográfica ha tenido una larga e interesante vida de estilográfica, que pasaré a relatar brevemente.

Cuando tenía nueve años, mi estilográfica me llegó, en un paquete, envuelta en algodón, catalogada como «muestra sin valor», procedente de Aquisgrán, la ciudad donde reside mi abuela, la generosa remitente. Yo estaba en cama con gripe, mientras el viento frío de febrero bramaba alrededor de la casa. La maravillosa estilográfica venía en un estuche de cuero rojo y fue mostrada a todas mis amigas el mismísimo día del obsequio. ¡Yo, Anne Frank, orgullosa poseedora de una estilográfica!

Cuando tenía diez años, me permitieron llevar la estilográfica al colegio, y la señorita consintió que la usara para escribir. A los once años, sin embargo, tuve que guardarla, ya que la señorita del sexto curso solo permitía que se usaran plumas y tinteros del colegio como útiles de escritura. Cuando cumplí los doce y pasé al liceo judío, mi estilográfica, para mayor gloria, fue a dar a un nuevo estuche, en el que también cabía un lápiz y que, además, parecía mucho más auténtico, ya que cerraba con cremallera. A los trece la traje conmigo a la Casa de atrás, donde me acompañó a través de un sinnúmero de diarios y otros escritos. El año en que cumplí los catorce, fue el último año que mi estilográfica y yo pasamos juntas, y ahora...

Fue un viernes por la tarde después de las cinco; salí de mi habitación y quise sentarme a la mesa a escribir, pero Margot y papá me obligaron bruscamente a cederles el lugar para poder dedicarse a su clase de latín. La estilográfica quedó sobre la mesa, sin utilizar; suspirando, su propietaria tuvo que contentarse con un pequeñísimo rincón de la mesa y se puso a pulir judías. «Pulir judías» significa aquí dentro adecentar las judías pintas enmohecidas. A las seis menos cuarto me puse a barrer el suelo, y la basura, junto con las judías malas, la tiré en la estufa, envuelta en un periódico. Se produjo una tremenda llamarada, y me puse contenta, porque el fuego estaba aletargado y se restableció.

Había vuelto la tranquilidad, los latinistas habían desaparecido y yo me senté a la mesa para volver a la escritura, pero por más que buscara en todas partes, la estilográfica no aparecía. Busqué otra vez, Margot también buscó, y mamá, y también papá, y Dussel, pero la pluma había desaparecido sin dejar rastro.

—Quizá se haya caído en la estufa, junto con las judías —sugirió Margot.

—¡Cómo se te ocurre! —le contesté.

Sin embargo, cuando por la noche, mi estilográfica aún no había aparecido, todos supusimos que se había quemado, sobre todo porque el celuloide arde que es una maravilla. Mi triste presentimiento se confirmó a la mañana siguiente cuando papá, al vaciar la estufa, encontró el clip con el que se sujeta una estilográfica en medio de las cenizas. De la plumilla de oro no encontramos el menor rastro.

—Debe de haberse adherido a alguna piedra al arder —opinó papá.

Al menos me queda un consuelo, aunque sea pequeño: mi estilográfica ha sido incinerada, tal como quiero que hagan conmigo llegado el momento.

Tu Anne

Querida Kitty:

Están ocurriendo hechos estremecedores. En casa de Bep hay difteria, y por eso tiene que evitar el contacto con nosotros durante seis semanas. Resulta muy molesto, tanto para la comida como para los recados, sin mencionar la falta que nos hace su compañía. Kleiman sigue postrado y lleva tres semanas ingiriendo leche y finas papillas únicamente. Kugler está atareadísimo.

Las clases de latín enviadas por Margot vuelven corregidas por un profesor. Margot las envía usando el nombre de Bep. El profesor es muy amable y muy gracioso además. Debe de estar contento de que le haya caído una alumna tan inteligente.

Dussel está totalmente confuso, y nadie sabe por qué. Todo comenzó con que cuando estábamos arriba no abría la boca y no intercambiaba ni una sola palabra con el señor Van Daan ni con la señora. Esto llamó la atención a todos. Como la situación se prolongaba, mamá aprovechó la ocasión para prevenirlo que de esta manera la señora ciertamente podía llegar a causarle muchos disgustos. Dussel dijo que el que había empezado a no decir nada era Van Daan, y que por lo tanto no tenía intención de romper su silencio. Debes saber que ayer fue 16 de noviembre, día en que se cumplió un año de su venida a la Casa de atrás. Con ocasión de ello, le regaló a mamá un jarrón de flores, pero a la señora Van Daan, que durante semanas había estado haciendo alusión a la fecha en varias oportunidades, sin ocultar en lo más mínimo su opinión de que Dussel tendría que convidarnos a algo, no le regaló nada. En vez de expresar de una buena vez su agradecimiento por la desinteresada acogida, no dijo ni una palabra. Y cuando el 16 por la mañana le pregunté si debía darle la enhorabuena o el pésame, contestó que podía decirle cualquier cosa.

Mamá, que quería hacer el noble papel de paloma de la paz, no avanzó ni un milímetro y al final la situación se mantuvo igual.

No exagero si te digo que en la mente de Dussel hay algo que no funciona. A menudo nos mofamos en silencio de su falta de memoria, opinión y juicio, y más de una vez nos reímos cuando transmite, de forma totalmente tergiversada y mezclándolo todo, los mensajes que acaba de recibir. Por otra parte, ante cada reproche o acusación esgrime una bella promesa, que en realidad nunca cumple.

Der Mann hat einen grossen Geist
und ist so klein von Taten!.[1]

Tu Anne

Sábado, 27 de noviembre de 1943

Querida Kitty:
Anoche, antes de dormirme, se me apareció de repente Hanneli. La vi delante de mí, vestida con harapos, con el rostro demacrado. Tenía los ojos muy grandes y me miraba de manera tan triste y con tanto reproche, que en sus ojos pude leer: «Oh, Anne, ¿por qué me has abandonado? ¡Ayúdame, oh, ayúdame a salir de este infierno!».

Y yo no puedo ayudarla, solo puedo mirar cómo otras personas sufren y mueren, y estar de brazos cruzados, y solo puedo pedirle a Dios que nos la devuelva. Es nada menos que a Hanneli a quien vi, nadie sino Hanneli... y comprendí. La juzgué mal, era yo dema-

---

1. En alemán: «El hombre es grande de espíritu, pero sus actos son tan nimios». (*N. del T.*)

siado niña para comprender sus problemas. Ella estaba muy encariñada con su amiga y era como si yo quisiera quitársela. ¡Cómo se habrá sentido la pobre! Lo sé, yo también conozco muy bien ese sentimiento. A veces, como un relámpago, veía cosas de su vida, para luego, de manera muy egoísta, volver a dedicarme a mis propios placeres y problemas.

No hice muy bien en tratarla así, y ahora me miraba con su cara pálida y su mirada suplicante, tan desamparada. ¡Ojalá pudiera ayudarla! ¡Dios mío, cómo es posible que yo tenga aquí todo lo que se me antoja, y que el cruel destino a ella la trate tan mal! Era tan piadosa como yo, o más, y quería hacer el bien, igual que yo; entonces, ¿por qué fui yo elegida para vivir y ella tal vez haya tenido que morir? ¿Qué diferencia había entre nosotras? ¿Por qué estamos tan lejos una de otra?

A decir verdad, hacía meses, o casi un año, que la había olvidado. No del todo, pero tampoco la tenía presente con todas sus desgracias.

Ay, Hanneli, espero que, si llegas a ver el final de la guerra y a reunirte con nosotros, pueda acogerte para compensarte en parte el mal que te he hecho.

Pero cuando vuelva a estar en condiciones de ayudarla, no precisará mi ayuda tanto como ahora. ¿Pensará alguna vez en mí? ¿Qué sentirá?

Dios bendito, apóyala, para que al menos no esté sola. ¡Si pudieras decirle que pienso en ella con amor y compasión, quizá eso le dé fuerzas para seguir aguantando!

No debo seguir pensando, porque no encuentro ninguna salida. Siempre vuelvo a ver sus grandes ojos, que no me sueltan. Me pregunto si la fe de Hanneli es suya propia, o si es una cosa que le han inculcado desde fuera. Ni siquiera lo sé, nunca me he tomado la molestia de preguntárselo.

Hanneli, Hanneli, ojalá pudiera sacarte de donde estás, ojalá pudiera compartir contigo todas las cosas de que disfruto. Es demasiado tarde. No puedo ayudar ni remediar todo lo que he hecho mal. ¡Pero nunca la olvidaré y siempre rezaré por ella!

Tu Anne

Lunes, 6 de diciembre de 1943

Querida Kitty:
Cuando se acerca el día de San Nicolás, sin quererlo todos pensamos en la cesta del año pasado, tan hermosamente decorada, y sobre todo a mí me pareció horrible tener que saltárnoslo todo este año. Estuve mucho tiempo pensando hasta que encontré algo, algo que nos hiciera reír. Lo consulté con Pim, y la semana pasada pusimos manos a la obra para escribir un poema para cada uno.

El domingo por la noche a las ocho y cuarto aparecimos en el piso de arriba llevando el canasto de la colada entre los dos, adornado con pequeñas figuras y lazos de papel cebolla de color celeste y rosa. El canasto estaba cubierto de un gran papel de envolver color marrón, que llevaba una nota adherida. Arriba todos estaban un tanto asombrados por el gran volumen del paquete sorpresa. Cogí la nota y me puse a leer:

PRÓLOGO:
Como todos los años, San Nicolás ha venido
y a la Casa de atrás regalos ha traído.
Lamentablemente la celebración de este año
no puede ser tan divertida como antaño,
cuando teníamos tantas esperanzas y creíamos
que conservando el optimismo triunfaríamos,
que la guerra acabaría y que sería posible
festejar San Nicolás estando ya libres.

De todas maneras, hoy lo queremos celebrar
y aunque ya no queda nada para regalar
podemos echar mano de un último recurso
que se encuentra en el zapato de cada uno...

Cuando todos sacaron sus zapatos del canasto, hubo carcajada general. En cada uno de ellos había un paquetito envuelto en papel de envolver, con la dirección de su respectivo dueño.

Tu Anne

Miércoles, 22 de diciembre de 1943

Querida Kitty:
Una fuerte gripe ha impedido que te escribiera antes. Es un suplicio caer enfermo aquí; cuando me venía la tos, me metía debajo de las sábanas y mantas lo más rápido posible y trataba del acallar mi garganta lo más que podía, lo que por lo general tenía como consecuencia que la picazón no se me iba en absoluto y que había que recurrir a la leche con miel, al azúcar o a las pastillas. Me da vértigo pensar en todas las curas por las que me hicieron pasar: sudación, compresas, paños húmedos y secos en el pecho, bebidas calientes, gargarismos, pinceladas de yodo, reposo, almohada térmica, bolsas de agua caliente, limón exprimido y el termómetro cada dos horas. ¿Puede uno curarse realmente de esa manera? Lo peor de todo me pareció cuando el señor Dussel se puso a hacer de médico y apoyó su cabeza engominada en mi pecho desnudo para auscultar los sonidos que había dentro. No solo me hacía muchísimas cosquillas su pelo, sino que me daba vergüenza, a pesar de que en algún momento, hace treinta años, estudió para médico y tiene el título. ¿Por qué tiene que estar ese hombre posando su cabe-

za en mi pecho desnudo? ¿Acaso se cree mi amante? Además, lo que pueda haber de bueno o de malo allí dentro, él no lo oye, y debería lavarse las orejas, porque es bastante duro de oído. Pero basta ya de hablar de enfermedades. Ahora me siento como nueva, he crecido un centímetro, he aumentado un kilo de peso, estoy pálida y deseosa de ponerme a estudiar.

Ausnahmsweise[1] —no cabe emplear otra palabra—, reina en la casa un buen entendimiento, nadie está reñido con nadie, pero no creo que dure mucho, porque hace como seis meses que no disfrutábamos de esta paz hogareña.

Bep sigue separada de nosotros, pero esta hermana nuestra no tardará en librarse de todos sus bacilos.

Para Navidad nos darán una ración extra de aceite, de dulces y de melaza. Para Januká, Dussel les ha regalado a la señora Van Daan y a mamá un hermoso pastel, hecho por Miep a petición suya. Con todo el trabajo que tiene, encima ha tenido que hacer eso. A Margot y a mí nos ha regalado un broche, fabricado con una moneda de un céntimo lustrada y brillante. En fin, no te lo puedo describir, es sencillamente muy bonito.

Para Miep y Bep también tengo unos regalitos de Navidad, y es que durante un mes he estado ahorrando azúcar que era para echar en la papilla de avena. Kleiman la ha usado para mandar hacer unos dulces para la Navidad.

Hace un tiempo feo y lluvioso, la estufa despide mal olor y la comida nos cae muy pesada a todos, lo que produce unos «truenos» tremendos por todos los rincones.

Tregua en la guerra, humor de perros.

Tu Anne

1. En alemán, «excepcionalmente». (*N. del T.*)

Querida Kitty:

Ya te he escrito en otras oportunidades sobre lo mucho que todos aquí dependemos de los estados de ánimo, y creo que este mal está aumentando mucho últimamente, sobre todo en mí. Aquello de *Himmelhoch jauchzend, zu Tode betrübt*[1] ciertamente es aplicable en mi caso. En la más alta euforia me encuentro cuando pienso en lo bien que estamos aquí, comparado con la suerte que corren otros chicos judíos, y «la más profunda aflicción» me viene, por ejemplo, cuando ha venido de visita la señora Kleiman y nos ha hablado del club de hockey de Jopie, de sus paseos en piragua, de sus representaciones teatrales y los tés con sus amigas.

No creo que la envidie a Jopie, pero lo que sí me da es un ansia enorme de poder salir a divertirme como una loca y reírme hasta que me duela la tripa. Sobre todo ahora, en invierno, con las fiestas de Navidad y Año Nuevo, estamos aquí encerrados como parias, aunque ya sé que en realidad no debo escribir estas palabras, porque parecería que soy una desagradecida, pero no puedo guardármelo todo, y prefiero citar mis palabras del principio: «El papel es paciente».

Cuando alguien acaba de venir de fuera, con el viento entre la ropa y el frío en el rostro, querría esconder la cabeza debajo de las sábanas para no pensar en el momento en que nos sea dado volver a oler el aire puro. Pero como no me está permitido esconder la cabeza debajo de las sábanas, sino que, al contrario, debo mantenerla firme y erguida, mis pensamientos me vuelven a la cabeza una y otra vez, innumerables veces.

---

1. Cita de Goethe. En alemán: «De la más alta euforia a la más profunda aflicción». *(N. del T.)*

Créeme, cuando llevas un año y medio encerrada, hay días en que ya no puedes más. Entonces ya no cuentan la justicia ni la ingratitud; los sentimientos no se dejan ahuyentar. Montar en bicicleta, bailar, silbar, mirar el mundo, sentirme joven, saber que soy libre, eso es lo que anhelo, y sin embargo no puedo dejar que se me note, porque imagínate que todos empezáramos a lamentarnos o pusiéramos caras largas... ¿Adónde iríamos a parar? A veces me pongo a pensar: ¿no habrá nadie que pueda entenderme, que pueda ver más allá de esa ingratitud, más allá del ser o no ser judío, y ver en mí tan solo a esa chica de catorce años, que tiene una inmensa necesidad de divertirse un rato despreocupadamente? No lo sé, y es algo de lo que no podría hablar con nadie, porque sé que me pondría a llorar. El llanto es capaz de proporcionar alivio, pero tiene que haber alguien con quien llorar. A pesar de todo, a pesar de las teorías y los esfuerzos, todos los días echo de menos a esa madre que me comprenda. Por eso, en todo lo que hago y escribo, pienso que cuando tenga hijos querría ser para ellos la mamá que me imagino. La mamá que no se toma tan en serio las cosas que se dicen por ahí, pero que sí se toma en serio las cosas que digo yo. Me doy cuenta de que... (me cuesta describirlo) pero la palabra «mamá» ya lo dice todo. ¿Sabes lo que se me ha ocurrido para llamar a mi madre usando una palabra parecida a «mamá»? A menudo la llamo *Mansa*, y de ahí se derivan *Mans* o *Man*. Es como si dijésemos una mamá imperfecta, a la que me gustaría honrar cambiándole un poco las letras al nombre que le he puesto. Por suerte, Mans no sabe nada de esto, porque no le haría ninguna gracia si lo supiera.

Ahora ya basta. Al escribirte se me ha pasado un poco mi «más profunda aflicción».

Tu Anne

En estos días, ahora que hace solo un día que pasó la Navidad, estoy todo el tiempo pensando en Pim y en lo que me dijo el año pasado. El año pasado, cuando no comprendí el significado de sus palabras tal como las comprendo ahora. ¡Ojalá hablara otra vez, para que yo pudiera hacerle ver que lo comprendo!

Creo que Pim me ha hablado de ello porque él, que conoce tantos secretos íntimos de otros, también tenía que desahogarse alguna vez; porque Pim normalmente no dice nada de sí mismo, y no creo que Margot sospeche las cosas por las que ha pasado. Pobre Pim, yo no me creo que la haya olvidado. Nunca olvidará lo ocurrido. Se ha vuelto indulgente, porque también él ve los defectos de mamá. ¡Espero llegar a parecerme un poco a él, sin tener que pasar por lo que ha pasado!

Anne

Lunes, 27 de diciembre de 1943

El viernes por la noche, por primera vez en mi vida, me regalaron algo por Navidad. Las chicas, Kleiman y Kugler prepararon otra vez una hermosa sorpresa. Miep hizo un delicioso pastel de Navidad, que llevaba la inscripción de «Paz 1944». Bep nos trajo medio kilo de galletas de una calidad que ya no se ve desde que empezó la guerra.

Para Peter, para Margot y para mí hubo un tarro de yogur, y a los mayores les dieron una botellita de cerveza a cada uno. Todo venía envuelto en un papel muy bonito, con estampas pegadas en los distintos paquetes. Por lo demás, los días de Navidad han pasado rápido.

Anne

Querida Kitty:
Anoche me sentí nuevamente muy triste. Volvieron a mi mente la abuela y Hanneli. Abuela, mi querida abuela, ¡qué poco nos dimos cuenta de lo que sufrió, qué buena fue siempre con nosotros, cuánto interés ponía en todo lo que tuviera que ver con nosotros! Y pensar que siempre guardó cuidadosamente el terrible secreto del que era portadora.[1]

¡Qué buena y leal fue siempre la abuela! Jamás hubiera dejado en la estacada a alguno de nosotros. Hiciera lo que hiciera, me portara como me portara, la abuela siempre me perdonaba. Abuela, ¿me quisiste o acaso tampoco me comprendiste? No lo sé. ¡Qué sola se debe de haber sentido la abuela, pese a que nos tenía a nosotros! El ser humano puede sentirse solo a pesar del amor de muchos, porque para nadie es realmente el «más querido».

¿Y Hanneli? ¿Vivirá aún? ¿Qué estará haciendo? ¡Dios querido, protégela y haz que vuelva a estar con nosotros! Hanneli, en ti veo siempre cómo podría haber sido mi suerte, siempre me veo a mí misma en tu lugar. ¿Por qué entonces estoy tan triste a menudo por lo que pasa aquí? ¿No debería estar siempre alegre, feliz y contenta, salvo cuando pienso en ella y en los que han corrido su misma suerte? ¡Qué egoísta y cobarde soy! ¿Por qué sueño y pienso siempre en las peores cosas y quisiera ponerme a gritar de tanto miedo que tengo? Porque a pesar de todo no confío lo suficientemente en Dios. Él me ha dado tantas cosas que yo todavía no merecía, y pese a ello, sigo haciendo tantas cosas mal...

Cuando uno se pone a pensar en sus semejantes, podría echarse a llorar; en realidad podría pasarse el día

---

1. La abuela padecía una grave enfermedad. *(N. del T.)*

llorando. Solo le queda a uno rezar para que Dios quiera que ocurra un milagro y salve a algunos de ellos. ¡Espero estar rezando lo suficiente!

Anne

Jueves, 30 de diciembre de 1943

Querida Kitty:
Después de las últimas grandes peleas, todo ha seguido bien, tanto entre nosotros, Dussel y los del piso de arriba, como entre el señor y la señora. Pero ahora se acercan nuevos nubarrones, que tienen que ver con... ¡la comida! A la señora se le ocurrió la desafortunada idea de freír menos patatas por la mañana y mejor guardarlas. Mamá y Dussel y hasta nosotros no estuvimos de acuerdo, y ahora también hemos dividido las patatas. Pero ahora se está repartiendo de manera injusta la manteca, y mamá ha tenido que intervenir. Si el desenlace resulta ser más o menos interesante, te lo relataré. En el transcurso de los últimos tiempos hemos estado separando: la carne (ellos con grasa, nosotros sin grasa); ellos sopa, nosotros no; las patatas (ellos para mondar, nosotros para pelar). Ello supone tener que comprar dos clases de patatas, a lo que ahora se añaden las patatas para freír.
¡Ojalá estuviéramos otra vez separados del todo!

Tu Anne

P.D. Bep ha mandado hacer por encargo mío una postal de toda la familia real, en la que Juliana aparece muy joven, al igual que la reina. Las tres niñas son preciosas. Creo que Bep ha sido muy buena conmigo, ¿no te parece?

Querida Kitty:

Esta mañana, como no tenía nada que hacer, me puse a hojear en mi diario y me topé varias veces con cartas que tratan el tema de la madre con tanta vehemencia, que me asusté y me pregunté: «Anne, ¿eres tú la que hablabas de odio? Oh, Anne, ¿cómo has podido escribir una cosa así?».

Me quedé con el diario abierto en la mano, y me puse a pensar en cómo había podido ser que estuviera tan furiosa y tan verdaderamente llena de odio, que tenía que confiártelo todo. He intentado comprender a la Anne de hace un año y de perdonarla, porque no tendré la conciencia tranquila mientras deje que sigas cargando con estas acusaciones, y sin que te haya explicado cómo fue que me puse así. He padecido y padezco estados de ánimo que me mantenían con la cabeza bajo el agua —en sentido figurado, se entiende— y que solo me dejaban ver las cosas de manera subjetiva, sin que intentara detenerme a analizar tranquilamente las palabras de los demás, para luego poder actuar conforme al espíritu de aquellas personas a las que, por mi temperamento efervescente, haya podido ofender o causado algún dolor.

Me he recluido en mí misma, me he mirado solo a mí misma, y he escrito en mi diario de modo imperturbable todas mis alegrías, mofas y llantos. Para mí este diario tiene valor, ya que a menudo se ha convertido en el libro de mis memorias, pero en muchas páginas ahora podría poner: «Pertenece al ayer».

Estaba furiosa con mamá, y a menudo lo sigo estando. Ella no me comprendía, es cierto, pero yo tampoco la comprendía a ella. Como me quería, era cariñosa conmigo, pero como también se vio envuelta en muchas situaciones desagradables por mi culpa, y a raíz de ello y de muchas otras circunstancias tristes estaba nerviosa o irascible, es de entender que me tratara como me trató.

Yo me lo tomaba demasiado en serio, me ofendía, me insolentaba y la trataba mal, lo que a su vez la hacía sufrir. Era entonces, en realidad, un ir y venir de cosas desagradables y tristes. De ningún modo fue placentero, para ninguna de las dos, pero todo pasa. El que yo no quisiera verlo y me tuviera mucha compasión, también es comprensible.

Las frases tan violentas solo son manifestaciones de enfado, que en la vida normal hubiera podido ventilar dando cuatro patadas en el suelo, encerrada en una habitación o maldiciendo a mamá a sus espaldas.

El período en que condeno a mamá bañada en lágrimas ha quedado atrás; ahora soy más sensata, y los nervios de mamá se han calmado. Por lo general me callo la boca cuando algo me irrita, y ella hace lo mismo, por lo que todo parece marchar mejor. Pero sentir un verdadero amor filial por mamá, es algo que no me sale.

Tranquilizo mi conciencia pensando en que los insultos más vale confiárselos al papel, y no que mamá tenga que llevarlos consigo en el corazón.

Tu Anne

Jueves, 6 de enero de 1944

Querida Kitty:

Hoy tengo que confesarte dos cosas que llevarán mucho tiempo, pero que debo contarle a alguien, y entonces lo mejor será que te lo cuente a ti, porque sé a ciencia cierta que callarás siempre y bajo cualquier concepto.

Lo primero tiene que ver con mamá. Bien sabes que muchas veces me he quejado de ella, pero que luego siempre me he esforzado por ser amable con ella. De golpe me he dado cuenta por fin de cuál es el defecto que tiene. Ella misma nos ha contado que nos ve más como amigas que como hijas. Eso es muy bonito, naturalmente, pero sin embargo una amiga no puede ocupar el lugar de una madre. Siento la necesidad de tomar a mi madre como ejemplo, y de respetarla; es cierto que en la mayoría de los casos mi madre es un ejemplo para mí, pero más bien un ejemplo a no seguir. Me da la impresión de que Margot piensa muy distinto a mí en todas estas cosas, y que nunca entendería esto que te acabo de escribir. Y papá evita toda conversación que pueda tratar sobre mamá.

A una madre me la imagino como una mujer que en primer lugar posee mucho tacto, sobre todo con hijos de nuestra edad, y no como Mansa, que cuando lloro —no a causa de algún dolor, sino por otras cosas— se burla de mí.

Hay una cosa que podrá parecerte insignificante, pero que nunca le he perdonado. Fue un día en que tenía que ir al dentista. Mamá y Margot me iban a acompañar y les pareció bien que llevara la bicicleta. Cuando habíamos acabado en el dentista y salimos a la calle, Margot y mamá me dijeron sin más ni más que se iban de tiendas a mirar o a comprar algo, ya no recuerdo exactamente qué. Yo, naturalmente, quería ir con ellas, pero no me dejaron porque llevaba conmigo la bicicleta. Me dio tanta rabia, que los ojos se me llenaron de lágrimas, y Margot y mamá se echaron a reír. Me enfurecí, y en plena calle les saqué la lengua. Una viejecita que pasaba casualmente nos miró asustada. Me monté en la bicicleta y me fui a casa, donde estuve llorando un rato largo. Es curioso que de mis innumerables heridas, justo esta vuelva a enardecerme cuando pienso en lo enfadada que estaba en ese momento.

Lo segundo es algo que me cuesta muchísimo contártelo, porque se trata de mí misma. No soy pudorosa,

Kitty, pero cuando aquí en casa a menudo se ponen a hablar con todo detalle sobre lo que hacen en el retrete, siento una especie de repulsión en todo mi cuerpo.

Resulta que ayer leí un artículo de Sis Heyster sobre por qué nos sonrojamos. En ese artículo habla como si se estuviera dirigiendo solo a mí. Aunque yo no me sonrojo tan fácilmente, las otras cosas que menciona sí son aplicables a mí. Escribe más o menos que una chica, cuando entra en la pubertad, se vuelve muy callada y empieza a reflexionar acerca de las cosas milagrosas que se producen en su cuerpo. También a mí me está ocurriendo eso, y por eso últimamente me da la impresión de que siento vergüenza frente a Margot, mamá y papá. Sin embargo, Margot, que es mucho más tímida que yo, no siente ninguna vergüenza.

Me parece muy milagroso lo que me está pasando, y no solo lo que se puede ver del lado exterior de mi cuerpo, sino también lo que se desarrolla en su interior. Justamente al no tener a nadie con quien hablar de mí misma y sobre todas estas cosas, las converso conmigo misma. Cada vez que me viene la regla —lo que hasta ahora solo ha ocurrido tres veces— me da la sensación de que, a pesar de todo el dolor, el malestar y la suciedad, guardo un dulce secreto y por eso, aunque solo me trae molestias y fastidio, en cierto modo me alegro cada vez que llega el momento en que vuelvo a sentir en mí ese secreto.

Otra cosa que escribe Sis Heyster es que a esa edad las adolescentes son muy inseguras y empiezan a descubrir que son personas con ideas, pensamientos y costumbres propias. Como yo vine aquí cuando acababa de cumplir los trece años, empecé a reflexionar sobre mí misma y a descubrir que era una «persona por mí misma» mucho antes. A veces, por las noches, siento una terrible necesidad de palparme los pechos y de oír el latido tranquilo y seguro de mi corazón.

Inconscientemente, antes de venir aquí ya había tenido sensaciones similares, porque recuerdo una vez en que me quedé a dormir en casa de Jacque y que no podía contener la curiosidad de conocer su cuerpo, que siempre me había ocultado, y que nunca había llegado a ver. Le pedí que, en señal de nuestra amistad, nos tocáramos mutuamente los pechos. Jacque se negó. También ocurrió que sentí una terrible necesidad de besarla, y lo hice. Cada vez que veo una figura de una mujer desnuda, como, por ejemplo, la Venus en el manual de historia de arte de Springer, me quedo extasiada contemplándola. A veces me parece de una belleza tan maravillosa, que tengo que contenerme para que no se me salten las lágrimas. ¡Ojalá tuviera una amiga!

Jueves, 6 de enero de 1944

Querida Kitty:
Mis deseos de hablar con alguien se han vuelto tan grandes que de alguna manera muy extraña se me ha ocurrido escoger a Peter para ello. Antes, cuando de tanto en tanto entraba de día en la pequeña habitación de Peter, me parecía siempre un sitio muy acogedor, pero como Peter es tan modesto y nunca echaría a una persona que se pusiera latosa de su habitación, nunca me atreví a quedarme mucho tiempo, temiendo que mi visita le resultara aburrida. Buscaba la ocasión de quedarme en su habitación sin que se diera cuenta, charlando, y esa ocasión se presentó ayer. Y es que a Peter le ha entrado de repente la manía de resolver crucigramas, y ya no hace otra cosa. Me puse a ayudarlo, y al poco tiempo estábamos sentados uno a cada lado de su escritorio, uno frente al otro, él en la silla y yo en el diván.

Me dio una sensación muy extraña mirarlo a los ojos, de color azul oscuro, y ver lo cohibido que estaba por la inusual visita. Todo me transmitía su mundo interior; en su rostro vi aún ese desamparo y esa actitud de inseguridad, y al mismo tiempo un asomo de conciencia de su masculinidad. Al ver esa actitud tan tímida, sentí que me derretía por dentro. Hubiera querido pedirle que me contara algo sobre sí mismo; que viera más allá de ese eterno afán mío de charlar. Sin embargo, me di cuenta de que ese tipo de peticiones son más fáciles de pensar que de llevar a la práctica.

El tiempo transcurría y no pasaba nada, salvo que le conté aquello de que se ruborizaba. Por supuesto que no le dije lo mismo que he escrito aquí, pero sí que con los años ganaría más seguridad.

Por la noche, en la cama, lloré. Lloré, y sin embargo nadie debía oírme. La idea de que debía suplicar los favores de Peter me repelía. Una hace cualquier cosa para satisfacer sus deseos, como podrás apreciar, porque me propuse ir a sentarme más a menudo con él para hacer que, de una u otra manera, se decidiera a hablar.

No vayas a creer que estoy enamorada de Peter, ¡nada de eso! Si los Van Daan hubieran tenido una niña en vez de un hijo varón, también habría intentado trabar amistad con ella.

Esta mañana me desperté a eso de las siete menos cinco y enseguida recordé con gran seguridad lo que había soñado. Estaba sentada en una silla, y frente a mí estaba sentado Peter... Schiff. Estábamos hojeando un libro ilustrado por Mary Bos. Mi sueño era tan nítido que aún recuerdo en parte las ilustraciones. Pero aquello no era todo, el sueño seguía. De repente, los ojos de Peter se cruzaron con los míos, y durante algún tiempo me detuve a mirar esos hermosos ojos de color pardo aterciopelado. Entonces, Peter me dijo susurrando:

—De haberlo sabido, habría ido a tu encuentro mucho antes.

Me volví bruscamente, porque sentía una emoción demasiado grande. Después sentí una mejilla suave y deliciosa rozando la mía, y todo estuvo tan bien, tan bien...

En ese momento me desperté, mientras seguía sintiendo su mejilla contra la mía y sus ojos mirándome en lo más profundo de mi corazón, tan profundamente que él había podido leer allí dentro cuánto lo había amado y cuánto seguía amándolo. Los ojos se me volvieron a llenar de lágrimas, y me sentí muy triste por haberlo perdido, pero al mismo tiempo también contenta, porque sabía con seguridad que Peter seguía siendo mi elegido. Es curioso que a veces tenga estos sueños tan nítidos. La primera vez fue cuando, una noche, vi a mi abuela *Omi*[1] de forma tan clara, que pude distinguir perfectamente su piel gruesa y suave, como de terciopelo. Luego se me apareció *Oma* como si fuera mi ángel de la guarda, y luego Hanneli, que me sigue pareciendo el símbolo de la miseria que pasan todos mis amigos y todos los judíos; cuando rezo por ella, rezo por todos los judíos y por toda esa pobre gente.

Y ahora Peter, mi querido Peter, que nunca antes se me ha aparecido tan claramente; no necesito una foto suya: así lo veo bien, muy bien.

Tu Anne

Viernes, 7 de enero de 1944

Querida Kitty:

¡Idiota de mí, que no me di cuenta en absoluto de que nunca te había contado la historia de mi gran amor!

Cuando era aún muy pequeña, pero ya iba al jardín de infancia, mi simpatía recayó en Sally Kimmel. Su pa-

---

1. *Omi* es la abuela paterna y *Oma*, la abuela materna. *(N. del T.)*

dre había muerto y vivía con su madre en casa de una tía. Un primo de Sally, Appy, era un chico guapo, esbelto y moreno que más tarde tuvo todo el aspecto de un perfecto actor de cine y que cada vez despertaba más admiración que el gracioso, bajito y rechoncho de Sally. Durante algún tiempo anduvimos mucho juntos, aunque mi amor nunca fue correspondido, hasta que se cruzó Peter en mi camino y me entró un amor infantil el triple de fuerte. Yo también le gustaba, y durante todo un verano fuimos inseparables. En mis pensamientos aún nos veo cogidos de la mano, caminando por la Zuider Amstellaan, él con su traje de algodón blanco y yo con un vestido corto de verano. Cuando acabaron las vacaciones de verano, él pasó a primero de la secundaria y yo a sexto de primaria. Me pasaba a recoger al colegio o yo a él. Peter era un muchacho hermoso, alto, guapo, esbelto, de aspecto serio, sereno e inteligente. Tenía el pelo oscuro y hermosos ojos castaños, mejillas marrón rojizas y la nariz respingona. Me encantaba sobre todo su sonrisa, que le daba un aire pícaro y travieso.

En las vacaciones me fui afuera y al volver no encontré a Peter en su antigua dirección; se había mudado de casa y vivía con un muchacho mucho mayor que él. Este le hizo ver seguramente que yo no era más que una chiquilla tonta, y Peter me dejó. Yo lo amaba tanto que no quería ver la realidad y me seguía aferrando a él, hasta que llegó el día en que me di cuenta de que si seguía detrás de él, me tratarían de «perseguidora de chicos».

Pasaron los años. Peter salía con chicas de su edad y ya ni me saludaba. Empecé a ir al liceo judío, muchos chicos de mi curso se enamoraron de mí, a mí eso me gustó, me sentí honrada, pero por lo demás no me hizo nada. Más adelante, Hello estuvo loco por mí, pero como ya te he dicho, nunca más me enamoré.

Hay un refrán que dice: «El tiempo lo cura todo». Así también me pasó a mí. Me imaginaba que había olvidado a Peter y que ya no me gustaba nada. Pero su recuerdo seguía tan latente en mí, que a veces me confesaba a mí misma que estaba celosa de las otras chicas, y que por eso él ya no me gustaba. Esta mañana comprendí que nada en mí ha cambiado; al contrario, mientras iba creciendo y madurando, también mi amor crecía en mí. Ahora puedo entender muy bien que yo le pareciera a Peter una chiquilla, pero de cualquier manera siempre me hirió el que se olvidara de mí de ese modo. Su rostro se me aparece de manera tan nítida, que ahora sé que nunca llevaré grabada en mi mente la imagen de otro chico como la de él.

Por eso, hoy estoy totalmente confusa. Esta mañana, cuando papá me besó, casi exclamé: «¡Ojalá fueras Peter!». Todo me recuerda a él, y todo el día no hago más que repetir la frase: «¡Oh, *Petel*,[1] mi querido Petel!».

No hay nada que pueda ayudarme. Tengo que seguir viviendo y pedirle a Dios que si llego a salir de aquí, ponga a Peter en mi camino y que, mirándome a los ojos y leyendo mis sentimientos, me diga: «¡Anne, de haberlo sabido, me habría ido a tu lado hace tiempo!».

Una vez, cuando hablábamos de la sexualidad, papá me dijo que en ese momento yo no podía entender lo que era el deseo, pero yo siempre supe que lo entendía, y ahora lo entiendo del todo. ¡Nada me es tan querido como él, mi Petel!

He visto mi cara en el espejo, y ha cambiado tanto... Tengo una mirada bien despierta y profunda; mis mejillas están teñidas de color de rosa, algo que hacía semanas que no sucedía; tengo la boca mucho menos tirante, tengo aspecto de ser feliz, y sin embargo tengo una expresión triste, y la sonrisa se me desliza de los labios. No

1. Apelativo cariñoso de Peter Schiff. *(N. del T.)*

soy feliz, porque aun sabiendo que no estoy en los pensamientos de Petel, siento una y otra vez sus hermosos ojos clavados en mí, y su mejilla suave y fresca contra la mía. ¡Oh, Petel, Petel! ¿Cómo haré para desprenderme de tu imagen? A tu lado, ¿no son todos los demás un mísero sucedáneo? Te amo, te quiero con un amor tan grande, que era ya imposible que siguiera creciendo en mi corazón, y en cambio debía saltar a la superficie y revelarse repentinamente en toda su magnitud.

Hace una semana, hace un día, si me hubieras preguntado a cuál de mis amigos elegiría para casarme, te habría contestado que a Sally, porque a su lado todo es paz, seguridad y armonía. Pero ahora te diría que a Petel, porque a él lo amo con toda mi alma y a él me entrego con todo mi corazón. Pero solo hay una cosa: no quiero que me toque más que la cara.

Esta mañana, en mis pensamientos estaba sentada con Petel en el desván de delante, encima de unos maderos frente a la ventana, y después de conversar un rato, los dos nos echamos a llorar. Y luego sentí su boca y su deliciosa mejilla. ¡Oh, Petel, ven conmigo, piensa en mí, mi propio y querido Petel!

Miércoles, 12 de enero de 1944

Querida Kitty:

Bep ya ha vuelto a la oficina hace quince días, aunque a su hermana no la dejan ir al colegio hasta dentro de una semana. Ahora Bep ha estado dos días en cama con un fuerte catarro. Tampoco Miep y Jan han podido acudir a sus puestos de trabajo; los dos tenían el estómago mal.

De momento me ha dado por el baile y la danza y todas las noches practico pasos de baile con mucho empeño. Con una enagua de color violeta claro de Mansa me he fabricado un traje de baile supermoderno. Arriba tiene un lazo que cierra a la altura del pecho. Una cinta rosa ondulada completa el conjunto. En vano he intentado transformar mis zapatos de deporte en verdaderas zapatillas de baile. Mis endurecidos miembros van camino de recuperar su antigua flexibilidad. Un ejercicio que me encanta hacer es sentarme en el suelo y levantar las piernas en el aire cogiéndolas con las manos por los talones. Solo que debo usar un cojín para sentarme encima, para no maltratar demasiado la rabadilla.

En casa están leyendo un libro titulado *Madrugada sin nubes*. A mamá le pareció un libro estupendo porque describe muchos problemas de los jóvenes. Con cierta ironía pensé que sería bueno que primero se ocupara de sus propias jóvenes...

Creo que mamá piensa que la relación que tenemos Margot y yo con nuestros padres es de lo mejor, y que nadie se ocupa más de la vida de sus hijos que ellos. Con seguridad entonces que solo se fija en Margot, porque creo que ella nunca tiene los mismos problemas o pensamientos que yo. De ningún modo quiero que mamá piense que para uno de sus retoños las cosas son totalmente distintas de lo que ella se imagina, porque se quedaría estupefacta y de todas formas no sabría de qué otra manera encarar el asunto; quisiera evitarle el dolor que ello le supondría, sobre todo porque sé que para mí nada cambiaría. Mamá se da perfecta cuenta de que Margot la quiere mucho más que yo, pero cree que son rachas.

Margot se ha vuelto más buena; me parece muy distinta a como era antes. Ya no es tan arisca y se está convirtiendo en una verdadera amiga. Ya no me considera para nada una pequeñaja a la que no es necesario tener en cuenta.

Es muy raro eso de que a veces yo misma me vea como a través de los ojos de otra persona. Observo lo que le pasa a una tal Anne Frank con toda parsimonia y me pongo a hojear en el libro de mi vida como si fuera ajeno.

Antes, en mi casa, cuando aún no pensaba tanto, de vez en cuando me daba la sensación de no pertenecer a la misma familia que Mansa, Pim y Margot, y que siempre sería una extraña. Entonces, a veces me hacía la huérfana como medio año, hasta que me castigaba a mí misma, reprochándome que solo era culpa mía el que me hiciera la víctima, pese a encontrarme tan bien en realidad. A eso seguía un período en el que me obligaba a ser amable. Todas las mañanas, cuando oía pasos en la escalera, esperaba que fuera mamá que venía a darme los buenos días, y yo la saludaba con buenas maneras, ya que de verdad me alegraba de que me mirara con buenos ojos. Después, a raíz de algún comentario, me soltaba un bufido, y yo me iba al colegio con los ánimos por el suelo. En el camino de vuelta a casa la perdonaba, pensaba que tal vez tuviera problemas, llegaba a casa alegre, hablando hasta por los codos, hasta que se repetía lo ocurrido por la mañana y yo salía de casa con la cartera del colegio, apesadumbrada. A veces me proponía seguir enfadada, pero al volver del colegio tenía tantas cosas que contar, que se me olvidaba lo que me había propuesto y mamá no tenía más remedio que prestar atención a los relatos de mis andanzas. Hasta que volvían los tiempos en que por la mañana no me ponía a escuchar los pasos en la escalera, me sentía sola y por las noches bañaba de lágrimas la almohada.

Aquí las cosas son aún peores; en fin, ya lo sabes. Pero ahora Dios me ha enviado una ayuda para soportarlas: Peter. Cojo mi colgante, lo palpo, le estampo un beso y pienso en que nada han de importarme las cosas, porque Petel está conmigo y solo yo lo sé. Así podré hacer frente a cualquier bufido. ¿Sabrá alguien en esta casa todo lo que le puede pasar por la mente a una adolescente?

Querida Kitty:

No tiene sentido que te describa una y otra vez con todo detalle nuestras peleas y disputas. Me parece suficiente contarte que hay muchas cosas que ya no compartimos, como la manteca y la carne, y que comemos nuestras propias patatas fritas. Hace algún tiempo que comemos un poco de pan de centeno extra, porque a eso de las cuatro ya estábamos todos esperando ansiosamente que llegara la hora de la comida y casi no podíamos controlar nuestros estómagos.

El cumpleaños de mamá se acerca a pasos agigantados. Kugler le ha regalado algo de azúcar adicional, lo que ha suscitado la envidia de los Van Daan, ya que para el cumpleaños de la señora nos hemos saltado los regalos. Pero de qué serviría realmente aburrirte con palabras duras, llantos y conversaciones acres; basta con que sepas que a nosotros nos aburren aún más.

Mamá ha manifestado el deseo, por ahora irrealizable, de no tener que verle la cara a Van Daan durante quince días. Me pregunto si uno siempre acaba reñido con toda la gente con la que convive durante tanto tiempo. ¿O es que hemos tenido mala suerte? Cuando Dussel, mientras estamos a la mesa, se sirve la cuarta parte de la salsa que hay en la salsera, dejándonos a todos los demás sin salsa, así como así, a mí se me quita el apetito, y me levantaría de la mesa para abalanzarme sobre él y echarlo de la habitación a empujones.

¿Acaso el género humano es tan tremendamente egoísta y avaro en su mayoría? Me parece muy bien haber adquirido aquí algo de mundología, pero me parece que ya basta. Peter dice lo mismo.

Sea como sea, a la guerra no le importan nuestras rencillas o nuestros deseos de aire y libertad, y por lo tanto tenemos que tratar de que nuestra estancia aquí sea lo más placentera posible.

Estoy sermoneando, pero es que creo que si sigo mucho más tiempo aquí encerrada, me convertiré en una vieja avinagrada. ¡Cuánto me gustaría poder seguir comportándome como una chica de mi edad!

Tu Anne

Noche del miércoles, 19 de enero de 1944

Querida Kitty:

No sé de qué se trata, pero cada vez que me despierto después de haber soñado, me doy cuenta de que estoy cambiada. Entre paréntesis, anoche soñé nuevamente con Peter y volví a ver su mirada penetrante clavada en la mía, pero este sueño no era tan hermoso ni tan claro como los anteriores.

Tú sabes que yo siempre le he tenido envidia a Margot en lo que respecta a papá. Pues bien, de eso ya no queda ni rastro. Eso sí, me sigue doliendo cuando papá, cuando se pone nervioso, me trata mal y de manera poco razonable, pero igualmente pienso que no les puedo tomar nada a mal. Hablan mucho de lo que piensan los niños y los jóvenes, pero no entienden un rábano del asunto. Mis deseos van más allá de los besos de papá o de sus caricias. ¡Qué terrible soy, siempre ocupándome de mí misma! Yo, que aspiro a ser buena y bondadosa, ¿no debería perdonarlos en primer lugar? Pero si es que a mamá la perdono... Solo que casi no puedo contenerme cuando se pone tan sarcástica y se ríe de mí una y otra vez.

Ya lo sé, aún me falta mucho para ser como debería ser. ¿Acaso llegaré a serlo?

Anne Frank

P.D. Papá preguntó si te había contado lo de la tarta. Es que los de la oficina le han regalado a mamá para su cumpleaños una verdadera tarta como las de antes de la guerra, de moka. Era realmente deliciosa. Pero de momento tengo tan poco sitio en la mente para este tipo de cosas...

Sábado, 22 de enero de 1944

Querida Kitty:

¿Serías capaz de decirme por qué todo el mundo esconde con tanto recelo lo que tiene dentro? ¿Por qué será que cuando estoy en compañía me comporto de manera tan distinta de como debería hacerlo? ¿Por qué las personas se tienen tan poca confianza? Sí, ya sé, algún motivo habrá, pero a veces me parece muy feo que en ninguna parte, aun entre los seres más queridos, una encuentre tan poca confianza.

Es como si desde aquella noche del sueño me sintiera mayor, como si fuera mucho más una persona por mí misma. Te sorprenderá mucho que te diga que hasta los Van Daan han pasado a ocupar un lugar distinto para mí. De repente, todas esas discusiones, disputas y demás, ya no las miro con la misma predisposición que antes. ¿Por qué será que estoy tan cambiada? Verás, de repente pensé que si mamá fuera distinta, una verdadera madre, nuestra relación también habría sido muy, pero muy distinta. Naturalmente, es cierto que la señora Van Daan no es una mujer demasiado agradable, pero sin embargo pienso que si mamá no fuera una persona tan difícil de tratar cada vez que sale algún tema espinoso, la mitad de las peleas podrían haberse evitado. Y es que la señora Van Daan tiene un lado bueno: con ella siempre se puede hablar. Pese a todo su egoísmo, su avaricia y su hipocresía, es fácil convencerla de que ceda siempre que no se la irrite ni se le lleve la contraria. Esto no dura hasta la siguiente vez, pero si se es paciente, se puede volver a intentar y ver hasta dónde se llega.

Todo lo relacionado con nuestra educación, con los mimos que recibimos de nuestros padres, con la comida: todo, absolutamente todo habría tomado otro cauce si se hubieran encarado las cosas de manera abierta y amistosa, en vez de ver siempre solo el lado malo de las cosas.

Sé perfectamente lo que dirás, Kitty: «Pero, Anne, ¿son estas palabras realmente tuyas? ¡Tú, que has tenido que tragarte tantos reproches provenientes del piso de arriba, y que has sido testigo de tantas injusticias!».

En efecto, son palabras mías. Quiero volver a examinarlo todo a fondo, sin dejarme guiar por lo que opinen mis padres. Quiero analizar a los Van Daan por mí misma y ver qué hay de cierto y qué de exagerado. Si yo también acabo decepcionada, podré seguirles los pasos a papá y mamá; de lo contrario, tendré que tratar de quitarles de la cabeza en primer lugar la idea equivocada que tienen, y si no resulta, mantendré de todos modos mi propia opinión y mi propio parecer. Aprovecharé cualquier ocasión para hablar abiertamente con la señora sobre muchos puntos controvertidos, y a pesar de mi fama de sabihonda, no tendré miedo de decir mi opinión neutral. Tendré que callarme lo que vaya en contra de los míos, pero a partir de ahora, el cotilleo por mi parte pertenece al pasado, aunque eso no significa que en algún momento dejaré de defenderlos contra quien sea.

Hasta ahora estaba plenamente convencida de que toda la culpa de las peleas la tenían ellos, pero es cierto que gran parte de la culpa también la teníamos nosotros. Nosotros teníamos razón en lo que respecta a los temas, pero de las personas razonables (¡y creemos que lo somos!) se podía esperar un mejor criterio en cuanto a cómo tratar a los demás.

Espero haber adquirido una pizca de ese criterio y encontrar la oportunidad de ponerlo en práctica.

Tu Anne

Lunes, 24 de enero de 1944

Querida Kitty:

Me ha ocurrido una cosa —aunque en realidad no debería hablar de «ocurrir»— que me parece muy curiosa.

Antes, en el colegio y en casa, se hablaba de los asuntos sexuales de manera misteriosa o repulsiva. Las palabras que hacían referencia al sexo se decían en voz baja, y si alguien no estaba enterado de algún asunto, a menudo se reían de él. Esto siempre me ha parecido extraño, y muchas veces me he preguntado por qué estas cosas se comentan susurrando o de modo desagradable. Pero como de todas formas no se podía cambiar nada, yo trataba de hablar lo menos posible al respecto o les pedía información a mis amigas.

Cuando ya estaba enterada de bastantes cosas, mamá una vez me dijo:

—Anne, te voy a dar un consejo. Nunca hables del tema con los chicos y no contestes cuando ellos te hablen de él.

Recuerdo perfectamente cuál fue mi respuesta:

—¡No, claro que no, faltaba más!

Y ahí quedó todo.

Al principio de nuestra estancia en el escondite, papá a menudo me contaba cosas que hubiera preferido oír de boca de mamá, y el resto lo supe por los libros o por las conversaciones que oía.

Peter van Daan nunca fue tan fastidioso en cuanto a estos asuntos como mis compañeros de colegio; al principio quizá alguna vez, pero nunca para hacerme hablar. La señora nos contó una vez que ella nunca había hablado con Peter sobre esas cosas, y según sabía, su marido tampoco. Al parecer no sabía de qué manera se había informado Peter, ni sobre qué.

Ayer, cuando Margot, Peter y yo estábamos pelando patatas, la conversación derivó sola hacia Moffie.

—Seguimos sin saber de qué sexo es Moffie, ¿no? —pregunté.

—Sí que lo sabemos —contestó Peter—. Es macho.

Me eché a reír.

—Si va a tener cría, ¿cómo puede ser macho?

Peter y Margot también se rieron. Hacía unos dos meses que Peter había comprobado que Moffie no tardaría en tener cría, porque se le estaba hinchando notablemente la panza. Pero la hinchazón resultó ser fruto del gran número de huesecillos que robaba, y las crías no siguieron creciendo, y nacer, menos todavía.

Peter se vio obligado a defenderse de mis acusaciones:

—Tú misma podrás verlo si vienes conmigo. Una vez, cuando estaba jugando con él, vi muy bien que era macho.

No pude contener mi curiosidad y fui con él al almacén. Pero no era la hora de recibir visitas de Moffie, y no se le veía por ninguna parte. Esperamos un rato, nos entró frío y volvimos a subir todas las escaleras.

Un poco más avanzada la tarde, oí que Peter bajaba por segunda vez las escaleras. Me envalentoné para recorrer sola el silencioso edificio y fui a parar al almacén. En la mesa de embalaje estaba Moffie jugando con Peter, que justo lo estaba poniendo en la balanza para controlar su peso.

—¡Hola! ¿Quieres verlo?

Sin mayores preparativos, levantó con destreza al animal, cogiéndolo por las patas y por la cabeza, y manteniéndolo boca arriba comenzó la lección:

—Este es el genital masculino, estos son unos pelitos sueltos y ese es el culito.

El gato volvió a darse la vuelta y se quedó apoyado en sus cuatro patas blancas.

A cualquier otro chico que me hubiera indicado el «genital masculino» no le habría vuelto a dirigir la palabra. Pero Peter siguió hablando como si nada sobre este tema siempre tan delicado, sin ninguna mala intención, y al final me tranquilizó, en el sentido de que a mí también me terminó pareciendo un tema normal. Jugamos con Moffie, nos divertimos, charlamos y finalmente nos encaminamos hacia la puerta del amplio almacén.

—¿Tú viste cómo castraron a Mouschi?

—Sí. Fue muy rápido. Claro que primero lo anestesiaron.

—¿Le quitaron algo?

—No, el veterinario solo corta el conducto deferente. Por fuera no se ve nada.

Me armé de valor, porque finalmente la conversación no me resultaba tan «normal».

—Peter, lo que llamamos «genitales», también tiene un nombre más específico para el macho y para la hembra.

—Sí, ya lo sé.

—El de las hembras se llama vagina, según tengo entendido, y el de los machos ya no me acuerdo.

—Sí.

—En fin —añadí—. Cómo puede uno saber todos estos nombres. Por lo general uno los descubre por casualidad.

—No hace falta. Se lo preguntaré a mis padres. Ellos saben más que yo y tienen más experiencia.

Ya habíamos llegado a la escalera y me callé.

Te aseguro que con una chica jamás hubiera hablado del tema de un modo tan normal. Estoy segura de que mamá nunca se refería a esto cuando me prevenía de los chicos.

Pese a todo, anduve todo el día un tanto desorientada; cada vez que recordaba nuestra conversación, me parecía algo curiosa. Pero hay un aspecto en el que al menos he aprendido algo: también hay jóvenes, y nada menos que del otro sexo, que son capaces de conversar de forma natural y sin hacer bromas pesadas respecto al tema.

¿Les preguntará Peter realmente muchas cosas a sus padres? ¿Será en verdad tal como se mostró ayer?

En fin, ¡yo qué sé!

Tu Anne

Viernes, 28 de enero de 1944

Querida Kitty:
Últimamente he desarrollado una fuerte afición por los árboles genealógicos y las genealogías de las casas reales y he llegado a la conclusión de que, una vez comenzada la investigación, hay que hurgar cada vez más en el pasado y así descubrir las cosas más interesantes.

Aunque pongo muchísimo esmero en el estudio de mis asignaturas del colegio y ya puedo seguir bastante bien las audiciones de la radio inglesa, todavía me paso muchos domingos seleccionando y ordenando mi gran colección de estrellas de cine, que ya está adquiriendo proporciones más que respetables. El señor Kugler me da una gran alegría todos los lunes, cuando me trae la revista *Cinema & Theater*. Aunque los menos mundanos de entre mis convecinos opinan que estos obsequios son un despilfarro y que con ellos se me malcría, se quedan cada vez más sorprendidos por la exactitud con que, después de un año, recuerdo todos y cada uno de los nombres de las figuras que actúan en una determinada película. Los sábados, Bep, que a menudo pasa sus días libres en el cine en compañía de su novio, me dice el título de la película que piensa ir a ver, y yo le nombro de un tirón tanto la lista completa de los actores principales, como las críticas publicadas. No hace mucho, mamá dijo que más tarde no necesitaré ir al cine, ya que ya me sé de memoria los argumentos, los actores y las críticas.

Cuando un día aparezco con un nuevo peinado, todos me miran con cara de desaprobación, y puedo estar segura de que alguien me preguntará qué estrella de cine se luce con semejante *coiffure*. Si contesto que se trata de una creación personal, solo me creen a medias. En cuanto al peinado, solo se mantiene durante media hora, porque después me canso tanto de oír los juicios de rechazo, que corro al cuarto de baño a restaurar mi peinado de rizos habitual.

Tu Anne

Viernes, 28 de enero de 1944

Querida Kitty:
Esta mañana me preguntaba si no te sientes como una vaca que tiene que estar rumiando cada vez las mismas viejas noticias y que, harta de tan poca variedad de alimento, al final se pone a bostezar y desea en silencio que Anne le presente algo nuevo.

Sé lo aburrida que debes de estar de mis repeticiones, pero imagínate lo harta que estoy yo de tantas viejas historias que vuelven una y otra vez. Si el tema de conversación durante la comida no llega a ser la política o algún delicioso banquete, mamá o la señora no tardan en sacar a relucir sus eternas historias de cuando eran jóvenes, o Dussel se pone a disertar sobre el amplio vestuario de su mujer, o sobre hermosos caballos de carrera, botes de remo que hacen agua, niños que saben nadar a los cuatro años, dolores musculares o pacientes miedicas. Cuando alguno de los ocho abre la boca para contar algo, los otros siete ya saben cómo seguir contando la historia. Sabemos cómo terminan todos los chistes, y el único que se ríe de ellos es quien los cuenta. Los comentarios de las antiguas amas de casa sobre los distintos lecheros, tenderos y carniceros ya nos parecen del año de la pera; en la mesa han sido alabados o criticados millones de veces. Es imposible que una cosa conserve, su frescura o lozanía cuando se convierte en tema de conversación de la Casa de atrás.

Todo esto sería soportable, de no ser que los adultos tienen la manía de repetir diez veces las historias contadas por Kleiman, Jan y Miep, adornándolas cada vez con sus propias fantasías, de modo que a menudo debo darme un pellizco a mí misma bajo la mesa, para reprimirme y no indicarle al entusiasmado narrador el buen camino. Los niños pequeños, como por ejemplo Anne, bajo ningún concepto están autorizados a corregir a los mayores, sin importar las meteduras de pata o la medida en que estén faltando a la verdad o añadiendo cosas inventadas por ellos mismos.

Un tema al que a menudo hacen honor Kleiman y Jan es el de la clandestinidad. Saben muy bien que todo lo relativo a otra gente escondida o refugiada nos interesa sobremanera, y que nos solidarizamos sinceramente con los escondidos cuando son encontrados y deportados por los alemanes, de la misma manera que celebramos la liberación de los que han estado detenidos.

Hablar de ocultos y escondidos se ha convertido en algo tan común como lo era antes poner las zapatillas de papá delante de la estufa. En Holanda hay muchas organizaciones clandestinas, tales como «Holanda libre», que falsifican documentos de identidad, dan dinero a personas escondidas, preparan lugares para usar como escondite o dan trabajo a los jóvenes cristianos, y es admirable la labor noble y abnegada que realizan estas personas, que, a riesgo de sus propias vidas, ayudan y salvan a otros.

El mejor ejemplo de ello creo que son nuestros propios protectores, que nos han ayudado hasta ahora a sobrellevar nuestra situación y, según espero, nos conducirán a buen puerto; de lo contrario, correrán la misma suerte que todos los perseguidos, jamás les hemos oído hacer alusión a la molestia que seguramente les ocasionamos. Ninguno de ellos se ha quejado jamás de la carga que representamos. Todos suben diariamente a visitarnos y hablan de negocios y política con los hombres; de comida y de los pesares de la guerra con las mujeres, y de libros y periódicos con los niños. En lo posible ponen buena cara, nos traen flores y regalos en los días de fiesta o cuando celebramos algún cumpleaños, y están siempre a nuestra disposición. Esto es algo que nunca debemos olvidar: mientras otros muestran su heroísmo en la guerra o frente a los alemanes, nuestros protectores lo hacen con su buen ánimo y el cariño que nos demuestran.

Circulan los rumores más disparatados, y sin embargo se refieren a hechos reales. Así, por ejemplo, el otro día Kleiman nos informó que en la provincia de Güeldres se ha jugado un partido de fútbol entre un equipo formado exclusivamente por escondidos y otro por once policías nacionales. El ayuntamiento de Hilversum va a entregar a la población nuevas tarjetas de identificación para el racionamiento de alimentos. Para que al gran número de escondidos también les toque su parte (las cartillas con los cupones solo podrán adquirirse mostrando la tarjeta de identificación o al precio de 60 florines cada una), las autoridades han citado a la misma hora a todos los escondidos de los alrededores, para que puedan retirar sus tarjetas en una mesa aparte.

Hay que andarse con muchísimo cuidado para que los alemanes no se enteren de semejantes osadías.

Tu Anne

Domingo, 30 de enero de 1944

Querida Kitty:
Otra vez estamos en domingo. Reconozco que ya no me parece un día tan horrible como antes, pero me sigue pareciendo bastante aburrido.

Todavía no he ido al almacén; quizá aún pueda ir más tarde. Anoche bajé yo sola en plena oscuridad después de haber estado allí con papá hace algunas noches. Estaba en el umbral de la escalera, con un montón de aviones alemanes sobrevolando la casa; sabía que era una persona por mí misma, y que no debía contar con la ayuda de los demás. Mi miedo desapareció, levanté la vista al cielo y confié en Dios.

Tengo una terrible necesidad de estar sola. Papá se da cuenta de que no soy la de siempre, pero no puedo contarle nada. «¡Dejadme tranquila, dejadme sola!», eso es lo que quisiera gritar todo el tiempo.

Quién sabe si algún día no me dejarán más sola de lo que yo quiero...

Tu Anne

Querida Kitty:

En todo el país aumenta día a día el clima de invasión, y si estuvieras aquí, seguro que por un lado te impresionarían los preparativos igual que a mí, pero por el otro te reirías de nosotros por hacer tanto aspaviento, quién sabe si para nada.

Los diarios no hacen más que escribir sobre la invasión y vuelven loca a la gente, publicando: «Si los ingleses llegan a desembarcar en Holanda, las autoridades alemanas deberán hacer todo lo posible para defender el país, llegando al extremo de inundarlo si fuera necesario». Junto a esta noticia aparecen mapas en los que vienen indicadas las zonas inundables de Holanda. Como entre ellas figura gran parte de Amsterdam, lo primero que nos preguntamos fue qué hacer si las calles de la ciudad se llenan con un metro de agua. Las respuestas a esta difícil pregunta fueron de lo más variadas:

—Como será imposible ir andando o montar en bicicleta, tendremos que ir vadeando por el agua estancada.

—Que no, que hay que tratar de nadar. Nos ponemos todos un gorro de baño y un bañador, y nadamos en lo posible bajo el agua, para que nadie se dé cuenta de que somos judíos.

—¡Pamplinas! Ya quisiera yo ver nadando a las mujeres, con las ratas mordiéndoles los pies. —(Esto, naturalmente, lo dijo un hombre. ¡Ya veremos quién grita más cuando lo muerdan!)

—Ya no podremos abandonar la casa. El almacén se tambalea tanto que con una inundación así, sin duda se desplomará.

—Bueno, bueno, basta ya de bromas. Tendremos que hacernos con un barquito.

—¿Para qué? Tengo una idea mucho mejor. Cada uno coge del desván de delante una caja de las de lactosa y un cucharón para remar.

—Pues yo iré en zancos. En mis años mozos era un campeón.

—A Jan Gies no le hacen falta. Se sube a su mujer al hombro, y así Miep tendrá zancos propios.

Supongo que te habrás hecho una idea, ¿verdad, Kit? Toda esta conversación es muy divertida, pero la realidad será muy distinta. Y no podía faltar la segunda pregunta con respecto a la invasión: ¿qué hacer si los alemanes deciden evacuar Amsterdam?

—Irnos con ellos, disfrazándonos lo mejor que podamos.

—¡De ninguna manera podremos salir a la calle! Lo único que nos queda es quedarnos aquí. Los alemanes son capaces de llevarse a toda la población a Alemania, y una vez allí, dejar que se mueran.

—Claro, por supuesto, nos quedaremos aquí. Esto es lo más seguro. Trataremos de convencer a Kleiman para que se instale aquí con su familia. Conseguiremos una bolsa de virutas de madera y así podremos dormir en el suelo. Que Miep y Kleiman vayan trayendo mantas. Encargaremos más cereal, aparte de los treinta kilos que tenemos. Que Jan trate de conseguir más legumbres; nos quedan unos treinta kilos de judías y cinco kilos de guisantes. Sin contar las cincuenta latas de verdura.

—Mamá, ¿podrías contar los demás alimentos que aún nos quedan?

—Diez latas de pescado, cuarenta de leche, diez kilos de leche en polvo, tres botellas de aceite, cuatro tarros (de los de conserva) con mantequilla, cuatro tarros de carne, dos damajuanas de fresas, dos de frambuesas y grosellas, veinte de tomates, cinco kilos de avena en copos y cuatro kilos de arroz. Eso es todo.

Las existencias parecen suficientes, pero si tienes en cuenta que con ellas también tenemos que alimentar a las visitas y que cada semana consumimos parte de ellas, no son tan enormes como parecen. Carbón y leña quedan bastante, y velas también.

—Cosámonos todos unos bolsillos en la ropa, para que podamos llevarnos el dinero en caso de necesidad.

—Haremos listas de lo que haya que llevar primero si debemos huir, y por lo pronto... ¡a llenar las mochilas!

—Cuando llegue el momento pondremos dos vigías para que hagan guardia, uno en la buhardilla de delante y otro en la de atrás.

—¿Y qué hacemos con tantos alimentos, si luego no nos dan agua, gas ni electricidad?

—En ese caso tendremos que usar la estufa para guisar. Habrá que filtrar y hervir el agua. Limpiaremos unas damajuanas grandes para conservar agua en ellas. Además, nos quedan tres peroles para hacer conservas y una pileta para usar como depósito de agua.

—También tenemos unas diez arrobas de patatas de invierno en el cuarto de las especias.

Estos son los comentarios que oigo todos los días, que si habrá invasión, que si no habrá invasión. Discusiones sobre pasar hambre, morir, bombas, mangueras de incendio, sacos de dormir, carnets de judíos, gases tóxicos, etcétera, etcétera. Nada de esto resulta demasiado alentador.

Un buen ejemplo de las claras advertencias de los señores de la casa es la siguiente conversación con Jan:

Casa de atrás: Tenemos miedo de que los alemanes, cuando emprendan la retirada, se lleven consigo a toda la población.

Jan: Imposible. No tienen suficientes trenes a su disposición.

Casa de atrás: ¿Trenes? ¿Se piensa usted que van a meter a los civiles en un coche? ¡De ninguna manera! El coche de San Fernando es lo único que les quedará. (El *pedes apostolorum*, como suele decir Dussel.)

Jan: Yo no me creo nada de eso. Lo ve usted todo demasiado negro. ¿Qué interés podrían tener los alemanes en llevarse a todos los civiles?

Casa de atrás: ¿Acaso no sabe lo que ha dicho Goebbels? «Si tenemos que dimitir, a nuestras espaldas cerraremos las puertas de todos los territorios ocupados».

Jan: Se han dicho tantas cosas...

Casa de atrás: ¿Se piensa usted que los alemanes son demasiado nobles o humanitarios como para hacer una cosa así? Lo que piensan los alemanes es: «Si hemos de sucumbir, sucumbirán todos los que estén al alcance de nuestro poder».

Jan: Usted dirá lo que quiera, yo eso no me lo creo.

Casa de atrás: Siempre la misma historia. Nadie quiere ver el peligro hasta que no lo siente en su propio pellejo.

Jan: No sabe usted nada a ciencia cierta. Todo son meras suposiciones.

Casa de atrás: Pero si ya lo hemos vivido todo en nuestra propia carne, primero en Alemania y ahora aquí. Y entonces, en Rusia, ¿qué está pasando?

Jan: Si dejamos fuera de consideración a los judíos, no creo que nadie sepa lo que está pasando en Rusia. Al igual que los alemanes, tanto los ingleses como los rusos exagerarán por hacer pura propaganda.

Casa de atrás: Nada de eso. La radio inglesa siempre ha dicho la verdad. Y suponiendo que las noticias sean exageradas en un diez por ciento, los hechos siguen siendo horribles, porque no me va usted a negar que es un hecho que en Polonia y en Rusia están asesinando a millones de personas pacíficas o enviándolas a la cámara de gas, sin más ni más.

El resto de nuestras conversaciones me las reservaré. Me mantengo serena y no hago caso de estas cuestiones. He llegado al punto en que ya me da lo mismo morir que seguir viviendo. La Tierra seguirá dando vueltas aunque yo no esté, y de cualquier forma no puedo oponer ninguna resistencia a los acontecimientos. Que sea lo que haya de ser, y por lo demás seguiré estudiando y esperando que todo acabe bien.

Tu Anne

Martes, 8 de febrero de 1944

Querida Kitty:
No sabría decirte cómo me siento. Hay momentos en que anhelo la tranquilidad y otros en que quisiera algo de alegría. Nos hemos desacostumbrado a reírnos, quiero decir, a reírnos de verdad. Lo que sí me dio esta mañana fue la risa tonta, ya sabes, como la que a veces te da en el colegio. Margot y yo nos estuvimos riendo como dos verdaderas bobas.

Anoche nos volvió a pasar algo con mamá. Margot se había enrollado en su manta de lana, y de repente se levantó de la cama de un salto y se puso a mirar la manta minuciosamente; ¡en la manta había un alfiler! La había remendado mamá. Papá meneó la cabeza de manera elocuente y dijo algo sobre lo descuidada que era. Al poco tiempo volvió mamá del cuarto de baño y yo le dije medio en broma:

—¡Mira que eres una madre desnaturalizada!

Naturalmente, me preguntó por qué y le contamos lo del alfiler. Puso una cara de lo más altiva y me dijo:

—¡Mira quién habla de descuidada! ¡Cuando coses tú, dejas en el suelo un reguero de alfileres! ¡O dejas el estuche de la manicura tirado por ahí, como ahora!

Le dije que yo no había usado el estuche de la manicura, y entonces intervino Margot, que era la culpable.

Mamá siguió hablándome de descuidos y desórdenes, hasta que me harté y le dije, de manera bastante brusca:

—¡Si ni siquiera he sido yo la que ha dicho que eras descuidada! ¡Siempre me echáis la culpa a mí de lo que hacen los demás!

Mamá no dijo nada, y menos de un minuto después me vi obligada a darle el beso de las buenas noches. El hecho quizá no tenga importancia, pero a mí todo me irrita.

Como por lo visto atravieso en este momento un período de reflexión y dejo vagar mi mente por esto y aquello, mis pensamientos se han dirigido naturalmente hacia el matrimonio de mi padre y mi madre. Me lo han presentado siempre como un matrimonio ideal. Sin una sola pelea, sin malas caras, total armonía, etcétera, etcétera.

Sé unas cuantas cosas sobre el pasado de mi padre, y lo que no sé lo he imaginado; tengo la impresión de que mi padre se casó con mi madre porque la consideraba apropiada como esposa. Debo admitir que admiro a mi madre por la manera en que asumió el papel de esposa suya, y nunca, que yo sepa, se ha quejado ni demostrado celos. No puede ser fácil para una esposa afectuosa saber que nunca será la primera en el corazón de su marido, y mi madre lo sabía. Sin duda mi padre admiraba la actitud de mi madre y pensaba que tenía un carácter excelente. ¿Por qué casarse con otra? Mi padre ya había dejado atrás su juventud, y sus ideales estaban rotos. ¿En qué clase de matrimonio se ha convertido? No hay peleas ni discrepancias, pero no es precisamente un matrimonio ideal. Mi padre respeta y quiere a mi madre, pero no con la clase de amor que yo concibo para un matrimonio. Mi padre acepta a mi madre tal como es, se enfada a menudo pero dice lo menos posible, porque es consciente del sacrificio que ha tenido que hacer mi madre.

Mi padre no siempre le pide su opinión sobre el negocio, sobre otros asuntos, sobre la gente, sobre cualquier cosa. No le cuenta nada, porque sabe que ella es demasiado emotiva, demasiado crítica, y a menudo demasiado parcial. Mi padre no está enamorado. La besa como nos besa a nosotras. Nunca la pone como ejemplo, porque no puede. La mira en broma, o con expresión burlona, pero nunca con cariño. Es posible que el gran sacrificio que mi madre ha hecho la haya convertido en una persona adusta y desagradable hacia quienes la rodean, pero eso con toda seguridad la apartará aún más del camino del amor, hará que despierte menos admiración, y un día mi padre, por fuerza, se dará cuenta de que si bien ella, en apariencia, nunca le ha exigido un amor total, en su interior ha estado desmoronándose lenta pero irremediablemente. Mi madre lo quiere más que a nadie, y es duro ver que esa clase de amor no es correspondido.

Así pues, ¿debería compadecer más a mi madre? ¿Debería ayudarla? ¿Y a mi padre?... No puedo, siempre estoy imaginando a otra madre. Sencillamente no puedo. ¿Cómo voy a poder? Mi madre nunca me ha contado nada de sí misma, ni yo le he preguntado. ¿Qué sabemos ella y yo de nuestros respectivos pensamientos? No puedo hablar con ella; no puedo mirar afectuosamente a esos fríos ojos suyos, no puedo. ¡Nunca! Si tuviera tan solo una de las cualidades que se supone que debe tener una madre comprensiva —ternura o simpatía o paciencia o *algo*—, seguiría intentando aproximarme a ella. Pero en cuanto a querer a esta persona insensible, este ser burlón... cada día me resulta más y más imposible.

Tu Anne

Querida Kitty:

Hace sol, el cielo está de un azul profundo, hace una brisa hermosa y yo tengo unos enormes deseos de... ¡de todo! Deseos de hablar, de ser libre, de ver a mis amigos, de estar sola. Tengo tantos deseos de... ¡de llorar! Siento en mí una sensación como si fuera a estallar, y sé que llorar me aliviaría. Pero no puedo. Estoy intranquila, voy de una habitación a la otra, respiro por la rendija de una ventana cerrada, siento que mi corazón palpita como si me dijera: «¡Cuándo cumplirás mis deseos!».

Creo que siento en mí la primavera, siento el despertar de la primavera, lo siento en el cuerpo y en el alma. Tengo que contenerme para comportarme de manera normal, estoy totalmente confusa, no sé qué leer, qué escribir, qué hacer, solo sé que ardo en deseos...

Tu Anne

Querida Kitty:

Mucho ha cambiado para mí desde el sábado. Lo que pasa es que sentía en mí un gran deseo (y lo sigo sintiendo), pero... en parte, en una pequeñísima parte, he encontrado un remedio.

El domingo por la mañana me di cuenta (y confieso que para mi gran alegría) de que Peter me miraba de una manera un tanto peculiar, muy distinta de la habitual, no sé, no puedo explicártelo, pero de repente me dio la sensación de que no estaba tan enamorado de Margot como yo pensaba. Durante todo el día me esforcé en no mirarlo mucho, porque si lo hacía él también me miraba siempre, y entonces... bueno, entonces eso me producía una sensación muy agradable dentro de mí, que era preferible no sentir demasiado a menudo.

Por la noche estaban todos sentados alrededor de la radio, menos Pim y yo, escuchando «Música inmortal de compositores alemanes». Dussel no dejaba de tocar los botones del aparato, lo que exasperaba a Peter y también a los demás. Después de media hora de nervios contenidos, Peter, un tanto irritado, le rogó a Dussel que dejara en paz los botones. Dussel le contestó de lo más airado:

—Yo hago lo que me place.

Peter se enfadó, se insolentó, el señor Van Daan le dio la razón y Dussel tuvo que ceder. Eso fue todo.

El asunto en sí no tuvo demasiada trascendencia, pero parece que Peter se lo tomó muy a pecho; lo cierto es que esta mañana, cuando estaba yo en el desván, buscando algo en el baúl de los libros, se me acercó y me empezó a contar toda la historia. Yo no sabía nada; Peter se dio cuenta de que había encontrado a una interlocutora interesada y atenta, y pareció animarse.

—Bueno, ya sabes —me dijo—, yo nunca digo gran cosa, porque sé de antemano que se me va a trabar la lengua. Tartamudeo, me pongo colorado y lo que quiero decir me sale al revés, hasta que en un momento dado tengo que callarme porque ya no encuentro las palabras. Ayer me pasó igual; quería decir algo completamente distinto, pero cuando me puse a hablar, me hice un lío y la verdad es que es algo horrible. Antes tenía una mala costumbre, que aun ahora me gustaría seguir poniendo en práctica: cuando me enfadaba con alguien, prefería darle unos buenos tortazos antes que ponerme a discutir con él. Ya sé que este método no lleva a ninguna parte, y por eso te admiro. Tú al menos no te lías al hablar, le dices a la gente lo que le tienes que decir y no eres nada tímida.

—Te equivocas de medio a medio —le contesté—. En la mayoría de los casos digo las cosas de un modo muy distinto del que me había propuesto, y entonces digo demasiadas cosas y hablo demasiado tiempo, y eso es un mal no menos terrible.

—Es posible, pero sin embargo tienes la gran ventaja de que a ti nunca se te nota que eres tímida. No cambias de color ni te inmutas.

Esta última frase me hizo reír para mis adentros, pero quería que siguiera hablando sobre sí mismo con tranquilidad; no hice notar la gracia que me causaba, me senté en el suelo sobre un cojín, abrazando mis rodillas levantadas, y miré a Peter con atención.

Estoy muy contenta de que en casa todavía haya alguien al que le den los mismos ataques de furia que a mí. Se notaba que a Peter le hacía bien poder criticar a Dussel duramente, sin temor a que me chivara. Y a mí también me hacía sentirme muy bien, porque notaba una fuerte sensación de solidaridad, algo que antes solo había tenido con mis amigas.

Tu Anne

Martes, 15 de febrero de 1944

El nimio asunto con Dussel trajo cola, y todo por culpa suya. El lunes por la mañana, Dussel se acercó a mamá con aire triunfal y le contó que, esa misma mañana, Peter le había preguntado si había dormido bien esa noche, y había agregado que lamentaba lo ocurrido el domingo por la noche y que lo del exabrupto no había ido tan en serio. Entonces Dussel había tranquilizado a Peter, asegurándole que él tampoco se lo había tomado tan a mal. Todo parecía acabar ahí. Mamá me vino a mí con el cuento y yo, en secreto, me quedé muy sorprendida de que Peter, que estaba tan enfadado con Dussel, se hubiera rebajado de esa manera a pesar de todas sus afirmaciones.

No pude dejar de tantear a Peter al respecto, y por él me enteré enseguida de que Dussel había mentido. ¡Tendrías que haber visto la cara de Peter, era digna de fotografiar! En su cara se alternaban claramente la indignación por la mentira, la rabia, las veces que me había consultado sobre lo que debía hacer, la intranquilidad y muchas cosas más.

Por la noche, el señor Van Daan y Peter echaron una reprimenda a Dussel, pero no debe de haber sido tan terrible, porque hoy Peter se sometió a tratamiento «dentístico».

En realidad, hubieran preferido no dirigirse la palabra.

Tu Anne

Miércoles, 16 de febrero de 1944

Peter y yo no nos hablamos en todo el día, salvo algunas palabras sin importancia. Hacía demasiado frío para subir al desván, y además era el cumpleaños de Margot. A las doce y media bajó a mirar los regalos y se quedó charlando mucho más tiempo de lo estrictamente necesario, lo que en otras circunstancias nunca hubiera hecho. Pero por la tarde llegó la oportunidad. Como yo quería agasajarla, aunque solo fuera una vez al año, fui a buscar el café y luego las patatas. Tuve que entrar en la habitación de Peter, él enseguida quitó sus papeles de la escalera y yo le pregunté si debía cerrar la trampilla.

—Sí, ciérrala —me dijo—. Cuando vuelvas, da unos golpecitos para que te abra.

Le di las gracias, subí al desván y estuve como diez minutos escogiendo las patatas más pequeñas del tonel. Entonces me empezó a doler la espalda y me entró frío. Por supuesto que no llamé, sino que abrí yo misma la trampilla, pero Peter se acercó muy servicial, me tendió la mano y me cogió la olla.

—He buscado un buen rato, pero no las he encontrado más pequeñas que estas.

—¿Has mirado en el tonel?

—Sí, lo he revuelto todo de arriba abajo.

Entretanto, yo ya había llegado al pie de la escalera y él estaba examinando detenidamente el contenido de la olla que aún tenía en sus manos.

—¡Pero si están muy bien! —dijo.

Y cuando cogí nuevamente la olla, añadió:

—¡Enhorabuena!

Al decirlo, me miró de una manera tan cálida y tierna, que también a mí me dio una sensación muy cálida y tierna por dentro. Se notaba que me quería hacer un cumplido, y como no era capaz de hacer grandes alabanzas, lo hizo con la mirada. Lo entendí muy bien y le estuve muy agradecida. ¡Aún ahora me pongo contenta cuando me acuerdo de esas palabras y de esa mirada!

Cuando llegué abajo, mamá dijo que había que subir a buscar más patatas, esta vez para la cena. Me ofrecí gustosamente a subir otra vez al desván. Cuando entré en la habitación de Peter, le pedí disculpas por tener que volver a molestarlo. Se levantó, se puso entre la escalera y la pared, me cogió del brazo cuando yo ya estaba subiendo la escalera, e insistió en que no siguiera.

—Iré yo, tengo que subir de todos modos —dijo.

Pero le respondí que de veras no hacía falta y que esta vez no tenía que buscar patatas pequeñas. Se convenció y me soltó el brazo. En el camino de regreso, me abrió la trampilla y me volvió a coger la olla. Junto a la puerta le pregunté:

—¿Qué estás haciendo?

—Estudiando francés —fue su respuesta.

Le pregunté si podía echar un vistazo a lo que estaba estudiando, me lavé las manos y me senté frente a él en el diván.

Después de explicarle una cosa de francés, pronto nos pusimos a charlar. Me contó que más adelante le gustaría irse a las Indias neerlandesas a vivir en las plantaciones. Me habló de su vida en casa de sus padres, del mercado negro y de que se sentía un inútil. Le dije que me parecía que tenía un complejo de inferioridad bastante grande. Me habló de la guerra, de que los ingleses y los rusos seguro que volverían a entrar en guerra, y me habló de los judíos. Dijo que todo le habría resultado mucho más fácil de haber sido cristiano, y de poder serlo una vez terminada la guerra. Le pregunté si quería que lo bautizaran, pero tampoco ese era el caso. De todos modos, no podía sentir como un cristiano, dijo, pero después de la guerra nadie sabría si él era cristiano o judío. Sentí como si me clavaran un puñal en el corazón. Lamento tanto que conserve dentro de sí un resto de insinceridad...

Otra cosa que dijo:

—Los judíos siempre han sido el pueblo elegido y nunca dejarán de serlo.

Le respondí:

—¡Espero que alguna vez lo sean para bien!

Pero por lo demás estuvimos conversando muy amenamente sobre papá y sobre tener mundología y sobre un montón de cosas, ya no recuerdo bien cuáles.

No me fui hasta las cinco y cuarto, cuando llegó Bep.

Por la noche todavía me dijo una cosa que me gustó. Estábamos comentando algo sobre una estrella de cine que yo le había regalado y que lleva como año y medio colgada en su habitación. Dijo que le gustaba mucho, y le ofrecí darle otras estrellas.

—No —me contestó—. Prefiero dejarlo así. Estas que tengo aquí, las miro todos los días y nos hemos hecho amigos.

Ahora también entiendo mucho mejor por qué Peter siempre abraza tan fuerte a Mouschi. Es que también él tiene necesidad de cariño y de ternura. Hay otra cosa que mencionó y que he olvidado contarte. Dijo que no sabía lo que era el miedo, pero que sí le tenía miedo a sus propios defectos, aunque ya lo estaba superando.

Ese sentimiento de inferioridad que tiene Peter es una cosa terrible. Así, por ejemplo, siempre se cree que él no sabe nada y que nosotras somos las más listas. Cuando lo ayudo en francés, me da las gracias mil veces. Algún día tendré que decirle que se deje de tonterías, que él sabe mucho más inglés y geografía, por ejemplo.

Anne Frank

Jueves, 17 de febrero de 1944

Querida Kitty:
Esta mañana fui arriba. Le había prometido a la señora pasar a leerle algunos de mis cuentos. Empecé por «El sueño de Eva», que le gustó mucho, y después les leí algunas cosas del diario, que les hizo partirse de risa. Peter también escuchó una parte —me refiero a que solo escuchó lo último— y me preguntó si no me podía pasar otra vez por su habitación a leerle otro poco. Pensé que podría aprovechar esta oportunidad, fui a buscar mis apuntes y le dejé leer la parte en la que Cady y Hans hablan de Dios. No sabría decirte qué impresión le causó; dijo algo que ya no recuerdo, no si estaba bien o no, sino algo sobre la idea en sí misma. Le dije que solamente quería demostrarle que no solo escribía cosas di-

vertidas. Asintió con la cabeza y salí de la habitación. ¡Veremos si me hace algún otro comentario!

Tu Anne Frank

Viernes, 18 de febrero de 1944

Querida Kitty:

En cualquier momento en que subo arriba, es siempre con intención de verlo a «él». Mi vida aquí realmente ha mejorado mucho, porque ha vuelto a tener sentido y tengo algo de que alegrarme.

El objeto de mi amistad al menos está siempre en casa y, salvo Margot, no hay rivales que temer. No te creas que estoy enamorada, nada de eso, pero todo el tiempo tengo la sensación de que entre Peter y yo algún día nacerá algo hermoso, algo llamado amistad y que dé confianza. Todas las veces que puedo, paso por su habitación y ya no es como antes, que él no sabía muy bien qué hacer conmigo. Al contrario, sigue hablándome cuando ya estoy saliendo. Mamá no ve con buenos ojos que suba a ver a Peter. Siempre me dice que lo molesto y que tengo que dejarlo tranquilo. ¿Acaso se cree que no tengo intuición? Siempre que entro en la pequeña habitación de Peter, mamá me mira con cara rara. Cuando bajo del piso de arriba, me pregunta dónde he estado. ¡No me gusta nada decirlo, pero poco a poco estoy empezando a odiarla!

Tu Anne M. Frank

Querida Kitty:

Estamos otra vez en sábado y eso en sí mismo ya dice bastante. La mañana fue tranquila. Estuve casi una hora arriba, pero a «él» no le hablé más que de pasada.

A las dos y media, cuando estaban todos arriba, bien para leer, bien para dormir, cogí una manta y bajé a instalarme frente al escritorio para leer o escribir un rato. Al poco tiempo no pude más: dejé caer la cabeza sobre un brazo y me puse a sollozar como una loca. Me corrían las lágrimas y me sentí profundamente desdichada. ¡Ay, si solo hubiera venido a consolarme «él»!

Ya eran las cuatro cuando volví arriba. A las cinco fui a buscar patatas, con nuevas esperanzas de encontrarme con él, pero cuando todavía estaba en el cuarto de baño arreglándome el pelo, oí que bajaba a ver a Moffie.

Quise ir a ayudar a la señora y me instalé arriba con libro y todo, pero de repente sentí que me venían las lágrimas y corrí abajo al retrete, cogiendo al pasar el espejo de mano. Ahí estaba yo sentada en el retrete, toda vestida, cuando ya había terminado hacía rato, profundamente apenada y con mis lagrimones haciéndome manchas oscuras en el rojo del delantal.

Lo que pensé fue más o menos que así nunca llegaría al corazón de Peter. Que quizá yo no le gustaba para nada y que quizá él lo que menos estaba necesitando era confianza. Quizá nunca piense en mí más que de manera superficial. Tendré que seguir adelante sola, sin Peter y sin su confianza. Y quién sabe, dentro de poco también sin fe, sin consuelo y sin esperanzas. ¡Ojalá pudiera apoyar mi cabeza en su hombro y no sentirme tan desesperadamente sola y abandonada! Quién sabe si no le importo en lo más mínimo, y si mira a todos con la misma mirada tierna. Quizá sea pura imaginación mía pensar que esa mirada va dirigida solo a mí. ¡Ay, Peter,

ojalá pudieras verme u oírme! Aunque yo tampoco podría oír la quizá tan desconsoladora verdad.

Más tarde volví a confiar y me sentí otra vez más es-
peranzada, aunque las lágrimas seguían fluyendo dentro de mí.

Tu Anne M. Frank

Domingo, 20 de febrero de 1944

Querida Kitty:
Lo que otra gente hace durante la semana, en la Casa
de atrás se hace los domingos. Cuando los demás se ponen sus mejores ropas y salen a pasear al sol, nosotros
estamos aquí fregando, barriendo y haciendo la colada.

Las ocho de la mañana: sin importarle los que aún
quieren dormir, Dussel se levanta. Va al cuarto de baño,
luego baja un piso, vuelve a subir y a ello sigue un encierro en el cuarto de baño para una sesión de aseo personal de una hora de duración.

Las nueve y media: se encienden las estufas, se quitan
los paneles de oscurecimiento y Van Daan va al cuarto de
baño. Uno de los suplicios de los domingos por la mañana es que desde la cama justo me toca mirarle la espalda a
Dussel mientras reza. A todos les asombrará que diga
que Dussel rezando es un espectáculo horrible. No es
que se ponga a llorar o a hacerse el sentimental, nada de
eso, pero tiene la costumbre de balancearse sobre los talones y las puntas de los pies durante nada menos que un
cuarto de hora. De los talones a las puntas y de las puntas
a los talones, sin parar, y si no cierro los ojos, por poco
me entra mareo.

Las diez y cuarto: se oye silbar a Van Daan: el cuarto de baño está libre. En nuestra familia, las primeras
caras somnolientas se yerguen de las almohadas. Luego

todo adquiere un ritmo acelerado. Margot y yo nos turnamos para ayudar abajo en la colada. Como allí hace bastante frío, no vienen nada mal los pantalones largos y un pañuelo para la cabeza. Entretanto, papá usa el cuarto de baño. A las once va Margot (o yo), y después está todo el mundo limpito.

Las once y media: desayuno. Mejor no extenderme sobre el particular, porque la comida ya es tema de conversación continua, sin necesidad de que ponga yo mi granito de arena.

Las doce y cuarto: todo el mundo se dispersa. Papá, con su mono puesto, se hinca de rodillas en el suelo y se pone a cepillar la alfombra con tanta fuerza que la habitación se transforma en una gran nube de polvo. El señor Dussel hace las camas (mal, por supuesto), silbando siempre el mismo concierto para violín de Beethoven. En el desván se oyen los pasos de mamá, que cuelga la ropa. El señor Van Daan se pone el sombrero y desaparece hacia las regiones inferiores, por lo general seguido por Peter y Mouschi; la señora se pone un largo delantal, una chaqueta negra de punto y unos chanclos, se ata una gruesa bufanda de lana roja a la cabeza, coge un fardo de ropa sucia bajo el brazo y, tras hacer una inclinación muy estudiada de lavandera con la cabeza, se va a hacer la colada. Margot y yo fregamos los platos y ordenamos un poco la habitación.

Miércoles, 23 de febrero de 1944

Mi querida Kitty:

Desde ayer hace un tiempo maravilloso fuera y me siento como nueva. Mis escritos, que son lo más preciado que poseo, van viento en popa. Casi todas las mañanas subo al desván para purificar el aire viciado de la habitación que llevo en los pulmones. Cuando subí al desván esta mañana, estaba Peter allí, ordenando cosas. Acabó rápido y vino a donde yo estaba, sentada en el suelo, en mi rincón favorito. Los dos miramos el cielo azul, el castaño sin hojas con sus ramas llenas de gotitas resplandecientes, las gaviotas y demás pájaros que al volar por encima de nuestras cabezas parecían de plata, y todo esto nos conmovió y nos sobrecogió tanto que no podíamos hablar. Peter estaba de pie, con la cabeza apoyada contra un grueso travesaño, y yo seguía sentada. Respiramos el aire, miramos hacia fuera y sentimos que era algo que no había que interrumpir con palabras. Nos quedamos mirando hacia fuera un buen rato, y cuando se puso a cortar leña, tuve la certeza de que era un buen tipo. Subió la escalera de la buhardilla, yo lo seguí, y durante el cuarto de hora que estuvo cortando leña no dijimos palabra. Desde el lugar donde me había instalado me puse a observarlo, viendo cómo se esmeraba visiblemente para cortar bien la leña y mostrarme su fuerza. Pero también me asomé a la ventana abierta, y pude ver gran parte de Amsterdam, y por encima de los tejados hasta el horizonte, que era de un color celeste tan claro que no se distinguía bien su línea.

—Mientras exista este sol y este cielo tan despejado, y pueda yo verlo —pensé—, no podré estar triste.

Para todo el que tiene miedo, está solo o se siente desdichado, el mejor remedio es salir al aire libre, a algún sitio en donde poder estar totalmente solo, solo con el cielo, con la naturaleza y con Dios. Porque solo entonces, solo así se siente que todo es como debe ser y que Dios quiere que los hombres sean felices en la humilde pero hermosa naturaleza.

Mientras todo esto exista, y creo que existirá siempre, sé que toda pena tiene consuelo, en cualquier circunstancia que sea. Y estoy convencida de que la naturaleza es capaz de paliar muchas cosas terribles, pese a todo el horror.

¡Ay!, quizá ya no falte tanto para poder compartir este sentimiento de felicidad avasallante con alguien que se tome las cosas de la misma manera que yo.

Tu Anne

P.D. Pensamientos: A Peter.

Echamos de menos muchas, muchísimas cosas aquí, desde hace mucho tiempo, y yo las echo de menos igual que tú. No pienses que estoy hablando de cosas exteriores, porque en ese sentido aquí realmente no nos falta nada. No, me refiero a las cosas interiores. Yo, como tú, ansío tener un poco de aire y de libertad, pero creo que nos han dado compensación de sobra por estas carencias. Quiero decir, compensación por dentro. Esta mañana, cuando estaba asomada a la ventana mirando hacia fuera, mirando en realidad fija y profundamente a Dios y a la naturaleza, me sentí dichosa, únicamente dichosa. Y, Peter, mientras uno siga teniendo esa dicha interior, esa dicha por la naturaleza, por la salud y por tantas otras cosas; mientras uno lleve eso dentro, siempre volverá a ser feliz.

La riqueza, la fama, todo se puede perder, pero la dicha en el corazón a lo sumo puede velarse, y siempre, mientras vivas, volverá a hacerte feliz.

Inténtalo tú también, alguna vez que te sientas solo y desdichado o triste y estés en la buhardilla cuando haga un tiempo tan hermoso. No mires las casas y los tejados, sino al cielo. Mientras puedas mirar al cielo sin temor, sabrás que eres puro por dentro y que, pase lo que pase, volverás a ser feliz.

Mi querida Kitty:

Desde la primera hora de la mañana hasta la última hora de la noche no hago más que pensar en Peter. Me duermo viendo su imagen, sueño con él y me despierto con su cara aún mirándome.

Se me hace que Peter y yo en realidad no somos tan distintos como parece por fuera, y te explicaré por qué: a los dos nos hace falta una madre. La suya es demasiado superficial, le gusta coquetear y no se interesa mucho por los pensamientos de Peter. La mía sí se ocupa mucho de mí, pero no tiene tacto, ni sensibilidad, ni comprensión de madre.

Peter y yo luchamos ambos con nuestro interior, los dos aún somos algo inseguros, y en realidad demasiado tiernos y frágiles por dentro como para que nos traten con mano tan dura. Por eso a veces quisiera escaparme, o esconder lo que llevo dentro. Me pongo a hacer ruido, con las cacerolas y con el agua por ejemplo, para que todos me quieran perder de vista. Peter, sin embargo, se encierra en su habitación y casi no habla, no hace nada de ruido y se pone a soñar, ocultándose en su timidez.

Pero ¿cómo y cuándo llegaremos a encontrarnos?

No sé hasta cuándo mi mente podrá controlar este deseo.

Tu Anne M. Frank

Lunes, 28 de febrero de 1944

Mi querida Kitty:

Esto se está convirtiendo en una pesadilla, tanto de noche como de día. Lo veo casi a todas horas y no puedo acercarme a él, tengo que disimular mis sentimientos y mostrarme alegre, mientras que dentro de mí todo es desesperación.

Peter Schiff y Peter van Daan se han fundido en un único Peter, que es bueno y bondadoso y a quien quiero con toda mi alma. Mamá está imposible conmigo; papá me trata bien, lo que resulta difícil, y Margot resulta aún más difícil, ya que pretende que ponga cara de agrado mientras que lo que yo quiero es que me dejen en paz.

Peter no subió a estar conmigo en el desván; se fue directamente a la buhardilla y se puso a martillear. Cada golpe que pegaba hacía que mis ánimos se desmoronaran poco a poco, y me sentí aún más triste. Y a lo lejos se oía un carillón que tocaba «¡Arriba corazones!».

Soy una sentimental, ya lo sé. Soy una desesperanzada y una insensata, también lo sé.

¡Ay de mí!

Tu Anne M. Frank

Miércoles, 1 de marzo de 1944

Querida Kitty:

Mis propias tribulaciones han pasado a un segundo plano porque... ¡han entrado ladrones! Ya estarás aburrida de mis historias de ladrones, pero ¿qué culpa tengo yo de que a los señores ladrones les dé tanto gusto honrar a Gies & Cía. con su visita? Esta vez, el asunto fue más complicado que la vez anterior, en julio del año pasado.

Anoche, cuando el señor Van Daan dejó a las siete y media el despacho de Kugler como de costumbre, vio que la puerta de vidrio y la del despacho estaban abiertas, lo que le sorprendió. Siguió andando y se fue sorprendiendo cada vez más, al ver que también estaban abiertas las puertas del cuartito intermedio y que en la oficina principal había un tremendo desorden.

—Por aquí ha pasado un ladrón —se le pasó por la cabeza.

Para estar seguro al respecto, bajó las escaleras, fue hasta la puerta de entrada y palpó la cerradura: todo estaba cerrado.

—Entonces, los desordenados deben de haber sido Bep y Peter —supuso. Se quedó un rato en el despacho de Kugler, apagó la luz, subió al piso de arriba y no se preocupó demasiado por las puertas abiertas y el desorden que había en la oficina principal.

Pero esta mañana temprano, Peter llamó a la puerta de nuestra habitación y nos contó la no tan agradable noticia de que la puerta de entrada estaba abierta de par en par y de que del armario empotrado habían desaparecido el proyector y el maletín nuevo de Kugler. Le ordenaron a Peter que cerrara la puerta; Van Daan relató sus experiencias de la velada anterior y a nosotros nos entró una gran intranquilidad.

La única explicación posible para toda esta historia es que el ladrón debe de tener una copia de la llave de la puerta, porque la cerradura no había sido forzada en lo más mínimo. Debe de haber entrado al edificio al final de la tarde. Cerró la puerta tras de sí, Van Daan lo interrumpió, el ladrón se escondió hasta que Van Daan se fue, y luego se escapó llevándose el botín y dejando la puerta abierta, con las prisas.

¿Quién puede tener la llave de la puerta? ¿Por qué el ladrón no fue al almacén? ¿Acaso el ladrón será uno de nuestros propios mozos del almacén, y no nos delatará, ahora que seguramente ha oído y quizá hasta visto a Van Daan? Estamos todos muy asustados, porque no sabemos si al susodicho se le ocurrirá abrir otra vez la puerta. ¿O acaso se habrá asustado él de que hubiera un hombre dando vueltas por aquí?

P.D. Si acaso pudieras recomendarnos un buen detective, te lo agradeceríamos mucho. Naturalmente, se requiere discreción absoluta en materia de escondites.

Jueves, 2 de marzo de 1944

Querida Kitty:
Margot y yo hemos estado hoy juntas en el desván, pero con ella no puedo disfrutar tanto como me había imaginado que disfrutaría con Peter (u otro chico). Sé que siente lo mismo que yo con respecto a la mayoría de las cosas.

Cuando estábamos fregando los platos, Bep empezó a hablar con mamá y con la señora Van Daan sobre su melancolía. ¿En qué la pueden ayudar aquellas dos? Particularmente mamá, siempre tan diplomática, hace que una salga de Guatemala y entre en Guatepeor. ¿Sabes qué le aconsejó? ¡Que pensara en toda la gente que sufre en este mundo! ¿De qué te puede servir pensar en la miseria de los demás cuanto tú misma te sientes miserable? Eso mismo fue lo que les dije. La respuesta, como te podrás imaginar, fue que yo no podía opinar sobre estas cosas.

¡Qué idiotas y estúpidos son los mayores! Como si Peter, Margot, Bep y yo no sintiéramos todos lo mismo... El único remedio es el amor materno, o el amor de los buenos amigos, de los amigos de verdad. ¡Pero las dos madres de la casa no entienden ni pizca de nosotros! La señora Van Daan quizá aún entienda un poco más que mamá. ¡Ay, cómo me habría gustado decirle algo a la pobre Bep, algo que por experiencia sé que ayuda! Pero papá se interpuso y me empujó a un lado de manera bastante ruda. ¡Son todos unos cretinos!

Con Margot también he estado hablando sobre mamá y papá. ¡Qué bien lo podríamos pasar aquí, si no fuera porque siempre andan fastidiando! Podríamos organizar veladas en las que todos nos turnaríamos para hablar de algún tema interesante. ¡Pero hasta aquí hemos llegado, porque a mí justamente lo que menos me dejan es hablar!

El señor Van Daan ataca, mamá se pone desagradable y no puede hablar de nada de manera normal, a papá no le gustan estas cosas, al igual que al señor Dussel, y a la señora siempre la atacan de tal modo que se pone toda colorada y casi no es capaz de defenderse. ¿Y nosotros? A nosotros no nos dejan opinar. Sí, son muy modernos: ¡no nos dejan opinar! Nos pueden decir que nos callemos la boca, pero no que no opinemos: eso es imposible. Nadie puede prohibir a otra persona que opine, por muy joven que esta sea. A Bep, a Margot, a Peter y a mí solo nos sirven mucho amor y comprensión, que aquí no se nos da a ninguno. Y nadie, sobre todo estos cretinos sabelotodos, nos comprende, porque somos mucho más sensibles y estamos mucho más adelantados en nuestra manera de pensar de lo que ellos remotamente puedan imaginarse.

El amor. ¿Qué es el amor? Creo que el amor es algo que en realidad no puede expresarse con palabras. El amor es comprender a una persona, quererla, compartir con ella la dicha y la desdicha. Y con el tiempo también forma parte de él el amor físico, cuando se ha compartido, se ha dado y recibido, y no importa si se está casado o no, o si es para tener un hijo o no. Si se pierde el honor o no, todo eso no tiene importancia, ¡lo que importa es tener a alguien a tu lado por el resto de tu vida, alguien que te comprende y que no tienes que compartir con nadie!

Tu Anne M. Frank

Mamá está nuevamente quejándose. Está claro que está celosa porque hablo más con la señora Van Daan que con ella. ¡Pues me da igual!

Esta tarde por fin he podido estar con Peter. Hemos estado hablando por lo menos tres cuartos de hora. Le costaba mucho contarme algo sobre sí mismo, pero poco a poco se fue animando. Te aseguro que no sabía si era mejor irme o quedarme. ¡Pero es que tenía tantas ganas de ayudarlo! Le conté lo de Bep y lo de la falta de tacto de nuestras madres. Me dijo que sus padres siempre andan peleándose, por la política, por los cigarrillos o por cualquier otra cosa. Como ya te he dicho, Peter es muy tímido, pero no tanto como para no confesarme que le gustaría dejar de ver a sus padres al menos dos años.

—Mi padre no es tan buena persona como parece —dijo—, pero en el asunto de los cigarrillos, la que lleva toda la razón es mi madre.

Yo también le hablé de mamá. Pero a papá, Peter lo defendía. Dijo que le parecía un «tipo fenomenal».

Esta noche, cuando estaba colgando el delantal después de fregar los platos, me llamó y me pidió que no les contara a los míos que sus padres habían estado nuevamente riñendo y que no se hablaban. Se lo prometí, aunque ya se lo había contado a Margot. Pero estoy segura de que Margot no hablará.

—No te preocupes, Peter —le dije—. Puedes confiar en mí. Me he impuesto la costumbre de no contarles tantas cosas a los demás. De lo que tú me cuentas, no le digo nada a nadie.

Eso le gustó. Entonces también le conté lo de los tremendos cotilleos en casa, y le dije:

—Debo reconocer que tiene razón Margot cuando dice que miento, porque si bien digo que no quiero ser cotilla, cuando se trata de Dussel me encanta cotillear.

—Eso está muy bien —dijo. Se había ruborizado, y su cumplido tan sincero casi me hace subir los colores a mí también.

Luego también hablamos de los de arriba y los de abajo. Peter realmente estaba un poco sorprendido de que sigamos sin querer demasiado a sus padres.

—Peter —le dije—, sabes que soy sincera contigo. ¿Por qué no habría de decírtelo? ¿Acaso no conocemos sus defectos también nosotros?

Y también le dije:

—Peter, me gustaría tanto ayudarte. ¿No puedo hacerlo? Tú estás entre la espada y la pared y yo sé que, aunque no lo dices, te tomas todo muy a pecho.

—Siempre aceptaré tu ayuda.

—Quizá sea mejor que consultes con papá. Él tampoco dice nada a nadie, le puedes contar tus cosas tranquilamente.

—Sí, es un compañero de verdad.

—Lo quieres mucho, ¿verdad?

Peter asintió con la cabeza y yo seguí hablando:

—¡Pues él también te quiere a ti!

Levantó la mirada fugazmente. Se había puesto colorado. De verdad era conmovedor ver lo contento que le habían puesto esas palabras.

—¿Tú crees? —me preguntó.

—Sí —dije yo—. Se nota por lo que deja caer de vez en cuando.

Entonces llegó el señor Van Daan para hacernos un dictado. Peter también es un «tipo fenomenal», igual que papá.

Tu Anne M. Frank

Mi querida Kitty:

Esta noche, mirando la velita, me puse contenta otra vez y me tranquilicé. En realidad, en esa vela está la abuela, y es ella la que me protege y me cobija, y la que hace que me ponga otra vez contenta. Pero... hay otra persona que domina mis estados de ánimo y es... Peter. Hoy, cuando fui a buscar las patatas y todavía estaba bajando la escalera con la cacerola llena en las manos, me preguntó:

—¿Qué has hecho a mediodía?

Me senté en la escalera y empezamos a hablar. Las patatas no llegaron a destino hasta las cinco y cuarto: una hora después de haber subido a buscarlas. Peter ya no dijo palabra sobre sus padres, solo hablamos de libros y del pasado. ¡Ay, qué mirada tan cálida tiene ese chico! Creo que ya casi me estoy enamorando de él.

De eso mismo hemos hablado. Después de pelar las patatas, entré en su habitación y le dije que tenía mucho calor.

—A Margot y a mí se nos nota enseguida la temperatura que hace: cuando hace frío, nos ponemos blancas, y cuando hace calor, coloradas —le dije.

—¿Enamorada? —me preguntó.

—¿Por qué habría de estarlo?

Mi respuesta, o, mejor dicho, mi pregunta, era bastante tonta.

—¿Por qué no? —dijo, y en ese momento nos llamaron a comer.

¿Habrá querido decir algo en especial con esa pregunta? Hoy por fin le he preguntado si no le molestan mis charlas. Lo único que me dijo fue:

—Pues no, no me molestan.

No sé hasta qué punto esta respuesta tiene que ver con su timidez.

Kitty, soy como una enamorada que no habla más que de su amor. Es que Peter es realmente un cielo. ¿Cuándo podré decírselo? Claro que solo podré hacerlo cuando sepa que él también me considera un cielo a mí. Pero sé muy bien que soy una gatita a la que hay que tratar con guantes de seda. Y a él le gusta su tranquilidad, de modo que no tengo ni idea de hasta qué punto le gusto. De todas formas, nos estamos conociendo un poco más. ¡Ojalá tuviéramos el valor de confesarnos muchas cosas más! Unas cuantas veces al día me dirige una mirada cómplice, yo le guiño el ojo y los dos nos ponemos contentos. Parece una osadía decirlo así, pero tengo la irresistible sensación de que él piensa igual que yo.

Tu Anne M. Frank

Sábado, 4 de marzo de 1944

Querida Kitty:
Hacía meses y meses que no teníamos un sábado que al menos no fuera tan fastidioso, triste y aburrido como los demás. Y la culpa la tiene nada menos que Peter. Esta mañana subí al desván a tender el delantal, y papá me preguntó si no quería quedarme para hablar francés. Me pareció bien. Primero hablamos francés, yo le expliqué una cosa, y luego hicimos inglés. Papá nos leyó unas líneas del libro de Dickens y yo estaba en la gloria porque estaba sentada en el sillón de papá, bien cerca de Peter.

A las once menos cuarto bajé al otro piso. Cuando volví, a las once y media, ya estaba él esperándome en la escalera. Hablamos hasta la una menos cuarto. Cuando se presenta la más mínima oportunidad, por ejemplo cuando salgo de la habitación después de comer y nadie nos oye, me dice:

—¡Hasta luego, Anne!

¡Ay, estoy tan contenta! ¿Estará empezando a quererme entonces? En cualquier caso, es un tipo muy simpático y quién sabe lo bien que podremos hablar.

A la señora le parece bien que yo hable con él, pero hoy igual me preguntó en tono burlón:

—¿Puedo fiarme de lo que hacéis vosotros dos ahí arriba?

—¡Pues claro! —protesté—. ¡Cuidado que me voy a ofender!

De la mañana a la noche me alegra saber que veré a Peter.

Tu Anne M. Frank

P.D. Se me olvidaba decirte que anoche cayó una cantidad enorme de nieve. Pero ya ni se nota casi, se ha fundido toda.

Lunes, 6 de marzo de 1944

Querida Kitty:

¿No te parece curioso que después de que Peter me contara aquello de sus padres, ahora me sienta un poco responsable por él? Es como si esas peleas me incumbieran lo mismo que a él, y sin embargo ya no me atrevo a hablarle de ello, porque temo que no le agrade. Por nada del mundo quisiera cometer un desatino ahora.

A Peter se le nota en la cara que piensa tanto como yo, y por eso anoche me dio rabia cuando la señora dijo en tono burlón:

—¡El pensador!

El tímido de Peter se puso colorado y a mí me empezó a hervir la sangre.

¡Cuándo dejará la gente de decir tonterías! No te imaginas lo feo que es ver lo solo que se siente Peter, y no poder hacer nada. Yo puedo imaginarme, como si lo hubiera vivido en mi propia carne, lo desesperado que debe de estar a veces cuando hay peleas. ¡Pobre Peter, qué necesitado de cariño está!

Me parecieron muy duras sus palabras cuando dijo que no necesitaba amigos. ¡Ay, cómo se equivoca! No creo que lo diga en serio. Se aferra a su masculinidad, a su soledad y a su falsa indiferencia para no salirse de su papel, y para no tener que mostrar nunca cómo se siente. ¡Pobre Peter! ¿Hasta cuándo podrá seguir haciendo este papel? ¿Cuánto faltará para que, después de tanto esfuerzo sobrehumano, explote?

¡Ay, Peter, ojalá pudiera ayudarte y tú permitieras que lo hiciera! ¡Los dos juntos podríamos ahuyentar nuestras respectivas soledades!

Pienso mucho, pero digo poco. Me pongo contenta cuando lo veo y si al mismo tiempo brilla el sol. Ayer, cuando me estaba lavando la cabeza, me puse bastante eufórica, a sabiendas de que en la habitación de al lado estaba él. No pude remediarlo: cuanto más callada y seria estoy por dentro, tanto más bulliciosa me pongo por fuera. ¿Quién será el primero en descubrir mi coraza y perforarla?

¡Qué suerte que los Van Daan no tienen una niña! Mi conquista no sería tan difícil, tan hermosa y tan placentera si no fuera justamente por la atracción del sexo opuesto.

Tu Anne M. Frank

P.D. Sabes que soy sincera contigo al escribirte, y por eso es que debo confesarte que en realidad vivo de encuentro en encuentro. Estoy continuamente al acecho para ver si descubro que también él vive esperándome a mí, y salto de alegría dentro de mí cuando noto sus pequeños y tímidos esfuerzos al respecto. Creo que Peter quisiera tener la misma facilidad de expresión que yo; no sabe que justamente su torpeza me enternece.

Martes, 7 de marzo de 1944

Querida Kitty:
Cuando me pongo a pensar en la vida que llevaba en 1942, todo me parece tan irreal. Esa vida de gloria la vivía una Anne Frank muy distinta de la Anne que aquí se ha vuelto tan juiciosa. Una vida de gloria, eso es lo que era. Un admirador en cada esquina, una veintena de amigas y conocidas, la favorita de la mayoría de los profesores, consentida por papá y mamá, muchas golosinas, dinero suficiente... ¿qué más se podía pedir?

Seguro que te preguntarás cómo hice para ganarme la simpatía de toda esa gente. Dice Peter que por mi «encanto personal», pero eso no es del todo cierto. A todos los profesores les gustaban y les divertían mis respuestas ingeniosas, mis ocurrencias, mi cara sonriente y mi ojo crítico. No había más. Era terriblemente coquetona y divertida. Además, tenía algunas ventajas por las que me ganaba el favor de los que me rodeaban: mi esmero, mi sinceridad y mi generosidad. Nunca le habría negado a nadie, fuera quien fuera, que en clase copiara de mí; repartía golosinas a manos llenas y nunca se me subían los humos.

¿No me habré vuelto temeraria después de tanta admiración? Es una suerte que en medio de todo aquello, en el punto culminante de la fiesta, volviera de repente a la realidad, y ha tenido que pasar más de un año para que me diera cuenta de que ya nadie me demuestra su admiración.

¿Cómo me veían en el colegio? Como la que dirigía las bromas y los chistes, siempre haciendo la gallito y nunca de malhumor o lloriqueando. No era de sorprender que a todos les gustara acompañarme al colegio en bici o cubrirme de atenciones.

Veo a esa Anne Frank como a una niña graciosa, divertida, pero superficial, que no tiene nada que ver conmigo. ¿Qué es lo que ha dicho Peter de mí? «Siempre que te veía, estabas rodeada de dos o más chicos y un grupo de chicas. Siempre te reías y eras el centro de la atención.» Tenía razón.

¿Qué es lo que ha quedado de aquella Anne Frank? Ya sé que he conservado mi sonrisa y mi manera de responder, y que aún no he olvidado cómo criticar a la gente, e incluso lo hago mejor que antes, y que sigo coqueteando y siendo divertida cuando quiero...

Ahí está el quid de la cuestión: una noche, un par de días, una semana me gustaría volver a vivir así, aparentemente despreocupada y alegre. Pero al final de esa semana estaría muerta de cansancio y al primero que se le ocurriera hablarme de algo interesante le estaría enormemente agradecida. No quiero admiradores, sino amigos, no quiero que se maravillen por mi sonrisa lisonjera, sino por mi manera de actuar y mi carácter. Sé muy bien que en ese caso el círculo de personas en torno a mí se reduciría bastante, pero ¿qué importaría que no me quedaran sino unas pocas personas? Pocas, pero sinceras.

Pese a todo, en 1942 tampoco era enteramente feliz. A menudo me sentía abandonada, pero como estaba ocupada de la mañana a la noche, no me ponía a pensar y me divertía todo lo que podía, intentando, consciente o inconscientemente, ahuyentar con bromas el vacío.

Ahora examino mi propia vida y me doy cuenta de que al menos una fase ha concluido irreversiblemente: la edad escolar, tan libre de preocupaciones y problemas, que nunca volverá. Ya ni siquiera la echo en falta: la he superado. Ya no puedo hacer solamente tonterías; una pequeña parte en mí siempre conserva su seriedad.

Veo mi vida de niña hasta el año nuevo de 1944 como bajo una lupa muy potente. En casa, la vida con mucho sol; luego aquí, en 1942, el cambio tan repentino, las peleas, las recriminaciones; no lograba entenderlo, me había cogido por sorpresa, y la única postura que supe adoptar fue la de ser insolente.

Luego los primeros meses de 1943, los accesos de llanto, la soledad, el ir dándome cuenta paulatinamente de todos mis fallos y defectos, que son tan grandes y que parecían ser dos veces más grandes. De día hablaba y hablaba, intentaba atraer a Pim hacia mí, pero sin resultado, me veía ante la difícil tarea de hacerme a mí misma de tal forma que ya no me hicieran esos reproches que tanto me oprimían y desalentaban.

Después del verano de ese año las cosas mejoraron. Dejé de ser tan niña, me empezaron a tratar más como a una adulta. Comencé a pensar, a escribir cuentos, y llegué a la conclusión de que los demás ya no tenían nada que ver conmigo, que no tenían derecho a empujarme de un lado para otro como si fuera el péndulo de un reloj; quería reformarme a mí misma según mi propia voluntad. Comprendí que me podía pasar sin mamá, de manera total y absoluta, lo que me dolió, pero algo que me afectó mucho más fue darme cuenta de que papá nunca llegaría a ser mi confidente. No confiaba en nadie más que en mí misma.

Después de Año Nuevo el segundo gran cambio: mi sueño... con el que descubrí mis deseos de tener... un amigo o novio; no quería una amiga mujer, sino un amigo varón. También descubrí dentro de mí la felicidad y mi coraza de superficialidad y alegría. Pero de tanto en tanto me volvía silenciosa. Ahora no vivo más que para

Peter, porque de él dependerá en gran medida lo que me ocurra de ahora en adelante.

Y por las noches, cuando acabo mis rezos pronunciando las palabras «Te doy las gracias por todas las cosas buenas, queridas y hermosas», oigo gritos de júbilo dentro de mí, porque pienso en esas «cosas buenas», como nuestro escondite, mi buena salud y todo mi ser, en las cosas queridas, como Peter y esa cosa diminuta y sensible que ninguno de los dos se atreve a nombrar aún, el amor, el futuro, la dicha, y en las cosas hermosas, como el mundo, la naturaleza y la gran belleza de todas las cosas hermosas juntas.

En esos momentos no pienso en la desgracia, sino en todas las cosas bellas que aún quedan. Ahí está gran parte de la diferencia entre mamá y yo. El consejo que ella da para combatir la melancolía es: «Piensa en toda la desgracia que hay en el mundo y alégrate de que no te pase a ti». Mi consejo es: «Sal fuera, a los prados, a la naturaleza y al sol. Sal fuera y trata de reencontrar la felicidad en ti misma; piensa en todas las cosas bellas que hay dentro de ti y a tu alrededor, y sé feliz».

En mi opinión, la frase de mamá no tiene validez, porque ¿qué se supone que tienes que hacer cuando esa desgracia sí te pasa? Entonces, estás perdida. Por otra parte, creo que toda desgracia va acompañada de alguna cosa bella, y si te fijas en ella, descubres cada vez más alegría y encuentras un mayor equilibrio. Y el que es feliz hace feliz a los demás; el que tiene valor y fe, nunca estará sumido en la desgracia.

Tu Anne M. Frank

Margot y yo nos hemos estado escribiendo notitas, solo por divertirnos, naturalmente.

Anne: cosa curiosa, a mí las cosas que pasan por la noche solo me vuelven a la memoria mucho más tarde. Ahora, por ejemplo, recuerdo de repente que anoche el señor Dussel estuvo roncando como un loco (ahora son las tres menos cuarto del miércoles por la tarde y el señor Dussel está otra vez roncando, por eso me acordé, claro). Cuando tuve que hacer pipí en el orinal hice más ruido de lo normal, para hacer que cesaran los ronquidos.

Margot: ¿qué es mejor: los resuellos o los ronquidos?

Anne: los ronquidos, porque si yo hago ruido, cesan sin que la persona en cuestión se despierte.

Lo que no le he escrito a Margot, pero que sí te confieso a ti, querida Kitty, es que sueño mucho con Peter. Anteanoche, en nuestro cuarto de estar de aquí, soñé que estaba patinando en la pista de hielo de la Apollolaan con un chico bajito, ese que tenía una hermana que siempre llevaba una falda azul y tenía patas de alambre. Le dije que me llamaba Anne y le pregunté su nombre. Se llamaba Peter. En mi sueño me pregunté a cuántos Peters conocía ya.

Luego también soñé que estábamos en la habitación de Peter, uno frente a otro al lado de la escalera. Le dije algo, me dio un beso, pero me contestó que no me quería tanto como yo pensaba y que dejara de coquetear. Con voz desesperada y suplicante, le dije:

—¡Pero si yo no coqueteo, Peter!

Cuando me desperté, me alegré de que Peter no hubiera dicho eso.

Anoche también nos estábamos besando, pero las mejillas de Peter me decepcionaron, porque no eran tan suaves como parecen, sino que eran como las mejillas de papá, o sea, como las de un hombre que ya se afeita.

Viernes, 10 de marzo de 1944

Mi querida Kitty:

Hoy es aplicable el refrán que dice que las desgracias nunca vienen solas. Lo acaba de decir Peter. Te contaré todas las cosas desagradables que nos pasan y las que quizá aún nos aguardan.

En primer lugar, Miep está enferma, a raíz de la boda de Henk y Aagje, celebrada ayer en la iglesia del Oeste, donde se resfrió. En segundo lugar, el señor Kleiman aún no ha vuelto desde que tuvo la hemorragia estomacal, con lo que Bep sigue sola en la oficina. En tercer lugar, la policía ha arrestado a un señor, cuyo nombre no mencionaré. No solo es horrible para el susodicho señor, sino también para nosotros, ya que andamos muy escasos de patatas, mantequilla y mermelada. El señor M., por llamarlo de alguna manera, tiene cinco hijos menores de trece años y uno más en camino.

Anoche tuvimos otro pequeño sobresalto, ya que de repente se pusieron a golpear en la pared de al lado. Estábamos cenando. El resto de la noche transcurrió en un clima de tensión y nerviosismo.

Últimamente no tengo ningunas ganas de escribirte sobre lo que acontece en casa. Me preocupan mucho más mis propias cosas. Pero no me entiendas mal, porque lo que le ha ocurrido al pobre y bueno del señor M. me parece horrible, pero en mi diario de cualquier forma no hay demasiado sitio para él.

El martes, miércoles y jueves estuve con Peter desde las cuatro y media hasta las cinco y cuarto. Estudiamos francés y charlamos sobre miles de cosas. Realmente me hace mucha ilusión esa horita que pasamos juntos por la tarde, y lo mejor de todo es que creo que también a Peter le gusta que yo vaya.

Tu Anne M. Frank

Sábado, 11 de marzo de 1944

Querida Kitty:

Últimamente estoy hecha un culo de mal asiento. Voy de abajo al piso de arriba y vuelta abajo. Me gusta mucho hablar con Peter, pero siempre tengo miedo de molestarlo. Me ha contado algunas cosas sobre su vida de antes, sobre sus padres y sobre sí mismo. Yo con eso no tengo suficiente, pero a cada cinco minutos me pregunto cómo se me ocurre pedir más. A él yo antes le parecía insoportable, lo que era una cosa recíproca; ahora yo he cambiado de opinión, entonces ¿también él habrá cambiado de opinión? Supongo que sí, pero eso no implica que tengamos que ser grandes amigos, aunque para mí eso haría mucho más soportable toda esta historia de estar escondida. Pero no me engaño; me ocupo bastante de él y no tengo por qué aburrirte a la vez que a mí, porque la verdad es que ando bastante desanimada.

Domingo, 12 de marzo de 1944

Querida Kitty:

Todo está cada vez más patas arriba. Desde ayer, Peter ya no me dirige la mirada. Es como si estuviera enfadado conmigo, y por eso me esfuerzo para no ir detrás de él y para hablarle lo menos posible, pero ¡es tan difícil! ¿Qué será lo que a menudo lo aparta de mí y a menudo lo empuja hacia mí? Quizá solo yo me imagine que las cosas son peores de lo que son en realidad, quizá él también tenga sus estados de ánimo, quizá mañana todo haya pasado...

Lo más difícil de todo es mantenerme igual por fuera, cuando por dentro estoy triste y me siento mal. Tengo que hablar, ayudar, estar sentados juntos y sobre todo estar alegre. Lo que más echo de menos es la naturaleza y algún lugar en el que pueda estar sola todo el tiempo que quiera. Creo que estoy mezclando muchas cosas, Kitty, pero es que estoy muy confusa: por un lado me vuelve loca el deseo de tenerlo a mi lado, y casi no puedo estar en la habitación sin mirarlo, y por el otro, me pregunto por qué me importa tanto en realidad, y por qué no puedo recuperar la tranquilidad.

Día y noche, siempre que estoy despierta, no hago más que preguntarme: «¿Lo has dejado suficientemente en paz? ¿No subes a verlo demasiado? ¿No hablas demasiado a menudo de temas serios de los que él todavía no sabe hablar? ¿Es posible que él no te encuentre nada simpática? ¿Habrá sido todo el asunto pura imaginación? Pero entonces, ¿por qué te ha contado tantas cosas sobre sí mismo? ¿Se habrá arrepentido de haberlo hecho?». Y muchas otras cosas más.

Ayer por la tarde, después de escuchar una ristra de noticias tristes de fuera, estaba tan hecha polvo que me eché en el diván para dormir un rato. Solo quería dormir, para no pensar. Dormí hasta las cuatro de la tarde, y entonces tuve que ir a la habitación. Me resultó muy difícil responder a todas las preguntas de mamá y encontrar una excusa para explicarle a papá por qué había dormido. Como pretexto dije que tenía dolor de cabeza, con lo que no mentí, puesto que de verdad lo tenía... ¡por dentro!

La gente normal, las niñas normales, las chicas como yo, dirán que ya basta de tanta autocompasión, pero ahí está el quid de la cuestión: yo te cuento todo lo que me pesa en el corazón, y el resto del día me muestro de lo más atrevida, alegre y segura de mí misma, con tal de evitar cualquier pregunta y de no enfadarme conmigo misma.

Margot es muy buena conmigo y quisiera ser mi confidente, pero sin embargo yo no puedo contarle todas mis cosas. Me toma en serio, demasiado en serio, y reflexiona mucho sobre su hermanita loca, me mira con ojos inquisitivos cuando le cuento algo y siempre se pregunta: «¿Me lo dice en serio o me lo dice por decir?».

Todo tiene que ver con que estamos siempre juntas y con que yo no soportaría tener a mi confidente siempre a mi lado.

¿Cuándo saldré de esta maraña de pensamientos? ¿Cuándo volverá a haber paz y tranquilidad dentro de mí?

Tu Anne

Martes, 14 de marzo de 1944

Querida Kitty:
Te parecerá divertido —para mí no lo es en absoluto— saber lo que cenaremos hoy. En estos momentos, dado que abajo está trabajando la mujer de la limpieza, estoy sentada junto a la mesa con el hule de los Van Daan, tapándome la nariz y la boca con un pañuelo impregnado de un exquisito perfume de antes de escondernos. Supongo que no entenderás nada, de modo que empezaré por el principio. Como a nuestros proveedores de cupones se los han llevado los alemanes, ya no tenemos cupones ni manteca; solo nos quedan nuestras cinco cartillas de racionamiento. Como Miep y Kleiman están otra vez enfermos, Bep no puede salir a hacer los recados, y como hay un ambiente muy triste, la co-

mida también lo es. A partir de mañana ya no habrá nada de manteca, mantequilla ni margarina. Ya no desayunamos con patatas fritas (por ahorrar pan), sino con papilla de avena, y como la señora teme que nos muramos de hambre, hemos comprado una cantidad extra de leche entera. El almuerzo de hoy consiste en un guiso de patatas y col rizada de conserva. De ahí las medidas de precaución con el pañuelo. ¡Es increíble el olor que despide la col rizada, que seguramente ya lleva varios años en conserva! La habitación huele a una mezcla de ciruelas en descomposición, conservante amargo y huevos podridos. ¡Qué asco! La sola idea de que tendré que comerme esa porquería me da náuseas. A ello hay que sumarle que nuestras patatas han sufrido unas enfermedades tan extrañas que de cada dos cubos de patatas, uno va a parar a la estufa. Nos divertimos tratando de determinar con exactitud las distintas enfermedades que tienen, y hemos llegado a la conclusión de que se van turnando el cáncer, la viruela y el sarampión. Entre paréntesis, no es ninguna bicoca tener que estar escondidos en este cuarto año que transcurre desde la invasión. ¡Ojalá que toda esta porquería de guerra se acabe pronto!

A decir verdad, lo de la comida me importaría poco, si al menos otras cosas aquí fueran más placenteras. Ahí está el meollo de la cuestión: esta vida tan aburrida nos tiene fastidiados a todos. Te enumero la opinión de cinco escondidos mayores sobre la situación actual (los menores no pueden tener una opinión, algo a lo que por una vez me he atenido):

La señora Van Daan:

«La tarea de reina de la cocina hace rato que no tiene ningún aliciente para mí. Pero como me aburre estar sentada sin hacer nada, me pongo otra vez a cocinar. Y sin embargo me quejo: cocinar sin manteca es imposible, me marean los malos olores. Y luego me pagan con ingratitud y con gritos todos mis esfuerzos, siempre soy la oveja negra, de todo me echan la culpa. Por otra parte, opino que la guerra no adelanta mucho, los alemanes al final se harán con la victoria. Tengo mucho miedo de que nos muramos de hambre y despotrico contra todo el mundo cuando estoy de malhumor».

El señor Van Daan:

«Necesito fumar, fumar y fumar, y así la comida, la política, el mal humor de Kerli y todo lo demás no es tan grave. Kerli es una buena mujer. Si no me dan nada que fumar, me pongo malo, y además quiero comer carne, y además vivimos muy mal, nada está bien y seguro que acabaremos tirándonos los trastos a la cabeza. ¡Vaya una estúpida que está hecha esta Kerli mía!».

La señora Frank:

«La comida no es tan importante, pero ahora mismo me gustaría comer una rebanada de pan de centeno, porque tengo mucha hambre. Yo en el lugar de la señora Van Daan, le hubiera puesto coto hace rato a esa eterna manía de fumar del señor. Pero ahora me urge fumar un cigarrillo, porque tengo la cabeza que está a punto de estallar. Los Van Daan son una gente horrible. Los ingleses cometen muchos errores, pero la guerra va adelantando; necesito hablar, y alegrarme de no estar en Polonia».

El señor Frank:

«Todo está bien, no me hace falta nada. Sin prisas, que tenemos tiempo. Dadme mis patatas y me conformo. Hay que apartar parte de mi ración para Bep. La política sigue un curso estupendo, soy muy optimista».

El señor Dussel:

«Tengo que escribir mi cuota diaria, acabar todo a tiempo. La política va viento en poo-pa, es im-po-sii-ble que nos descubran. ¡Yo, yo y yo...!».

Tu Anne

Querida Kitty:

¡Pfff...! ¡Al fin! He venido a descansar después de oír tantas historias tristes sobre los de la oficina. Lo único que andan diciendo es: «Si pasa esto o aquello, nos veremos en dificultades, y si también se enferma aquella, estaremos solos en el mundo, que si esto, que si aquello...».

En fin, el resto ya puedes imaginártelo; al menos supongo que conoces a los de la Casa de atrás lo bastante como para adivinar sus conversaciones.

El motivo de tanto «que si esto, que si aquello» es que al señor Kugler le ha llegado una citación para ir seis días a cavar, que Bep está más que acatarrada y probablemente se tendrá que quedar en su casa mañana, que a Miep todavía no se le ha pasado la gripe y que Kleiman ha tenido una hemorragia estomacal con pérdida del conocimiento. ¡Una verdadera lista de tragedias para nosotros!

Lo primero que tiene que hacer Kugler según nosotros es consultar a un médico de confianza, pedir que le dé un certificado y presentarlo en el ayuntamiento de Hilversum. A la gente del almacén le han dado un día de asueto mañana, así que Bep estará sola en la oficina. Si (¡otro «si»!) Bep se llegara a quedar en su casa, la puerta de entrada al edificio permanecerá cerrada, y nosotros deberemos guardar absoluto silencio, para que no nos oiga Keg. Jan vendrá al mediodía a visitar a los pobres desamparados durante media hora, haciendo las veces de cuidador de parque zoológico, como si dijéramos.

Hoy, por primera vez después de mucho tiempo, Jan nos ha estado contando algunas cosas del gran mundo exterior. Tenías que habernos visto a los ocho sentados en corro a su alrededor, parecía «Los cuentos de la abuelita».

Jan habló y habló ante un público ávido, en primer lugar sobre la comida, por supuesto. La señora de Pf., una conocida de Miep, cocina para él. Anteayer le hizo zanahorias con guisantes, ayer se tuvo que comer los restos de anteayer, hoy le hace alubias pintas, y mañana un guiso con las zanahorias que hayan sobrado.

Le preguntamos por el médico de Miep.

—¿Médico? —preguntó Jan—. ¿Qué queréis con él? Esta mañana lo llamé por teléfono, me atendió una de esas asistentas de la consulta, le pedí una receta para la gripe y me contestó que para las recetas hay que pasarse de ocho a nueve de la mañana. Si tienes una gripe muy fuerte, puedes pedir que se ponga al teléfono el propio médico, y te dice: «Saque la lengua, diga "Aaa". Ya veo, tiene la garganta irritada. Le daré una receta, para que se pase por la farmacia. ¡Buenos días!». Y sanseacabó. Atendiendo solo por teléfono, ¡así cualquiera tiene una consulta! Pero no les hagamos reproches a los médicos, que al fin y al cabo también ellos solo tienen dos manos, y en los tiempos que corren los pacientes abundan y los médicos escasean.

De todos modos, a todos nos hizo mucha gracia cuando Jan reprodujo la conversación telefónica. Me imagino cómo será la consulta de un médico hoy día. Ya no desprecian a los enfermos del seguro, sino a los que no padecen nada, y piensan: «Y usted, ¿qué es lo que viene a hacer aquí? ¡A la cola, que primero se atiende a los enfermos de verdad!».

Tu Anne

Jueves, 16 de marzo de 1944

Querida Kitty:

Hace un tiempo maravilloso, indescriptiblemente hermoso. Pronto podré ir al desván.

Ahora ya sé por qué estoy siempre mucho más intranquila que Peter. Él tiene una habitación propia donde trabajar, soñar, pensar y dormir. A mí me empujan de un rincón a otro de la casa. No estoy nunca sola en mi habitación compartida, lo que sin embargo desearía tanto. Ese es precisamente el motivo por el que huyo al desván. Solo allí y contigo puedo ser yo misma, aunque solo sea un momento. Pero no quisiera darte la lata hablándote de mis deseos; al contrario, ¡quiero ser valiente!

Abajo, por suerte, no se dan cuenta de lo que siento por dentro, salvo que cada día estoy más fría y despreciativa con respecto a mamá, le hago menos mimos a papá y tampoco le suelto nada a Margot: estoy herméticamente cerrada. Ante todo debo seguir mostrándome segura de mí misma por fuera, nadie debe saber que dentro de mí se sigue librando una batalla: una batalla entre mis deseos y la razón. Hasta ahora ha triunfado siempre esta última, pero a la larga ¿no resultarán más fuertes los primeros? A veces me temo que sí, y a menudo lo deseo.

¡Ay!, es tan terriblemente difícil no soltar nunca nada delante de Peter, pero sé que es él quien tiene que tomar la iniciativa. ¡Es tan difícil deshacer de día todas las conversaciones y todos los actos que me han ocurrido de noche en sueños! Sí, Kitty, Anne es una chica muy loca, pero es que los tiempos que me han tocado vivir también lo son, y las circunstancias lo son más aún.

Me parece que lo mejor de todo es que lo que pienso y siento, al menos lo puedo apuntar; si no, me asfixiaría completamente. ¿Qué pensará Peter de todas estas cosas? Una y otra vez pienso que algún día podré hablar con él al respecto. Algo tiene que haber adivinado en mí, porque la Anne de fuera que ha conocido hasta ahora no le puede gustar. ¿Cómo puede ser que él, que ama tanto la paz y la tranquilidad, tenga simpatía por mi bullicio y alboroto? ¿Será el primero y único en el mundo que ha mirado detrás de mi máscara de hormigón? ¿Irá él a parar allí detrás dentro de poco? ¿No hay un viejo refrán que dice que el amor a menudo viene después de la compasión, y que los dos van de la mano? ¿No es ese también mi caso? Porque siento la misma compasión por él que la que a menudo siento por mí misma.

No sé, realmente no sé de dónde sacar las primeras palabras, ni de dónde habría de sacarlas él, que le cuesta mucho más hablar. ¡Ojalá pudiera escribirle, así al menos sabría que él sabe lo que yo le quisiera decir, porque es tan difícil decirlo con palabras!

Tu Anne M. Frank

Viernes, 17 de marzo de 1944

Queridísima Kitty:
Finalmente todo ha terminado bien, porque el catarro de Bep no se ha convertido en gripe, sino tan solo en afonía, y el señor Kugler se ha librado de los trabajos forzados gracias al certificado médico. La Casa de atrás respira aliviada. Aquí todo sigue bien, salvo que Margot y yo nos estamos cansando un poco de nuestros padres.

No me interpretes mal, sigo queriendo a papá y Margot sigue queriendo a papá y a mamá, pero cuando tienes la edad que tenemos nosotras, te apetece decidir un poco por ti misma, quieres soltarte un poco de la mano de tus padres. Cuando voy arriba, me preguntan adónde voy; sal no me dejan comer; a las ocho y cuarto de la noche, mamá me pregunta indefectiblemente si no es hora de cambiarme; todos los libros que leo tienen que pasar por la censura. A decir verdad, la censura no es nada estricta y me dejan leer casi todo, pero nos molestan los comentarios y observaciones, más todas las preguntas que nos hacen todo el día.

Hay otra cosa que no les agrada, sobre todo en mí: que ya no quiera estar todo el tiempo dando besitos aquí y allá. Los múltiples sobrenombres melosos que inventan me parecen tontos, y la predilección de papá por las conversaciones sobre ventosidades y retretes, asquerosa. En resumidas cuentas, me gustaría perderlos de vista un tiempo, pero no lo entienden. No es que se lo hayamos propuesto; nada de eso, de nada serviría, no lo entenderían en absoluto.

Aun anoche Margot me decía: «¡Estoy tan aburrida de que al más mínimo suspiro ya te pregunten si te duele la cabeza o si te sientes mal!».

Para las dos es un duro golpe el que de repente veamos lo poco que queda de todo ese ambiente familiar y esa armonía que había en casa. Pero esto deriva en gran medida de la desquiciada situación en que nos encontramos. Me refiero al hecho de que nos tratan como a dos chiquillas por lo que respecta a las cosas externas, mientras que somos mucho más maduras que las chicas de nuestra edad en cuanto a las cosas internas. Aunque solo tengo catorce años, sé muy bien lo que quiero, sé quién tiene razón y quién no, tengo mi opinión, mi modo de ver y mis principios, y por más extraño que suene en boca de una adolescente, me siento más bien una persona y no tanto una niña, y me siento totalmente independiente de cualquier otra persona. Sé que sé debatir y discutir mejor que mamá, sé que tengo una visión más objetiva de las cosas, sé que no exagero tanto como ella, que soy más ordenada y diestra, y por eso —ríete si quieres— me siento superior a ella en muchas cosas. Si quiero a una persona, en primer lugar debo sentir admiración por ella, admiración y respeto, y estos dos requisitos en mamá no veo que se cumplan en absoluto.

Todo estaría bien si al menos tuviera a Peter, porque a él lo admiro en muchas cosas. ¡Ay, qué chico tan bueno y tan guapo!

Tu Anne M. Frank

Sábado, 18 de marzo de 1944

Querida Kitty:
A nadie en el mundo le he contado tantas cosas sobre mí misma y sobre mis sentimientos como a ti. Entonces, ¿por qué no habría de contarte algo sobre cosas sexuales?

Los padres y las personas en general se comportan de manera muy curiosa al respecto. En vez de contarles tanto a sus hijas mujeres como a sus hijos varones a los doce años todo lo que hay para contar, cuando surgen conversaciones sobre el tema obligan a sus hijos a abandonar la habitación, y que se busquen por su cuenta la información que necesitan. Cuando luego los padres se dan cuenta de que sus hijos están enterados de algunas cosas, creen que los críos saben más o menos de lo que saben en realidad. ¿Por qué no intentan en ese momento recuperar el tiempo perdido y preguntarles hasta dónde llegan sus conocimientos?

Existe un obstáculo considerable para los adultos —aunque me parece que no es más que un pequeño obstáculo—, y es que temen que los hijos supuestamente ya no vean al matrimonio como algo sagrado e inviolable, si se enteran de que aquello de la inviolabilidad son cuentos chinos en la mayoría de los casos. A mi modo de ver, no está nada mal que un hombre llegue al matrimonio con alguna experiencia previa, porque ¿acaso tiene eso algo que ver con el propio matrimonio?

Cuando acababa de cumplir los doce años, me contaron lo de la menstruación, pero aún no tenía la más mínima noción de dónde venía ni qué significaba. A los doce años y medio ya me contaron algo más, ya que Jacque no era tan estúpida como yo. Yo misma me imaginé cómo era la cohabitación del hombre y la mujer, pero cuando Jacque me lo confirmó, me sentí bastante orgullosa por haber tenido tan buena intuición.

Aquello de que los niños no salen directamente de la panza, también lo supe por Jacque, que me dijo sin más vueltas: «El producto acabado sale por el mismo lugar por donde entra la materia prima».

El himen y algunas otras cosas específicas las conocíamos Jacque y yo por un libro sobre educación sexual. También sabía que se podía evitar el tener hijos, pero seguía siendo un secreto para mí cómo era todo aquello por dentro. Cuando llegamos aquí, papá me habló de prostitutas, etcétera, pero con todo, quedan algunas preguntas sin responder.

Si una madre no les cuenta todo a sus hijos, estos se van enterando poquito a poco, y eso no está bien.

Aunque hoy es sábado, no estoy de malas. Es que he estado en el desván con Peter, soñando con los ojos cerrados. ¡Ha sido maravilloso!

Tu Anne M. Frank

Domingo, 19 de marzo de 1944

Querida Kitty:
Ayer fue un día muy importante para mí. Después de la comida del mediodía, todo se desarrolló de manera normal. A las cinco puse a hervir las patatas y mamá me dio un trozo de morcilla para que se la llevara a Peter. Al principio yo no quería hacerlo, pero luego fui de todas

formas. Él no la quiso y tuve la horrible sensación de que todavía era por lo de la discusión sobre la desconfianza. Llegado un momento, no pude más, me vinieron las lágrimas a los ojos y sin insistir volví a llevar el platito a mamá y me fui a llorar al retrete. Entonces decidí hablar del asunto con Peter de una vez para siempre. Antes de cenar éramos cuatro en su habitación ayudándolo a resolver un crucigrama, y entonces no pude decirle nada, pero justo antes de ir a sentarnos a la mesa, le susurré:

—¿Vas a hacer taquigrafía esta noche, Peter?

—No —contestó.

—Es que luego quería hablarte.

Le pareció bien.

Después de fregar los platos fui a su habitación y le pregunté si había rechazado la morcilla por la discusión que habíamos tenido. Pero por suerte no era ese el motivo, solo que no le pareció correcto ceder tan pronto. Había hecho mucho calor en la habitación y estaba colorada como un cangrejo; por eso, después de llevarle el agua a Margot abajo, volví un momento arriba a tomar algo de aire. Para salvar las apariencias, primero me paré junto a la ventana de los Van Daan, pero al poco tiempo subí a ver a Peter. Estaba en el lado izquierdo de la ventana abierta, y yo me puse en el lado derecho. Era mucho más fácil hablar junto a la ventana abierta, en la relativa oscuridad, que con mucha luz, y creo que también a Peter le pareció así. Nos contamos tantas, pero tantas cosas, que simplemente no podría repetirlo todo aquí, pero fue muy bonito, la noche más hermosa que he vivido hasta ahora en la Casa de atrás. Sin embargo, te resumiré en pocas palabras de qué temas hablamos:

Primero hablamos de las peleas, de que ahora mi actitud con respecto a ellas es muy distinta, luego sobre nuestra separación con respecto a nuestros padres. Le hablé de mamá y papá, de Margot y de mí misma. En un momento dado me dijo:

—Vosotros seguro que os dais las buenas noches con un beso.

—¿Uno? ¡Un montón! Tú no, ¿verdad?

—No, yo casi nunca le he dado un beso a nadie.

—¿Para tu cumpleaños tampoco?

—Sí, para mi cumpleaños sí.

Hablamos de la confianza, de que ninguno de los dos la hemos tenido con nuestros padres. De que sus padres se quieren mucho y que también quisieran tener la confianza de Peter, pero que él no quiere. De que cuando yo estoy triste me desahogo llorando en la cama, y que él sube al desván a decir palabrotas. De que Margot y yo solo hace poco que hemos intimado, y que tampoco nos contamos tanto, porque estamos siempre juntas. En fin, de todo un poco, de la confianza, de los sentimientos y de nosotros mismos. Y resultó que Peter era tal como yo sabía que era.

Luego nos pusimos a hablar sobre el período de 1942, sobre lo distintos que éramos entonces. Ninguno de los dos se reconoce en como era en aquel período. Lo insoportables que nos parecíamos al principio. Para él yo era una parlanchina y muy molesta, y a mí él muy pronto me pareció muy aburrido. Entonces no entendía por qué no me cortejaba, pero ahora me alegro. Otra cosa de la que habló fue de lo mucho que se aislaba de los demás, y yo le dije que entre mi bullicio y temeridad y su silencio no había tanta diferencia, que a mí también me gusta la tranquilidad, y que no tengo nada para mí sola, salvo mi diario, que todos se alegran cuando los dejo tranquilos, en primer lugar el señor Dussel, y que tampoco quiero estar siempre en la habitación. Que él está muy contento de que mis padres tengan hijos, y que yo me alegro de que él esté aquí. Que ahora sí comprendo su recogimiento y la relación con sus padres, y que me gustaría ayudarlo con las peleas.

—¡Pero si tú ya me ayudas!

—¿Cómo? —le pregunté muy sorprendida.

—¡Con tu alegría!

Es lo más bonito que me ha dicho hasta ahora. También me dijo que no le parecía para nada molesto que fuera a verlo como antes, sino que le agradaba. Yo también le dije que todos esos nombres cariñosos de papá y mamá no tienen ningún contenido, que la confianza no se crea dando un besito acá y otro allá. Otra cosa de la que hablamos fue de nuestra propia voluntad, del diario y la soledad, de la diferencia que hay entre la persona interior y exterior que todos tenemos, de mi máscara, etcétera.

Fue hermoso, debe de haber empezado a quererme como a una compañera, y eso por ahora me basta. Me faltan las palabras, de lo agradecida y contenta que estoy, y debo pedirte disculpas, Kitty, por el estilo infame de mis escritos de hoy. He escrito todo tal y como se me ha ido ocurriendo...

Tengo la sensación de que Peter y yo compartimos un secreto. Cuando me mira con esos ojos, esa sonrisa y me guiña el ojo, dentro de mí se enciende una lucecita. Espero que todo pueda seguir siendo así, y que juntos podamos pasar muchas, muchas horas agradables.

Tu Anne, agradecida y contenta

Lunes, 20 de marzo de 1944

Querida Kitty:

Esta mañana, Peter me preguntó si me apetecía pasar más a menudo por la noche, que de ningún modo lo molestaría y que en su habitación tanto cabían dos como uno. Le dije que no podía pasar todas las noches, ya que abajo no lo consentirían, pero me dijo que no les hiciera caso. Le dije que me gustaría pasar el sábado por la noche, y le pedí que sobre todo me avisara cuando se pudiera ver la luna.

—Entonces iremos a mirarla abajo —dijo.

Me pareció bien, porque mi miedo a los ladrones tampoco es para tanto.

Entretanto algo ha eclipsado mi felicidad. Hacía rato que me parecía que a Margot Peter le caía más que simpático. No sé hasta qué punto lo quiere, pero es que me resulta un tanto embarazoso. Ahora, cada vez que me encuentro con Peter, tengo que hacerle daño adrede a Margot, y lo mejor del caso es que ella lo disimula muy bien. Sé que en su lugar yo estaría muerta de celos, pero Margot solo dice que no tengo que tener compasión con ella.

—Me sabe mal que tú te quedes así, al margen —añadí.

—Estoy acostumbrada —contestó en tono acre.

Esto todavía no me atrevo a contárselo a Peter, quizá más adelante; aún nos quedan tantas otras cosas que aclarar primero...

Anoche mamá me dio un cachete, que a decir verdad me lo había ganado. Debo contenerme un poco en cuanto a mis demostraciones de indiferencia y desprecio hacia ella. Así que tendré que volver a tratar de ser amable y guardarme mis comentarios pese a todo.

Tampoco Pim es tan cariñoso como antes. Intenta ser menos infantil en su comportamiento con nosotras, pero ahora se ha vuelto demasiado frío. Ya veremos lo que pasa. Me ha amenazado con que si no estudio álgebra, que no me crea que luego me pagará clases particulares. Aunque aún puede esperar, quisiera volver a empezar, a condición de que me den otro libro.

Por ahora basta. No hago más que mirar a Peter y estoy a punto de rebosar.

Tu Anne M. Frank

Una prueba del espíritu bondadoso de Margot. Esto lo he recibido hoy, 20 de marzo de 1944:

Anne, cuando ayer te dije que no tenía celos de ti, solo fui sincera contigo a medias. La verdad es que no tengo celos de ti ni de Peter, solo que lamento un poco no haber encontrado aún a nadie —y seguro que por el momento tampoco lo encontraré— con quien hablar de lo que pienso y de lo que siento. Pero eso no quita que os desee de todo corazón que podáis teneros confianza mutuamente. Aquí ya echamos de menos bastantes cosas que a otros les resultan muy naturales.

Por otro lado, estoy segura de que con Peter nunca habría llegado muy lejos, porque tengo la sensación de que mi relación con la persona a la que quisiera contarle todas mis cosas tendría que ser bastante íntima. Tendría que tener la impresión de que me comprendiera totalmente, aun sin que yo le contara tanto. Pero entonces tendría que ser una persona a quien considerara superior a mí, y eso con Peter nunca podría ser. En tu caso sí que me podría imaginar una cosa así.

De modo que no necesitas hacerte ningún reproche de que me pueda faltar algo o porque estés haciendo algo que me correspondía a mí. Nada de eso. Tú y Peter solo saldréis ganando con el trato mutuo.

Esta fue mi respuesta:

Querida Margot:
Tu carta me pareció enormemente cariñosa, pero no ha terminado de tranquilizarme y creo que tampoco lo hará.

Entre Peter y yo aún no existe tal confianza en la medida que tú dices, y frente a una ventana abierta y oscura uno se dice más cosas que a plena luz del sol. También resulta más fácil contarse lo que uno siente susurrando, que no gritando a los cuatro vientos. Tengo la impresión de que has ido desarrollando una especie de cariño fraternal por Peter y de que quisieras ayudarlo, al menos igual que yo. Quizá algún día puedas llegar a hacerlo, aunque esa no sea la confianza como la entendemos tú y yo. Opino que la confianza es una cosa mutua, y creo que es ese el motivo por el cual entre papá y yo nunca hemos llegado a ese punto. No nos ocupemos más del asunto y ya no hablemos de él. Si quieres alguna otra cosa de mí, te pido que me lo hagas saber por escrito, porque así podré expresar mucho mejor que oralmente lo que te quiera decir. No sabes lo mucho que te admiro y solo espero que algún día yo también pueda tener algo de la bondad de papá y de la tuya, porque entre las dos ya no veo mucha diferencia.

Tu Anne

Miércoles, 22 de marzo de 1944

Querida Kitty:
Esta es la respuesta de Margot, que recibí anoche:

Querida Anne:
Tu carta de ayer me ha dado la desagradable impresión de que cada vez que vas a estudiar o a charlar con Peter te da cargo de conciencia, pero de verdad me parece que no hay motivo para ello. Muy dentro de mí algo me dice que una persona tiene derecho a la confianza mutua, pero yo aún no estoy preparada para que esa persona sea Peter.

Sin embargo, tal como me has escrito, me da la impresión de que Peter es como un hermano, aunque, eso sí, un hermano menor, y de que nuestros sentimientos extienden unas antenas buscándose mutuamente, para que quizá algún día, o tal vez nunca, puedan encontrarse en un cariño como de hermano a hermana; pero aún no hemos llegado a tanto, ni mucho menos. De modo que de verdad no hace falta que te compadezcas de mí. Disfruta lo más que puedas de la compañía que has encontrado.

Ahora aquí todo es cada día más hermoso. Creo, Kitty, que en la Casa de atrás quizá tengamos un verdadero gran amor. Todas esas bromas sobre que Peter y yo terminaremos casándonos si seguimos aquí mucho más tiempo, ahora resulta que no estaban tan fuera de lugar. No es que esté pensando en casarme con él; no sé cómo será cuando sea mayor, ni si llegaremos a querernos tanto como para que deseemos casarnos.

Entretanto estoy convencida de que Peter también me quiere; de qué manera exactamente, no lo sé. No alcanzo a descubrir si lo que busca es una buena amiga, o si le atraigo como chica, o como hermana. Cuando me dijo que siempre lo ayudo cuando sus padres se pelean, me puse muy contenta y me pareció que era el primer paso para creer en su amistad. Ayer le pregunté lo que haría si hubiera aquí una docena de Annes que lo visitaran continuamente. Su respuesta fue:

—Si fueran todas como tú, no sería tan grave.

Es muy hospitalario conmigo y de verdad creo que le gusta que vaya a verlo. Ahora estudia francés con mucho empeño, incluso por la noche en la cama, hasta las diez y cuarto.

¡Ay, cuando pienso en el sábado por la noche, en nuestras palabras, en nuestras voces, me siento satisfecha por primera vez en mi vida! Me refiero a que ahora volvería a decir lo mismo y que no lo cambiaría todo, como otras veces. Es muy guapo, tanto cuando se ríe como cuando está callado, con la mirada perdida. Es muy cariñoso y bueno y guapo. Creo que lo que más le ha sorprendido de mí es darse cuenta de que no soy en absoluto la Anne superficial y frívola, sino otra soñadora como él, con los mismos problemas.

Anoche, después de fregar los platos, contaba absolutamente con que me invitaría a quedarme arriba; pero nada de eso ocurrió: me marché, él bajó a llamar a Dussel para oír la radio, se quedó bastante tiempo en el cuarto de baño, pero como Dussel tardaba demasiado en venir, subió de nuevo a su habitación. Allí lo oí pasearse de un lado a otro, y luego se acostó.

Estuve toda la noche muy intranquila, y a cada rato me iba al cuarto de baño a lavarme la cara con agua fría, leía un poco, volvía a soñar, miraba la hora y esperaba, esperaba, esperaba y lo escuchaba. Cuando me acosté, temprano, estaba muerta de cansancio.

Esta noche me toca bañarme, ¿y mañana? ¡Falta tanto para mañana!

Tu Anne M. Frank

Mi respuesta:

Querida Margot:
Me parece que lo mejor será que esperemos a ver lo que pasa. Peter y yo no tardaremos en tomar una decisión: seguir como antes, o cambiar. Cómo será, no lo sé; en ese sentido, prefiero no pensar «más allá de mis narices».

Pero hay una cosa que seguro haré: si Peter y yo entablamos amistad, le contaré que tú también lo quieres mucho y que estás a su disposición para lo que pueda necesitar. Esto último seguro que no lo querrás, pero eso ahora no me importa. No sé qué piensa Peter de ti, pero se lo preguntaré cuando llegue el momento. Seguro que no piensa mal, más bien todo lo contrario. Pásate por el desván si quieres, o dondequiera que estemos, de verdad que no nos molestas, ya que creo que tácitamente hemos convenido que cuando queramos hablar, lo haremos por la noche, en la oscuridad.

¡Ánimo! Yo intento tenerlo, aunque no siempre es fácil. A ti también te tocará, tal vez antes de lo que te imaginas.

Tu Anne

Jueves, 23 de marzo de 1944

Querida Kitty:
Aquí todo marcha nuevamente sobre ruedas. A nuestros proveedores de cupones los han soltado de la cárcel, ¡por suerte!

Ayer volvió Miep. Hoy le ha tocado a su marido meterse en el catre: tiene escalofríos y fiebre, los consabidos síntomas de la gripe. Bep está mejor, aunque la tos aún no se le ha quitado; Kleiman tendrá que quedarse en casa bastante tiempo.

Ayer se estrelló un avión cerca de aquí. Los ocupantes se salvaron saltando a tiempo en paracaídas. El aparato fue a parar a un colegio donde no había niños. Un pequeño incendio y algunos muertos fueron las consecuencias del episodio. Los alemanes dispararon a los aviadores mientras bajaban, los amsterdameses que lo vieron soltaron bufidos de rabia por un acto tan cobarde. Nosotras, las mujeres de la casa, nos asustamos de lo lindo. ¡Puaj, cómo odio los tiros!

Ahora te cuento de mí.

Ayer, cuando fui a ver a Peter, no sé cómo fue que tocamos el tema de la sexualidad. Hacía mucho que me había propuesto hacerle algunas preguntas al respecto.

Lo sabe todo. Cuando le conté que ni Margot ni yo estábamos demasiado informadas, se sorprendió mucho. Le conté muchas cosas de Margot, y de papá y mamá, y de que últimamente no me atrevo a preguntarles nada. Se ofreció para informarme sobre el tema y yo aproveché gustosa su ofrecimiento. Me contó cómo funcionan los anticonceptivos y le pregunté muy osada cómo hacen los chicos para darse cuenta de que ya son adultos. Dijo que necesitaba tiempo para pensarlo, y que me lo diría por la noche. Entre otras cosas, le conté aquella historia de Jacque y de que las chicas, ante la fuerza de los varones, están indefensas.

—¡Pues de mí no tienes nada que temer! —dijo.

Cuando volví por la noche, me contó lo de los chicos. Me dio un poco de vergüenza, pero me gustó poder hablar de estas cosas con él. Ni él ni yo nos podíamos imaginar que algún día pudiésemos hablar tan abiertamente sobre las cosas más íntimas con otra chica u otro chico, respectivamente. Creo que ahora lo sé todo. Me contó muchas cosas sobre los «preventivos», o sea, los preservativos.

Por la noche, en el cuarto de baño, Margot y yo estuvimos hablando de Bram y Trees.

Esta mañana me esperaba algo muy desagradable: después del desayuno, Peter me hizo señas para que lo acompañara arriba.

—Me has tomado el pelo, ¿verdad? —dijo—. Oí lo que decíais tú y Margot anoche en el cuarto de baño. Creo que solo querías ver lo que Peter sabía del asunto y luego divertirte con ello.

¡Ay, me dejó tan desconcertada! Intenté por todos los medios quitarle de la cabeza esas mentiras infames. ¡Me imagino lo mal que se debe de haber sentido, y sin embargo nada de ello es cierto!

—Que no, Peter —le dije—. Nunca podría ser tan ruin. Te he dicho que no diría nada, y así será. Hacer teatro de esa manera y ser tan ruin adrede, no, Peter, eso ya no sería divertido, eso sería desleal. No he dicho nada, de verdad. ¿Me crees?

Me aseguró que me creía, pero aún tendré que hablar con él al respecto. No hago más que pensar en ello todo el día. Menos mal que enseguida dijo lo que pensaba; imagínate que hubiera llevado dentro de sí semejante ruindad por mi parte. ¡El bueno de Peter!

¡Ahora sí que deberé y tendré que contarle todo!

Tu Anne

Viernes, 24 de marzo de 1944

Querida Kitty:
Últimamente subo mucho a la habitación de Peter por las noches a respirar algo del aire fresco nocturno. En una habitación a oscuras se puede conversar como Dios manda, mucho más que cuando el sol te hace cosquillas en la cara. Es un gusto estar sentada arriba a su lado delante de la ventana y mirar hacia fuera. Van Daan y Dussel me gastan bromas pesadas cuando desaparezco en la habitación de Peter. «La segunda patria de Anne», dicen, o «¿Es conveniente que un caballero reciba la visita de una dama tan tarde por la noche, en la oscuridad?». Peter tiene una presencia de ánimo sorprendente cuando nos hacen esos comentarios supuestamente graciosos. Por otra parte, mamá es bastante curiosa y le encantaría preguntarme de qué temas hablamos, si no fuera porque secretamente tiene miedo a un rechazo por mi parte. Peter dice que lo que pasa es que los mayores nos tienen envidia porque somos jóvenes y no hacemos caso de sus comentarios ponzoñosos.

A veces viene abajo a buscarme, pero eso también es muy penoso, porque pese a todas las medidas preventivas se pone colorado como un tomate y se le traba la lengua. ¡Qué suerte que yo nunca me pongo colorada! Debe de ser una sensación muy desagradable.

Por lo demás, me sabe muy mal que mientras yo estoy arriba gozando de buena compañía, Margot esté abajo sola. Pero ¿qué ganamos con cambiarlo? A mí no me importa que venga arriba con nosotros, pero es que sobraría y no se sentiría cómoda.

Todo el día me hacen comentarios sobre nuestra repentina amistad, y te prometo que durante la comida ya se ha dicho no sé cuántas veces que tendremos que casarnos en la Casa de atrás, si la guerra llega a durar cinco años más. Y a nosotros, ¿qué nos importan esas habladurías de los viejos? De cualquier manera no mucho, porque son una bobada. ¿Acaso también mis padres se han olvidado de que han sido jóvenes? Al parecer sí; al menos, siempre nos toman en serio cuando les gastamos una broma, y se ríen de nosotros cuando hablamos en serio.

De verdad, no sé cómo ha de seguir todo esto, ni si siempre tendremos algo de que hablar. Pero si lo nuestro sigue en pie, también podremos estar juntos sin necesidad de hablar. ¡Ojalá los viejos del piso de arriba no fueran tan estúpidos! Seguro que es porque prefieren no verme. De todas formas, Peter y yo nunca les diremos de qué hablamos. ¡Imagínate si supieran que tratamos aquellos temas tan íntimos!

Quisiera preguntarle a Peter si sabe cómo es el cuerpo de una chica. Creo que en los varones la parte de abajo no es tan complicada como la de las mujeres. En las fotos o dibujos de un hombre desnudo puede apreciarse perfectamente cómo son, pero en las mujeres no. Los órganos sexuales (o como se llamen) de las mujeres están más escondidos entre las piernas. Es de suponer que Peter nunca ha visto a una chica de tan cerca, y a decir verdad, yo tampoco. Realmente lo de los varones es mucho más sencillo. ¿Cómo diablos tendría que explicarle a Peter el funcionamiento del aparato femenino? Porque, por lo que me dijo una vez, ya me he dado cuenta de que no lo sabe exactamente. Dijo algo de la abertura del útero, pero esta está por dentro, y no se la puede ver. Es notable lo bien organizada que está esa parte del cuerpo en nosotras. Antes de cumplir los once o doce años, no sabía que también estaban los labios de dentro de la vulva, porque no se veían. Y lo más curioso del caso es que yo pensaba que la orina salía del clítoris. Una vez, cuando le pregunté a mamá lo que significaba esa cosa sin salida, me dijo que no sabía. ¡Qué rabia me da que siempre se esté haciendo la tonta!

Pero volvamos al tema. ¿Cómo diablos hay que hacer para describir la cosa sin un ejemplo a mano? ¿Hacemos la prueba aquí? ¡Pues vamos!

De frente, cuando estás de pie, no ves más que pelos. Entre las piernas hay una especie de almohadillas, unos elementos blandos, también con pelo, que cuando estás de pie están cerradas, y no se puede ver lo que hay dentro. Cuando te sientas, se separan, y por dentro tienen un aspecto muy rojo y carnoso, nada bonito. En la parte superior, entre los labios mayores, arriba, hay como un pliegue de la piel, que mirado más detenidamente resulta ser una especie de tubo, y que es el clítoris. Luego vienen los labios menores, que también están pegados uno a otro como si fueran un pliegue. Cuando se abren, dentro hay un bultito carnoso, no más grande que la punta de un dedo. La parte superior es porosa: allí hay unos cuantos orificios por donde sale la orina. La parte inferior parece estar compuesta solo por piel, pero sin embargo allí está la vagina. Está casi toda cubierta de pliegues de la piel, y es muy difícil descubrirla. Es tan tremendamente pequeño el orificio que está debajo, que casi no logro imaginarme cómo un hombre puede entrar ahí, y menos cómo puede salir un niño entero. Es un orificio al que ni siquiera con el dedo puedes entrar fácilmente. Eso es todo, y pensar que todo esto juega un papel tan importante.

Tu Anne M. Frank

Sábado, 25 de marzo de 1944

Querida Kitty:
Cuando una va cambiando, solo lo nota cuando ya está cambiada. Yo he cambiado, y mucho: completa y totalmente. Mis opiniones, mis pareceres, mi visión crítica, mi aspecto, mi carácter: todo ha cambiado. Y puedo decirlo tranquilamente, porque es cierto, que todo ha cambiado para bien. Ya alguna vez te he contado lo difícil que ha sido para mí dejar atrás esa vida de muñeca adorada y venir aquí, en medio de la cruda realidad de regañinas y de mayores. Pero papá y mamá son culpables en gran parte de muchas de las cosas por las que he tenido que pasar. En casa veían con gusto que fuera una chica alegre, y eso estaba bien, pero aquí no debieron haberme instigado ni mostrado solo el lado de las peleas y discusiones. Pasó mucho tiempo antes de darme cuenta de que aquí, en cuestión de peleas, van más o menos empatados. Pero ahora sé cuántos errores se han cometido aquí, por parte de los mayores y por parte de los jóvenes. El error más grande de papá y mamá con respecto a los Van Daan es que nunca hablan de manera franca y amistosa (aunque lo amistoso solo sea fingido). Yo lo que quisiera es, ante todo, preservar la paz y no pelearme ni cotillear. En el caso de papá y de Margot no es tan difícil; en el de mamá, sí lo es, y por eso está muy bien que ella misma a veces me llame la atención. Al señor Van Daan una puede ganárselo dándole la razón, escuchándolo muda y sin replicar, y sobre todo...

contestando a sus múltiples chistes y bromas pesadas con otra broma. A la señora hay que ganársela hablando abiertamente y cediendo en todo. Ella misma también reconoce sus fallos, que son muchos, sin regatear. Me consta que ya no piensa tan mal de mí como al principio, y solo es porque soy sincera y no ando lisonjeando a la gente así como así. Quiero ser sincera, y creo que siéndolo se llega mucho más lejos. Además, la hace sentir a una mucho mejor.

Ayer la señora me habló del arroz que le hemos dado a Kleiman.

—Le hemos dado, y dado, y vuelto a dar —dijo—. Pero llega un momento en que hay que decir: basta, ya es suficiente. El propio señor Kleiman, si se toma la molestia, puede conseguir arroz por su cuenta. ¿Por qué hemos de dárselo todo de nuestras provisiones? Nosotros aquí lo necesitamos igual que él.

—No, señora —le contesté—. No estoy de acuerdo con usted. Tal vez sea cierto que el señor Kleiman puede conseguir arroz, pero le fastidia tener que ocuparse de ello. No es asunto nuestro criticar a quienes nos protegen. Debemos darles todo lo que no nos haga absolutamente falta a nosotros y que ellos necesiten. Un platito de arroz a la semana no nos sirve de mucho, también podemos comer legumbres.

A la señora no le pareció que fuera así, pero también dijo que, aunque no estaba de acuerdo, no le importaba ceder, que eso ya era otra cosa.

Bueno, dejémoslo ahí; a veces sé muy bien cuál es mi lugar, y otras aún estoy en la duda, pero ya me abriré camino. ¡Ah!, y sobre todo ahora, que tengo ayuda, porque Peter me ayuda a roer bastantes huesos duros y a tragar mucha saliva.

De verdad no sé hasta qué punto me quiere o si alguna vez nos llegaremos a dar un beso. De cualquier manera, no quisiera forzarlo. A papá le he dicho que voy mucho a ver a Peter y le pregunté si le parecía bien. ¡Naturalmente que le pareció bien!

A Peter le cuento cosas con gran facilidad, que a otros nunca les cuento. Así, por ejemplo, le he dicho que más tarde me gustaría mucho escribir, e incluso ser escritora, o al menos no dejar de escribir aunque ejerza una profesión o desempeñe alguna otra tarea.

No soy rica en dinero ni en bienes terrenales; no soy hermosa, ni inteligente, ni lista; ¡pero soy feliz y lo seguiré siendo! Soy feliz por naturaleza, quiero a las personas, no soy desconfiada y quiero verlas felices conmigo.

Tuya, afectísima, Anne M. Frank

De nuevo el día no ha traído nada,
ha sido como la noche cerrada.

(Esto es de hace unas semanas y ahora ya no cuenta. Pero como mis versos son tan contados, he querido escribírtelos.)

Lunes, 27 de marzo de 1944

Querida Kitty:
En nuestra historia escrita de escondidos, no debería faltar un extenso capítulo sobre política, pero como el tema no me interesa tanto, no le he prestado demasiada atención. Por eso, hoy dedicaré una carta entera a la política.

Es natural que haya muchas opiniones distintas al respecto, y es aún más lógico que en estos tiempos difíciles de guerra se hable mucho del asunto, pero... ¡es francamente estúpido que todos se peleen tanto por ella! Que apuesten, que se rían, que digan palabrotas, que se quejen, que hagan lo que les venga en gana y que se pudran si quieren, pero que no se peleen, porque eso por lo general acaba mal. La gente que viene de fuera nos trae muchas noticias que no son ciertas; sin embargo, nuestra radio hasta ahora nunca ha mentido. En el plano político, los ánimos de todos (Jan, Miep, Kleiman, Bep y Kugler) van para arriba y para abajo, los de Jan algo menos que los de los demás.

Aquí, en la Casa de atrás, el ambiente en lo que a política se refiere es siempre el mismo. Los múltiples debates sobre la invasión, los bombardeos aéreos, los discursos, etcétera, etcétera, van acompañados de un sinnúmero de exclamaciones, tales como «¡Im-po-sii-ble! ¡Por el amor de Dios, si todavía no han empezado, adónde irremos a parrar! ¡Todo va viento en poo-pa, es-tu-penn-do, ex-ce-lenn-te!».

Optimistas y pesimistas, sin olvidar sobre todo a los realistas, manifiestan su opinión con inagotable energía, y como suele suceder en todos estos casos, cada cual cree que solo él tiene razón. A cierta señora le irrita la confianza sin igual que les tiene a los ingleses su señor marido, y cierto señor ataca a su señora esposa a raíz de los comentarios burlones y despreciativos de esta respecto de su querida nación.

Y así sucesivamente, de la mañana a la noche, y lo más curioso es que nunca se aburren. He descubierto algo que funciona a las mil maravillas: es como si pincharas a alguien con alfileres, haciéndole pegar un bote. Exactamente así funciona mi descubrimiento. Ponte a hablar sobre política, y a la primera pregunta, la primera palabra, la primera frase... ¡ya ha metido baza toda la familia!

Como si las *Werhmachtsberichte*[1] alemanas y la BBC inglesa no fueran suficientes, hace algunos días han em-

---

1. En alemán: «Noticias del frente». *(N. del T.)*

pezado a transmitir un *Luftlagemeldung*.[1] Estupendo, en una palabra; pero la otra cara de la moneda muchas veces decepciona. Los ingleses han hecho de su arma aérea una empresa de régimen continuo, que solo se puede comparar con las mentiras alemanas, que son ídem de ídem.

O sea, que la radio se enciende ya a las ocho de la mañana (si no más temprano) y se la escucha cada hora, hasta las nueve, las diez o, a veces, hasta las once de la noche. Esta es la prueba más clara de que los adultos tienen paciencia y un cerebro de difícil acceso (algunos de ellos, naturalmente; no quisiera ofender a nadie). Con una sola emisión, o dos a lo sumo, nosotros ya tendríamos bastante para todo el día, pero esos viejos gansos... en fin, que ya lo he dicho. El programa para los trabajadores, Radio Orange, Frank Philips o Su Majestad la reina Guillermina, a todos les llega su turno y a todos se les sigue con atención; si no están comiendo o durmiendo, es que están sentados alrededor de la radio y hablan de comida, de dormir o de política. ¡Uf!, es una lata, y si no nos cuidamos nos convertiremos todos en unos viejos aburridos. Bueno, esto ya no vale para los mayores...

Para dar ejemplos edificantes, los discursos de nuestro muy querido Winston Churchill resultan ideales.

Nueve de la noche del domingo. La tetera está en la mesa, debajo del cubreteteras. Entran los invitados. Dussel se sienta junto a la radio, el señor delante, y Peter a su lado; mamá junto al señor, la señora detrás, Margot y yo detrás del todo y Pim junto a la mesa. Me parece que no te he descrito muy claramente dónde se ha sentado cada uno, pero nuestro sitio tampoco importa tanto. Los señores fuman, los ojos de Peter se cierran por el esfuerzo que hace al escuchar, mamá lleva

---

1. En alemán: «Aviso de las posiciones aéreas». (*N. del T.*)

una bata larga, negra, y la señora no hace más que temblar de miedo a causa de los aviones, que no hacen caso del discurso y enfilan alegremente hacia Essen. Papá bebe un sorbo de té, Margot y yo estamos fraternalmente unidas por Mouschi, que ha acaparado una rodilla de cada una para dormir. Margot se ha puesto rulos, yo llevo un camisón demasiado pequeño, corto y ceñido. La escena parece íntima, armoniosa, pacífica, y por esta vez lo es, pero yo espero con el corazón en un puño las consecuencias que traerá el discurso. Casi no pueden esperar hasta el final, se mueren de impaciencia por ver si habrá pelea o no. ¡Chis, chis!, como un gato que está al acecho de un ratón, todos se azuzan mutuamente hasta acabar en riñas y disputas.

Tu Anne

Martes, 28 de marzo de 1944

Mi querida Kitty:
Podría escribirte mucho más sobre política, pero hoy tengo antes muchas otras cosas que contarte. En primer lugar, mamá me ha prohibido que vaya arriba, porque según ella la señora Van Daan está celosa. En segundo lugar, Peter ha invitado a Margot para que también vaya arriba, no sé si por cortesía o si va en serio. En tercer lugar, le he preguntado a papá si le parecía que debía hacer caso de esos celos y me ha dicho que no.

¿Qué hacer? Mamá está enfadada, no me deja ir arriba, quiere que vuelva a estudiar en la habitación con Dussel, quizá también sienta celos. Papá está de acuerdo con que Peter y yo pasemos esas horas juntos y se alegra de que nos llevemos tan bien. Margot también quiere a Peter, pero según ella no es lo mismo hablar sobre determinados temas de a tres que de a dos.

Por otra parte, mamá cree que Peter está enamorado de mí, te confieso que me gustaría que lo estuviera, así estaríamos a la par y podríamos comunicarnos mucho mejor. Mamá también dice que Peter me mira mucho; es cierto que más de una vez nos hemos guiñado el ojo estando en la habitación, y que él me mira los hoyuelos de las mejillas. ¿Acaso debería yo hacer algo para evitarlo?

Estoy en una posición muy difícil. Mamá está en mi contra, y yo en la suya. Papá cierra los ojos ante la lucha silenciosa entre mamá y yo. Mamá está triste, ya que aún me quiere; yo no estoy triste para nada, ya que ella y yo hemos terminado.

¿Y Peter...? A Peter no lo quiero dejar. ¡Es tan bueno y lo admiro tanto! Entre nosotros puede que ocurra algo muy bonito, pero ¿por qué tienen que estar metiendo los viejos sus narices? Por suerte, estoy acostumbrada a ocultar lo que llevo dentro, por lo que no me resulta nada difícil no demostrar lo mucho que lo quiero. ¿Dirá él algo alguna vez? ¿Sentiré alguna vez su mejilla, tal como sentí la de Petel en sueños? ¡Ay, Peter y Petel, sois el mismo! Ellos no nos comprenden, nunca comprenderán que nos conformamos con estar sentados juntos sin hablar. No comprenden lo que nos atrae tanto mutuamente. ¿Cuándo superaremos todas estas dificultades? Y sin embargo, está bien superarlas, así es más bonito el final. Cuando él está recostado con la cabeza en mis brazos y los ojos cerrados, es aún un niño. Cuando juega con Mouschi o habla de él, está lleno de amor. Cuando carga patatas o alguna otra cosa pesada, está lleno de fuerza. Cuando se pone a mirar los disparos o los ladrones en la oscuridad, está lleno de valor, y cuando hace las cosas con torpeza y falto de habilidad, está lleno de ternura. Me gusta mucho más que él me explique alguna cosa, y que no le tenga que enseñar algo yo. ¡Cuánto me gustaría que fuera superior a mí en casi todo!

¡Qué me importan a mí todas las madres! ¡Ay, cuándo me dirá lo que me tiene que decir!

Papá siempre dice que soy vanidosa, pero no es cierto: solo soy coqueta. No me han dicho muchas veces que soy guapa; solo C. N. me dijo que le gustaba mi manera de reírme. Ayer Peter me hizo un cumplido sincero y, por gusto, te citaré más o menos nuestra conversación.

Peter me decía a menudo «¡Sonríe!», lo que me llamaba la atención. Entonces, ayer le pregunté:

—¿Por qué siempre quieres que sonría?

—Porque me gusta. Es que se te forman hoyuelos en las mejillas. ¿De qué te saldrán?

—Son de nacimiento. También tengo uno en la barbilla. Son los únicos elementos de belleza que poseo.

—¡Qué va, eso no es verdad!

—Sí que lo es. Ya sé que no soy una chica guapa; nunca lo he sido y no lo seré nunca.

—Pues a mí no me parece que sea así. Yo creo que eres guapa.

—No es verdad.

—Créetelo, te lo digo yo.

Yo, naturalmente, le dije lo mismo de él.

Tu Anne M. Frank

Miércoles, 29 de marzo de 1944

Querida Kitty:

Anoche, por Radio Orange, el ministro Bolkestein dijo que después de la guerra se hará una recolección de diarios y cartas relativos a la guerra. Por supuesto que todos se abalanzaron sobre mi diario. ¡Imagínate lo interesante que sería editar una novela sobre «la Casa de atrás»! El título daría a pensar que se trata de una novela de detectives.

Pero hablemos en serio. Seguro que diez años después de que haya acabado la guerra, resultará cómico leer cómo hemos vivido, comido y hablado ocho judíos escondidos. Pero si bien es cierto que te cuento bastantes cosas sobre nosotros, solo conoces una pequeña parte de nuestras vidas. El miedo que tenemos las mujeres cuando hay bombardeos, por ejemplo el domingo, cuando trescientos cincuenta aviones ingleses tiraron más de media tonelada de bombas sobre Ijmuiden, haciendo temblar las casas como la hierba al viento; la cantidad de epidemias que se han desatado.

De todas esas cosas tú no sabes nada, y yo tendría que pasarme el día escribiendo si quisiera contártelo todo y con todo detalle. La gente hace cola para comprar verdura y miles de artículos más; los médicos no pueden ir a asistir a los enfermos porque cada dos por tres les roban el vehículo; son tantos los robos y asaltos que hay, que te preguntas cómo es que a los holandeses les ha dado ahora por robar tanto. Niños de ocho a once años rompen las ventanas de las casas y entran a desvalijarlas. Nadie se atreve a dejar su casa más de cinco minutos, porque si te vas, desaparecen todas tus cosas. Todos los días salen avisos en los periódicos ofreciendo recompensas por la devolución de máquinas de escribir robadas, alfombras persas, relojes eléctricos, telas, etcétera. Los relojes eléctricos callejeros los desarman todos, y a los teléfonos de las cabinas no les dejan ni los cables.

El ambiente entre la población no puede ser bueno; todo el mundo tiene hambre, la ración semanal no alcanza ni para dos días, salvo en el caso del sucedáneo del café. La invasión se hace esperar, a los hombres se los llevan a Alemania a trabajar, los niños caen enfermos o están desnutridos, todo el mundo tiene la ropa y los zapatos en mal estado. Una suela cuesta 7,50 florines en el mercado negro. Además, los zapateros no aceptan clientes nuevos, o hay que esperar cuatro meses para que te arreglen los zapatos, que entretanto muchas veces han desaparecido.

Hay una cosa buena en todo esto, y es que el sabotaje contra el Gobierno aumenta a medida que la calidad de los alimentos empeora y las medidas contra la población se hacen más severas. El servicio de distribución, la policía, los funcionarios, todos cooperan para ayudar a sus conciudadanos, o bien los delatan para que vayan a parar a la cárcel. Por suerte, solo un pequeño porcentaje de la población holandesa colabora con el bando contrario.

Tu Anne

Viernes, 31 de marzo de 1944

Querida Kitty:
Imagínate que con el frío que aún hace, la mayoría de la gente ya lleva casi un mes sin carbón. ¿No te parece horrendo? Los ánimos en general han vuelto a ser optimistas con respecto al frente ruso, que es formidable. Es cierto que no te escribo tanto sobre política, pero ahora sí que tengo que comunicarte su posición: están cerca de la Gobernación General y a orillas del Prut, en Rumania. Han llegado casi hasta Odesa y han sitiado Ternopol, desde donde todas las noches esperan un comunicado extra de Stalin.

En Moscú tiran tantas salvas de cañón, que la ciudad se estremece a diario. No sé si será que les gusta hacer como si la guerra estuviera cerca, o si es la única manera que conocen para expresar su alegría.

Hungría ha sido ocupada por tropas alemanas. Allí todavía viven un millón de judíos. Ahora seguro que les ha llegado la hora.

Aquí no pasa nada en especial. Hoy es el cumpleaños del señor Van Daan. Le han regalado dos paquetes de tabaco, café como para una taza, que le había guardado su mujer; Kugler le ha regalado ponche de limón, Miep sardinas, y nosotros agua de colonia; luego dos ramos de lilas, tulipanes, sin olvidar una tarta rellena de frambuesas y grosellas, un tanto gomosa por la mala calidad de la harina y la ausencia de mantequilla, pero aun así deliciosa.

Las habladurías sobre Peter y yo han remitido un poco. Esta noche pasará a buscarme; muy amable de su parte, ¿no te parece?, sobre todo porque odia hacerlo. Somos muy amigos, estamos mucho juntos y hablamos de los temas más variados. Estoy tan contenta de que nunca necesite contenerme al tocar temas delicados, como sería el caso con otros chicos. Así, por ejemplo, hemos estado hablando sobre la sangre, y eso también abarca la menstruación, etcétera. Dice que las mujeres somos muy tenaces, por la manera en que resistimos la pérdida de la sangre así como así. Dijo que también yo era muy tenaz. Adivina por qué.

Mi vida aquí ha mejorado mucho, muchísimo. Dios no me ha dejado sola, ni me dejará.

Tu Anne M. Frank

Sábado, 1 de abril de 1944

Mi querida Kitty:

Y sin embargo todo sigue siendo tan difícil, ya sabes a lo que me refiero, ¿verdad? Deseo fervorosamente que me dé un beso, ese beso que está tardando tanto. ¿Seguirá considerándome solo una amiga? ¿Acaso no soy ya algo más que eso?

Tú sabes y yo sé que soy fuerte, que la mayoría de las cargas las soporto yo sola. Nunca me he acostumbrado a compartir mis cargas con nadie, nunca me he aferrado a una madre, pero ¡cómo me gustaría ahora reposar mi cabeza contra su hombro y tan solo poder estar tranquila!

No puedo, nunca puedo olvidar el sueño de la mejilla de Peter, cuando todo estaba tan bien. ¿Acaso él no desea lo mismo? ¿O es que solo es demasiado tímido para confesarme su amor? ¿Por qué quiere tenerme consigo tan a menudo entonces? ¡Ay, ojalá me lo dijera!

Será mejor que acabe, que recupere la tranquilidad. Seré fuerte, y con un poco de paciencia también aquello llegará, pero lo peor es que parece que siempre fuera yo la que lo persigue. Siempre soy yo la que va arriba, y no él quien viene hacia mí. Pero eso es por la distribución de las habitaciones, y él entiende muy bien el inconveniente. Como también entiende tantas otras cosas.

Tu Anne M. Frank

Lunes, 3 de abril de 1944

Mi querida Kitty:
Contrariamente a lo que tengo por costumbre, pasaré a escribirte con todo detalle sobre la comida, ya que se ha convertido en un factor primordial y difícil, no solo en la Casa de atrás, sino también en Holanda, en toda Europa y aun más allá.

En los veintiún meses que llevamos aquí, hemos tenido unos cuantos «ciclos de comidas». Te explicaré de qué se trata. Un «ciclo de comidas» es un período en el que todos los días comemos el mismo plato o la misma verdura. Durante una época no hubo otra cosa que comer que escarola: con arena, sin arena, con puré de patatas, sola o en guiso; luego vinieron las espinacas, los colinabos, los salsifíes, los pepinos, los tomates, el chucrut, etcétera.

Te aseguro que no es nada agradable comer todos los días chucrut, por ejemplo, y menos aún dos veces al día; pero cuando se tiene hambre, se come cualquier cosa; ahora, sin embargo, estamos en el mejor período: no se consigue nada de verdura.

El menú de la semana para la comida del mediodía es el siguiente: judías pintas, sopa de guisantes, patatas con albóndigas de harina, *cholent*[1] de patatas; luego, cual regalo del cielo, nabizas o zanahorias podridas, y de nuevo judías. De primero siempre comemos patatas; en primer lugar a la hora del desayuno, ya que no hay pan, pero entonces al menos las fríen un poco. Hacemos sopa de judías pintas o blancas, sopa de patatas, sopa juliana de sobre, sopa de pollo de sobre, o sopa de judías pintas de sobre. Todo lleva judías pintas, hasta el pan. Por las noches siempre comemos patatas con sucedáneo de salsa de carne y ensalada de remolachas, que por suerte todavía nos quedan. De las albóndigas de harina faltaba mencionar que las hacemos con harina del Gobierno, agua y levadura. Son tan gomosas y duras que es como si te cayera una piedra en el estómago, pero en fin...

El mayor aliciente culinario que tenemos es el trozo de morcilla de hígado de cada semana y el pan seco con mermelada. ¡Pero aún estamos con vida, y a veces todas estas cosas hasta saben bien!

Tu Anne M. Frank

---

1. Plato tradicional de los judíos del Este de Europa; especie de estofado o guiso, de carne normalmente. *(N. del T.)*

Mi querida Kitty:

Durante mucho tiempo me he preguntado para qué sigo estudiando; el final de la guerra es tan remoto y tan irreal, tan bello y maravilloso. Si a finales de septiembre aún estamos en guerra, ya no volveré a ir al colegio, porque no quiero estar retrasada dos años.

Los días estaban compuestos de Peter, nada más que de Peter, sueños y pensamientos, hasta que el sábado por la noche sentí que me entraba una tremenda flojera, un horror... En compañía de Peter estuve conteniendo las lágrimas, más tarde, mientras tomábamos el ponche de limón con los Van Daan, no paré de reírme, de lo animada y excitada que estaba, pero apenas estuve sola, supe que tenía que llorar para desahogarme. Con el camisón puesto me dejé deslizar de la cama al suelo y recé primero muy intensamente mi largo rezo; luego lloré con la cabeza apoyada en los brazos y las rodillas levantadas, a ras del suelo, toda encorvada. Un fuerte sollozo me hizo volver a la habitación y contuve mis lágrimas, ya que al lado no debían oírme. Entonces empecé a balbucear unas palabras para alentarme a mí misma: «¡Debo hacerlo, debo hacerlo, debo hacerlo...!». Entumecida por la inusual postura, fui a dar contra el borde de la cama y seguí luchando, hasta que poco antes de las diez y media me metí de nuevo en la cama. ¡Se me había pasado!

Y ahora ya se me ha pasado del todo. Debo seguir estudiando, para no ser ignorante, para progresar, para ser periodista, porque eso es lo que quiero ser. Me consta que sé escribir. Algunos cuentos son buenos; mis descripciones de la Casa de atrás, humorísticas; muchas partes del diario son expresivas, pero... aún está por ver si de verdad tengo talento.

«El sueño de Eva» es mi mejor cuento de hadas, y lo curioso es que de verdad no sé de dónde lo he sacado.

Mucho de «La vida de Cady»[1] también está bien, pero en su conjunto no vale nada. Yo misma soy mi mejor crítico, y el más duro. Yo misma sé lo que está bien escrito, y lo que no. Quienes no escriben no saben lo bonito que es escribir. Antes siempre me lamentaba por no saber dibujar, pero ahora estoy más que contenta de que al menos sé escribir. Y si llego a no tener talento para escribir en los periódicos o para escribir libros, pues bien, siempre me queda la opción de escribir para mí misma. Pero quiero progresar; no puedo imaginarme que tuviera que vivir como mamá, la señora Van Daan y todas esas mujeres que hacen sus tareas y que más tarde todo el mundo olvidará. Aparte de un marido e hijos, necesito otra cosa a la que dedicarme. No quiero haber vivido para nada, como la mayoría de las personas. Quiero ser de utilidad y alegría para los que viven a mi alrededor, aun sin conocerme. ¡Quiero seguir viviendo, aun después de muerta! Y por eso le agradezco tanto a Dios que me haya dado desde que nací la oportunidad de instruirme y de escribir, o sea, de expresar todo lo que llevo dentro de mí.

Cuando escribo se me pasa todo, mis penas desaparecen, mi valentía revive. Pero entonces surge la gran pregunta: ¿podré escribir algo grande algún día? ¿Llegaré algún día a ser periodista y escritora?

¡Espero que sí, ay, pero tanto que sí! Porque al escribir puedo plasmarlo todo: mis ideas, mis ideales y mis fantasías.

Hace mucho que he abandonado «La vida de Cady»; en mi mente sé perfectamente cómo la historia ha de continuar, pero me cuesta escribirlo. Tal vez nunca la acabe; tal vez vaya a parar a la papelera o a la estufa. No es

1. Los cuentos «El sueño de Eva» y «La vida de Cady» integran la colección de *Cuentos* de Anne Frank publicados por Plaza & Janés en 1989. *(N. de la R.)*

una idea muy alentadora, pero si lo pienso, reconozco que a los catorce años, y con tan poca experiencia, tampoco se puede escribir filosofía.

Así que adelante, con nuevos ánimos, ya saldrá, ¡porque he de escribir, sea como sea!

Tu Anne M. Frank

Jueves, 6 de abril de 1944

Querida Kitty:

Me has preguntado cuáles son mis pasatiempos e intereses, y quisiera responderte, pero te aviso: no te asustes, que son unos cuantos.

En primer lugar: escribir, pero eso en realidad no lo considero un pasatiempo.

En segundo lugar: hacer árboles genealógicos. En todos los periódicos, libros y demás papeles busco genealogías de las familias reales de Francia, Alemania, España, Inglaterra, Austria, Rusia, Noruega y Holanda. En muchos casos ya voy bastante adelantada, sobre todo ya que hace mucho que llevo haciendo apuntes cuando leo alguna biografía o algún libro de historia. Muchos párrafos de historia hasta me los copio enteros.

Y es que mi tercer pasatiempo es la historia, y para ello papá ya me ha comprado muchos libros. ¡No veo la hora de poder ir a la biblioteca pública para documentarme!

Mi cuarto pasatiempo es la mitología griega y romana. También sobre este tema tengo unos cuantos libros. Puedo nombrarte de memoria las nueve musas y las siete amantes de Zeus, me conozco al dedillo las esposas de Hércules, etcétera, etcétera.

Otras aficiones que tengo son las estrellas de cine y los retratos de familia. Me encantan la lectura y los libros. Me interesa mucho la historia del arte, sobre todo los escritores, poetas y pintores. Los músicos quizá vengan más tarde. Auténtica antipatía le tengo al álgebra, a la geometría y a la aritmética. Las demás asignaturas me gustan todas, especialmente historia.

Tu Anne M. Frank

Martes, 11 de abril de 1944

Mi querida Kitty:
La cabeza me da vueltas, de verdad no sé por dónde empezar. El jueves (la última vez que te escribí) fue un día normal. El viernes fue Viernes Santo; por la tarde jugamos al juego de la Bolsa, al igual que el sábado por la tarde. Esos días pasaron todos muy rápido. El sábado, alrededor de las dos de la tarde, empezaron a cañonear; eran cañones de tiro rápido, según los señores. Por lo demás, todo tranquilo.

El domingo a las cuatro y media de la tarde vino a verme Peter, por invitación mía; a las cinco y cuarto subimos al desván de delante, donde nos quedamos hasta las seis. De seis a siete y cuarto pasaron por la radio un concierto muy bonito de Mozart; sobre todo me gustó mucho la *Pequeña serenata nocturna*. En la habitación casi no puedo oír música, porque cuando es música bonita, dentro de mí todo se pone en movimiento.

El domingo por la noche Peter no pudo bañarse, porque habían usado la tina para poner cera. A las ocho subimos juntos al desván de delante, y para tener algo blando en que sentarnos me llevé el único cojín que encontré en nuestra habitación. Nos sentamos en un baúl. Tanto el baúl como el cojín eran muy estrechos; estábamos sentados uno pegado al otro, apoyados en otros baúles. Mouschi nos hacía compañía, de modo que teníamos un espía. De repente, a las nueve menos cuarto, el señor Van Daan nos silbó y nos preguntó si nos habíamos llevado un cojín del señor Dussel. Los dos nos levantamos de un salto y bajamos con el cojín, el gato y Van Daan.

El cojín de marras nos trajo un buen disgusto. Dussel estaba enfadado porque me había llevado el cojín que usaba de almohada, y tenía miedo de que tuviera pulgas. Por ese bendito cojín movilizó a medio mundo. Para vengarnos de él y de su repelencia, Peter y yo le metimos dos cepillos bien duros en la cama, que luego volvimos a sacar, ya que Dussel quiso volver a entrar en la habitación. Nos reímos mucho con este interludio.

Pero nuestra diversión no duraría mucho. A las nueve y media, Peter llamó suavemente a la puerta y le pidió a papá si podía subir para ayudarlo con una frase difícil de inglés.

—Aquí hay gato encerrado —le dije a Margot—. Está clarísimo que ha sido una excusa. Están hablando en un tono como si hubieran entrado ladrones.

Mi suposición era correcta: en el almacén estaban robando. Papá, Van Daan y Peter bajaron en un santiamén. Margot, mamá, la señora y yo nos quedamos esperando. Cuatro mujeres muertas de miedo necesitan hablar, de modo que hablamos, hasta que abajo oímos un golpe, y luego todo volvió a estar en silencio. El reloj dio las diez menos cuarto. Se nos había ido el color de las caras, pero aún estábamos tranquilas, aunque teníamos miedo. ¿Dónde estarían los hombres? ¿Qué habría sido ese golpe? ¿Estarían luchando con los ladrones? Nadie pensó en otra posibilidad, y seguimos a la espera de lo que viniera.

Las diez. Se oyen pasos en la escalera. Papá, pálido y nervioso, entra seguido del señor Van Daan.

—Apagad las luces y subid sin hacer ruido. Es probable que venga la policía.

No hubo tiempo para tener miedo. Apagamos las luces, cogí rápido una chaqueta y ya estábamos arriba.

—¿Qué ha pasado? ¡Anda, cuenta!

Pero no había nadie que pudiera contar nada. Los hombres habían vuelto a bajar, y no fue sino hasta las diez y diez cuando volvieron a subir los cuatro; dos se quedaron montando guardia junto a la ventana abierta de Peter; la puerta que daba al descansillo tenía el cerrojo echado, y la puerta giratoria estaba cerrada. Alrededor de la lamparilla de noche colgamos un jersey, y luego nos contaron:

Peter había oído dos fuertes golpes en el descansillo, corrió hacia abajo y vio que del lado izquierdo de la puerta del almacén faltaba una gran tabla. Corrió hacia arriba, avisó al sector combatiente de la familia y los cuatro partieron hacia abajo. Cuando entraron en el almacén, los ladrones todavía estaban robando. Sin pensarlo, Van Daan gritó: «¡Policía!». Se oyeron pasos apresurados fuera, los ladrones habían huido. Para evitar que la policía notara el hueco, volvieron a poner la tabla, pero una fuerte patada desde fuera la hizo volar de nuevo por el aire. Semejante descaro dejó perplejos a nuestros hombres; Van Daan y Peter sintieron ganas de matarlos. Van Daan cogió un hacha y dio un fuerte golpe en el suelo. Ya no se oyó nada más. Volvieron a poner la madera en el hueco, y nuevamente fueron interrumpidos. Un matrimonio iluminó con una linterna muy potente todo el almacén. «¡Rediez!», murmuró uno de nuestros hombres, y... ahora su papel había cambiado del de policía al de ladrones. Los cuatro corrieron hacia arriba, Dussel y Van Daan cogieron los libros del primero, Peter abrió puertas y ventanas de la cocina y del despacho de papá, tiró el teléfono al suelo y por fin todos desaparecieron detrás de las paredes del escondite. (Fin de la primera parte.)

Muy probablemente, el matrimonio de la linterna avisó a la policía. Era domingo por la noche, la noche del domingo de Pascua, y el lunes de Pascua no habría nadie en la oficina,[1] o sea, que antes del martes por la mañana no nos podríamos mover. ¡Figúrate, dos noches y un día aguantando con ese miedo! No nos imaginábamos nada, estábamos en la más plena oscuridad, porque la señora, por miedo, había desenroscado completamente la bombilla; las voces susurraban, y cuando algo crujía se oía «¡Chis, chis!».

Se hicieron las diez y media, las once, ningún ruido; por turnos, papá y Van Daan venían a estar con nosotros. Entonces, a las once y cuarto, un ruido abajo. Entre nosotros se oía la respiración de toda la familia, pero por lo demás no nos movíamos. Pasos en la casa, en el despacho de papá, en la cocina, y luego... ¡en nuestra escalera! Ya no se oía la respiración de nadie, solo los latidos de ocho corazones. Pasos en nuestra escalera, luego un traqueteo en la puerta giratoria. Ese momento no te lo puedo describir.

—¡Estamos perdidos! —dije, y ya veía que esa misma noche la Gestapo nos llevaría consigo a los quince.

Traqueteo en la puerta giratoria, dos veces, luego se cae una lata, los pasos se alejan. ¡Hasta ahí nos habíamos salvado! Todos sentimos un estremecimiento, oí castañetear varios dientes de origen desconocido, nadie decía aún una sola palabra, y así estuvimos hasta las once y media.

No se oía nada más en el edificio, pero en el descansillo estaba la luz encendida, justo delante del armario. ¿Sería porque nuestro armario resultaba misterioso? ¿Acaso la policía había olvidado apagar la luz? ¿Vendría aún alguien a apagarla? Se desataron las lenguas, ya no había nadie en la casa, tal vez un guardia delante de

---

1. El lunes de Pascua es día festivo en los Países Bajos. *(N. del T.)*

la puerta. A partir de ese momento hicimos tres cosas: enunciar suposiciones, temblar de miedo y tener que ir al retrete. Los cubos estaban en el desván; solo nos podría servir la papelera de lata de Peter. Van Daan empezó, luego vino papá, a mamá le daba demasiada vergüenza. Papá trajo la papelera a la habitación, donde Margot, la señora y yo hicimos buen uso de ella, y por fin también mamá se decidió. Cada vez se repetía la pregunta de si había papel. Por suerte, yo tenía algo de papel en el bolsillo.

La papelera olía, todos susurrábamos y estábamos cansados, eran las doce de la noche.

«¡Tumbaos en el suelo y dormid!» A Margot y a mí nos dieron una almohada y una manta a cada una. Margot estaba acostada a cierta distancia de la despensa, y yo entre las patas de la mesa. A ras del suelo no olía tan mal, pero aun así, la señora fue a buscar sigilosamente polvos de blanqueo; tapamos el orinal con un paño de cocina a modo de doble protección.

Conversaciones en voz alta, conversaciones en voz baja, mieditis, mal olor, ventosidades y un orinal continuamente ocupado: ¡a ver cómo vas a dormir! A las dos y media, sin embargo, ya estaba demasiado cansada y hasta las tres y media no oí nada. Me desperté cuando la señora estaba acostada con la cabeza encima de mis pies.

—¡Por favor, deme algo que ponerme! —le pedí.

Algo me dio, pero no me preguntes qué: unos pantalones de lana para ponerme encima del pijama, el jersey rojo y la falda negra, medias blancas y unos calcetines rotos.

Entonces, la señora fue a instalarse en el sillón y el señor vino a acostarse sobre mis pies. A partir de las tres y media me puse a pensar, y como todavía temblaba, Van Daan no podía dormir. Me estaba preparando para cuando volviera la policía. Tendríamos que decir que éramos un grupo de escondidos. Si eran holandeses del lado bueno, no pasaría nada, pero si eran del NSB,[1] tendríamos que sobornarlos.

—¡Hay que esconder la radio! —suspiró la señora.

—¡Sí, en el horno...! —le contestó el señor—. Si nos encuentran a nosotros, ¡que también encuentren la radio!

—¡Entonces también encontrarán el diario de Anne! —se inmiscuyó papá.

—¡Pues quemadlo! —sugirió la más miedosa de todos.

En ese momento la policía se puso a traquetear en la puerta-armario; fueron los momentos en que me dio más miedo; ¡mi diario no, a mi diario solo lo quemarán conmigo! Pero papá ya no contestó, por suerte.

No tiene ningún sentido que te cite todas las conversaciones que recuerdo. Dijimos un montón de cosas, y yo estuve tranquilizando a la señora, que estaba muerta de miedo. Hablamos de huir y de interrogatorios de la Gestapo, de llamar por teléfono y de tener valor.

—Ahora tendremos que comportarnos como soldados, señora. Si perdemos la vida, que sea por la reina y por la patria, por la libertad, la verdad y la justicia, como suele decir Radio Orange. Lo único terrible es que junto con nosotros sumimos en la desgracia a todos los otros.

Después de una hora, el señor Van Daan se volvió a cambiar con su mujer, y papá vino a estar conmigo. Los hombres fumaban sin parar; de vez en cuando un profundo suspiro, luego alguien que hacía pis, ¡y otra vez vuelta a empezar!

Las cuatro, las cinco, las cinco y media. Ahora me senté a escuchar junto a Peter, uno pegado al otro, tan pegados, que cada uno sentía los escalofríos en el cuerpo del otro; nos dijimos alguna que otra palabra y agu-

---

1. Movimiento nacionalsocialista holandés. (*N. del T.*)

zamos los oídos. Dentro quitaban los paneles de oscurecimiento y apuntaban los puntos que querían contarle a Kleiman por teléfono.

Y es que a las siete querían llamar por teléfono a Kleiman y hacer venir a alguien. Existía el riesgo de que el guardia que estaba delante de la puerta o en el almacén oyera el teléfono, pero era mayor el riesgo de que volviera la policía.

Aunque inserto aquí la hoja con la memoria de lo ocurrido, lo pasaré a limpio para mayor claridad.

Han entrado ladrones: inspección de la policía, llegan hasta *puerta giratoria,* pero no pasan. Ladrones, al parecer interrumpidos, forzaron puerta del almacén y huyeron por jardín. Entrada principal con cerrojo, Kugler *forzosamente* tiene que haber salido por segunda puerta.

Máquinas de escribir y de calcular seguras en caja negra de despacho papal.

También colada de Miep o Bep en tina en la cocina.

Solo Bep o Kugler tienen llave de segunda puerta; cerradura quizá estropeada.

Intentar avisar a Jan para buscar llave y echar vistazo a oficina; también dar comida al gato.

Por lo demás, todo salió a pedir de boca. Llamaron a Kleiman, se quitaron los palos, pusieron la máquina de escribir en la caja fuerte. Luego nos sentamos alrededor de la mesa a esperar a Jan o a la policía.

Peter se había dormido, el señor Van Daan y yo estábamos tumbados en el suelo, cuando abajo oímos pasos firmes. Me levanté sin hacer ruido.

—¡Ese debe de ser Jan!

—¡No, no, es la policía! —dijeron todos los demás.

Llamaron a nuestra puerta-armario, Miep silbó. Para la señora Van Daan fue demasiado: blanca como el papel, se quedó medio traspuesta en su sillón, y si la tensión hubiera durado un minuto más, se habría desmayado.

Cuando entraron Jan y Miep, la habitación ofrecía un espectáculo maravilloso; la sola mesa merecía que le sacaran una foto: un ejemplar de *Cinema & Theater* lleno de mermelada y pectina contra la diarrea estaba abierto en una página con fotos de bailarinas, dos potes de mermelada, medio bollo por un lado y un cuarto de bollo por otro, pectina, espejo, peine, cerillas, ceniza, cigarrillos, tabaco, cenicero, libros, unas bragas, linterna, peineta de la señora, papel higiénico, etcétera.

Recibimos a Jan y Miep con gritos de júbilo y lágrimas, naturalmente. Jan tapó con madera blanca el hueco de la puerta y al poco tiempo salió de nuevo con Miep para dar cuenta del robo a la policía. Debajo de la puerta del almacén, Miep había encontrado una nota de Sleegers, el sereno, que había descubierto el hueco y avisado a la policía. También a él pasarían a verlo.

Teníamos entonces media hora para arreglarnos. Nunca antes vi producirse tantos cambios en media hora. Abajo, Margot y yo sacamos las camas, fuimos al cuarto de baño, nos lavamos los dientes y las manos y nos arreglamos el pelo. Luego recogí un poco la habitación y volví arriba. Allí ya habían ordenado la mesa, cogimos agua del grifo, hicimos té y café, hervimos leche y pusimos la mesa para la hora del café. Papá y Peter vaciaron y limpiaron los recipientes de orina y excrementos con agua caliente y polvos de blanqueo; el más grande estaba lleno a rebosar y era tan pesado que era muy difícil levantarlo, y además perdía, de modo que hubo que llevarlo dentro de un cubo.

A las once estábamos sentados alrededor de la mesa con Jan, que ya había vuelto, y poco a poco se fue creando ambiente. Jan nos contó la siguiente versión:

En casa de Sleegers, su mujer —Sleegers dormía— le contó que su marido descubrió el hueco de la puerta de casa al hacer su ronda nocturna por los canales, y que junto con un agente de policía al que avisó, recorrieron la planta baja del edificio. El señor Sleegers es sereno particular y todas las noches hace su recorrido por los canales en bicicleta, con sus dos perros. Tenía pensado venir a ver a Kugler el martes para notificarle lo ocurrido. En la comisaría todavía no sabían nada del robo, pero tomaron nota enseguida para venir a ver también el martes.

En el camino de vuelta, Jan pasó de casualidad por la tienda de Van Hoeven, nuestro proveedor de patatas, y le contó lo del robo.

—Ya estoy enterado —contestó Van Hoeven, como quien no quiere la cosa—. Anoche pasábamos con mi mujer por su edificio y vimos un hueco en la puerta. Mi mujer quiso que siguiéramos andando, pero yo miré con la linterna, y seguro que entonces los ladrones se largaron. Por las dudas, no llamé a la policía; en el caso de ustedes, preferí no hacerlo. Yo no sé nada, claro, pero tengo mis sospechas.

Jan le agradeció y se marchó. Seguro que Van Hoeven sospecha que estamos aquí escondidos, porque siempre trae las patatas después de las doce y media y nunca después de la una y media. ¡Buen tipo!

Cuando Jan se fue y nosotras acabamos de fregar los platos, se había hecho la una. Los ocho nos fuimos a dormir. A las tres menos cuarto me desperté y vi que el señor Dussel ya había desaparecido. Por pura casualidad, en el cuarto de baño me encontré, semidormida, con Peter, que acababa de bajar. Quedamos en vernos abajo. Me arreglé un poco y bajé.

—¿Aún te atreves a ir al desván de delante? —me preguntó. Dije que sí, cogí mi almohada envuelta en una tela y nos fuimos al desván de delante. Hacía un tiempo maravilloso, y al poco rato sonaron las sirenas, pero nos quedamos donde estábamos. Peter me puso un brazo al hombro, yo hice lo mismo y así nos quedamos, abrazados, esperando tranquilamente hasta que a las cuatro nos vino a buscar Margot para merendar.

Comimos un bocadillo, tomamos limonada y estuvimos bromeando, lo que por suerte era posible otra vez, y por lo demás todo normal. Por la noche agradecí a Peter por ser el más valiente de todos.

Ninguno de nosotros ha pasado jamás por un peligro tan grande como el que pasamos esa noche. Dios nos protegió una enormidad, figúrate: la policía delante de la puerta del escondite, la luz del descansillo encendida, ¡y nosotros aun así pasamos inadvertidos! «¡Estamos perdidos!», dije entonces en voz baja, pero otra vez nos hemos salvado. Si llega la invasión y las bombas, cada uno podrá defenderse a sí mismo, pero esta vez el miedo era por los buenos e inocentes cristianos.

«¡Estamos salvados, sigue salvándonos!» Es lo único que podemos decir.

Esta historia ha traído consigo bastantes cambios. En lo sucesivo, Dussel por las noches se instala en el cuarto de baño, Peter baja a controlar la casa a las ocho y media y a las nueve y media. Ya no podemos abrir la ventana de Peter, puesto que el hombre de Keg vio que estaba abierta. Después de las nueve y media ya no podemos tirar de la cadena. El señor Sleegers ha sido contratado como vigilante nocturno. Esta noche vendrá un carpintero clandestino, que usará la madera de nuestras camas de Frankfurt para fabricar unas trancas para las puertas. En la Casa de atrás se somete ahora todo a debate. Kugler nos ha reprochado nuestra imprudencia; nunca debemos bajar, ha dicho también Jan. Ahora es cuestión de averiguar si Sleegers es de fiar, saber si sus perros se echan a ladrar si oyen a alguien detrás de la puerta, cómo fabricar las trancas, etcétera.

Hemos vuelto a tomar conciencia del hecho de que somos judíos encadenados, encadenados a un único lugar, sin derechos, con miles de obligaciones. Los judíos no podemos hacer valer nuestros sentimientos, tenemos que tener valor y ser fuertes, tenemos que cargar con todas las molestias y no quejarnos, tenemos que hacer lo que está a nuestro alcance y confiar en Dios. Algún día esta horrible guerra habrá terminado, algún día volveremos a ser personas y no solamente judíos.

¿Quién nos ha impuesto esto? ¿Quién ha hecho de nosotros la excepción entre los pueblos? ¿Quién nos ha hecho sufrir tanto hasta ahora? Ha sido Dios quien nos ha hecho así, pero será también Dios quien nos elimine. Si cargamos con todo este dolor y aun así siguen quedando judíos, algún día los judíos dejarán de ser los eternos condenados y pasarán a ser un ejemplo. Quién sabe si algún día no será nuestra religión la que pueda enseñar al mundo y a todos los pueblos lo bueno, y por eso, solo por eso nosotros tenemos que sufrir. Nunca podemos ser solo holandeses o solo ingleses o pertenecer a cualquier otra nación: aparte de nuestra nacionalidad, siempre seguiremos siendo judíos, estaremos obligados a serlo, pero también queremos seguir siéndolo.

¡Valor! Sigamos siendo conscientes de nuestra tarea y no nos quejemos, que ya habrá una salida. Dios nunca ha abandonado a nuestro pueblo. A lo largo de los siglos ha habido judíos que han sobrevivido, a lo largo de los siglos ha habido judíos que han tenido que sufrir, pero a lo largo de los siglos también se han hecho fuertes. Los débiles caerán, pero ¡los fuertes sobrevivirán y nunca sucumbirán!

Esa noche supe realmente que iba a morir; esperé a que llegara la policía, estaba preparada, preparada como los soldados en el campo de batalla. Quería sacrificarme gustosa por la patria, pero ahora, ahora que me he salvado, mi primer deseo después de la guerra es: ¡hacedme holandesa!

Amo a los holandeses, amo a nuestro país, amo la lengua y quiero trabajar aquí. Y aunque tenga que escribirle a la reina en persona: ¡no desistiré hasta que haya alcanzado mi objetivo!

Cada vez me independizo más de mis padres, a pesar de mis pocos años, tengo más valor vital y un sentido de la justicia más preciso e intacto que mamá. Sé lo que quiero, tengo una meta, una opinión formada, una religión y un amor. Que me dejen ser yo misma, y me daré por satisfecha. Sé que soy una mujer, una mujer con fuerza interior y con mucho valor.

Si Dios me da la vida, llegaré más lejos de lo que mamá ha llegado jamás, no seré insignificante, trabajaré en el mundo y para la gente.

¡Y ahora sé que lo primero que hace falta es valor y alegría!

Tu Anne M. Frank

Viernes, 14 de abril de 1944

Querida Kitty:

Hay todavía un ambiente muy tenso. Pim está que arde, la señora está en cama con catarro y despotricando, el señor sin sus pitillos está pálido; Dussel, que ha sacrificado mucha comodidad, se pasa el día haciendo comentarios y objeciones, etcétera, etcétera. De momento no estamos de suerte. El retrete pierde y el grifo se ha pasado de rosca. Gracias a nuestros múltiples conocidos, tanto una cosa como la otra podrán arreglarse pronto.

A veces me pongo sentimental, ya lo sabes... pero es que aquí a veces hay lugar para el sentimentalismo. Cuando Peter y yo estamos sentados en algún duro baúl de madera, entre un montón de trastos y polvo, con los brazos al cuello y pegados uno al otro, él con un rizo mío en la mano; cuando fuera los pájaros cantan trinando; cuando ves que los árboles se ponen verdes; cuando el sol invita a salir fuera; cuando el cielo está tan azul, entonces... ¡ay, entonces quisiera tantas cosas!

Aquí no se ven más que caras descontentas y gruñonas, más que suspiros y quejas contenidas, es como si de repente nuestra situación hubiera empeorado muchísimo. De verdad, las cosas van tan mal como uno las hace ir. Aquí, en la Casa de atrás, nadie marcha al frente dando el buen ejemplo, aquí cada uno tiene que apañárselas para dominar sus ánimos.

Ojalá todo acabe pronto, es lo que se oye todos los días.

Mi trabajo, mi esperanza, mi amor, mi valor,
todo ello me mantiene en pie y me hace buena.

Te aseguro, Kitty, que hoy estoy un poco loca, aunque no sé por qué. Todo aquí está patas arriba, las cosas no guardan ninguna relación, y a veces me entran serias dudas sobre si más tarde le interesará a alguien leer mis bobadas. «Las confidencias de un patito feo»: ese será el título de todas estas tonterías. De verdad, no creo que a los señores Bolkestein y Gerbrandy[1] les sea de mucha utilidad mi diario.

Tu Anne M. Frank

---

1. Miembros del Gobierno de los Países Bajos en el exilio, que residían en Londres. *(N. del T.)*

Querida Kitty:

«Un susto trae otro. ¿Cuándo acabará todo esto?» Son frases que ahora realmente podemos emplear... ¿A que no sabes lo que acaba de pasar? Peter olvidó quitar el cerrojo de la puerta, por lo que Kugler no pudo entrar en el edificio con los hombres del almacén. Tuvo que ir al edificio de Keg y romper la ventana de la cocina. Teníamos las ventanas abiertas, y esto también Keg lo vio. ¿Qué pensarán los de Keg? ¿Y Van Maaren? Kugler está que trina. Le reprochamos que no hace nada para cambiar las puertas, ¡y nosotros cometemos semejante estupidez! Peter no sabe dónde meterse. Cuando en la mesa mamá dijo que por quien más compasión sentía era por Peter, él casi se echó a llorar. La culpa es de todos nosotros, porque tanto el señor Van Daan como nosotros casi siempre le preguntamos si ya ha quitado el cerrojo. Tal vez luego pueda ir a consolarlo un poco. ¡Me gustaría tanto poder ayudarlo!

A continuación, te escribo algunas confidencias de la Casa de atrás de las últimas semanas:

El sábado de la semana pasada, Moffie se puso malo de repente. Estaba muy silencioso y babeaba. Miep enseguida lo cogió, lo envolvió en un trapo, lo puso en la bolsa de la compra y se lo llevó a la clínica para perros y gatos. El veterinario le dio un jarabe, ya que Moffie padecía del vientre. Peter le dio un poco del brebaje varias veces, pero al poco tiempo Moffie desapareció y se quedó fuera día y noche, seguro que con su novia. Pero ahora tiene la nariz toda hinchada y cuando lo tocas, se queja. Probablemente le han dado un golpe en algún sitio donde ha querido robar. Mouschi estuvo unos días con la voz trastornada. Justo cuando nos habíamos propuesto llevarlo al veterinario también a él, estaba ya prácticamente curado.

Nuestra ventana del desván ahora también la dejamos entreabierta por las noches. Peter y yo a menudo vamos allí a sentarnos después del anochecer.

Gracias a un pegamento y pintura al óleo, pronto se podrá arreglar la taza del lavabo. El grifo que estaba pasado de rosca también se ha cambiado por otro.

El señor Kleiman anda ya mejor de salud, por suerte. Pronto irá a ver a un especialista. Esperemos que no haga falta operarlo del estómago.

Este mes hemos recibido ocho cupones de racionamiento. Desafortunadamente, para los primeros quince días solo dan derecho a legumbres, en lugar de a copos de avena o de cebada. Nuestro mejor manjar es el *piccalilly*.[1] Si no tienes suerte, en un tarro solo te vienen pepinos y algo de salsa de mostaza. Verdura no hay en absoluto. Solo lechuga, lechuga y otra vez lechuga. Nuestras comidas tan solo traen patatas y sucedáneo de salsa de carne.

Los rusos tienen en su poder más de la mitad de Crimea. En Cassino los ingleses no avanzan. Lo mejor será confiar en el frente occidental. Bombardeos hay muchos y de gran envergadura. En La Haya un bombardero ha atacado el edificio del Registro civil nacional. A todos los holandeses les darán nuevas tarjetas de identificación.

Basta por hoy.

Tu Anne M. Frank

Domingo, 16 de abril de 1944

Mi querida Kitty:

Grábate en la memoria el día de ayer, que es muy importante en mi vida. ¿No es importante para cual-

---

1. En inglés, encurtidos picantes en salsa agria. *(N. del T.)*

quier chica cuando la besan por primera vez? Para mí al menos lo es. El beso que me dio Bram en la mejilla derecha no cuenta, y el que me dio Woudstra en la mano derecha tampoco. ¿Que cómo ha sido lo del beso? Pues bien, te lo contaré.

Anoche, a las ocho, estaba yo sentada con Peter en su diván, y al poco tiempo me puso el brazo al cuello. (Como era sábado, no llevaba puesto el mono.)

—Corrámonos un poco, así no me doy con la cabeza contra el armarito.

Se corrió casi hasta la esquina del diván, yo puse mi brazo debajo del suyo, alrededor del cuello, y por poco sucumbo bajo el peso de su brazo sobre mis hombros. Es cierto que hemos estado sentados así en otras ocasiones, pero nunca tan pegados como anoche. Me estrechó bien fuerte contra su pecho, sentí cómo me palpitaba el corazón, pero todavía no habíamos terminado. No descansó hasta que no tuvo mi cabeza reposada en su hombro, con su cabeza encima de la mía. Cuando a los cinco minutos quise sentarme un poco más derecha, enseguida cogió mi cabeza en sus manos y la llevó de nuevo hacia sí. ¡Ay, fue tan maravilloso! No pude decir gran cosa, la dicha era demasiado grande. Me acarició con su mano algo torpe la mejilla y el brazo, jugó con mis rizos y la mayor parte del tiempo nuestras cabezas estuvieron pegadas una contra la otra.

No puedo describirte la sensación que me recorrió todo el cuerpo, Kitty; me sentía demasiado dichosa, y creo que él también.

A las ocho y media nos levantamos. Peter se puso sus zapatos de deporte para hacer menos ruido al hacer su segunda ronda por la casa, y yo estaba de pie a su lado. No me preguntes cómo hice para encontrar el movimiento adecuado, porque no lo sé; lo cierto es que antes de bajar me dio un beso en el pelo, medio sobre la mejilla izquierda y medio en la oreja. Corrí hacia abajo sin volverme, y ahora estoy muy deseosa de ver lo que va a pasar hoy.

Domingo por la mañana, 11 horas.

Tu Anne M. Frank

Lunes, 17 de abril de 1944

Querida Kitty:

¿Crees tú que papá y mamá estarían de acuerdo en que yo, una chica que aún no ha cumplido los quince años, estuviera sentada en un diván, besando a un chico de diecisiete años y medio? En realidad creo que no, pero lo mejor será confiar en mí misma al respecto. Me siento tan tranquila y segura al estar en sus brazos, soñando, y es tan emocionante sentir su mejilla contra la mía, tan maravilloso saber que alguien me está esperando... Pero, y es que hay un pero ¿se contentará Peter con esto? No es que haya olvidado su promesa, pero al fin y al cabo él es hombre.

Yo misma también sé que soy bastante precoz; a algunos les resulta un tanto difícil entender cómo puedo ser tan independiente, cuando aún no he cumplido los quince años. Estoy casi segura de que Margot nunca besaría a un chico si no hubiera perspectiva concreta de compromiso o boda. Ni Peter ni yo tenemos planes en ese sentido. Seguro que tampoco mamá ha tocado a un hombre antes que papá. ¿Qué dirían mis amigas y Jacque si me vieran en brazos de Peter, con mi corazón contra su pecho mi cabeza sobre su hombro, su cabeza y su cara sobre mi cabeza?

¡Ay, Anne, qué vergüenza! Pero la verdad es que a mí no me parece ninguna vergüenza. Estamos aquí encerrados, aislados del mundo, presas del miedo y la preocupación, sobre todo últimamente. Entonces, ¿por qué los que nos queremos habríamos de permanecer separados? ¿Por qué no habríamos de besarnos, con los tiempos que corren? ¿Por qué habríamos de esperar hasta tener la edad adecuada? ¿Por qué habríamos de pedir permiso para todo?

Yo misma me encargaré de cuidarme, y él nunca haría nada que me diera pena o me hiciera daño; entonces, ¿por qué no habría de dejarme guiar por lo que me dicta el corazón y dejar que seamos felices los dos?

Sin embargo, Kitty, creo que notarás un poco mis dudas; supongo que es mi sinceridad, que se rebela contra la hipocresía. ¿Te parece que debería contarle a papá lo que hago? ¿Te parece que nuestro secreto debería llegar a oídos de un tercero? Perdería mucho de su encanto, pero ¿me haría sentir más tranquila por dentro? Tendré que consultarlo con él.

Ay, aún hay tantas cosas de las que quisiera hablar con él, porque a solo acariciarlo no le veo el sentido. Para poder contarnos lo que sentimos necesitamos mucha confianza, pero saber que disponemos de ella nos hará más fuertes a los dos.

Tu Anne M. Frank

P.D. Ayer por la mañana, toda la familia ya estaba levantada a las seis, ya que habíamos oído ruido de ladrones. Esta vez la víctima quizá haya sido uno de nuestros vecinos. Cuando a las siete controlamos las puertas del edificio, estaban herméticamente cerradas. ¡Menos mal!

Querida Kitty:

Por aquí todo bien. Ayer por la tarde vino de nuevo el carpintero, que empezó con la colocación de las planchas de hierro delante de los paneles de las puertas. Papá acaba de decir que está seguro de que antes del 20 de mayo habrá operaciones a gran escala, tanto en Rusia y en Italia como en el frente occidental. Cada vez resulta más difícil imaginarme que nos vayan a liberar de esta situación.

Ayer Peter y yo por fin tuvimos ocasión de tener la conversación que llevábamos postergando por lo menos diez días.

Le expliqué todo lo relativo a las chicas, sin escatimar los detalles más íntimos. Me pareció bastante cómico que creyera que normalmente omitían dibujar el orificio de las mujeres en las ilustraciones. De verdad, Peter no se podía imaginar que se encontrara tan metido entre las piernas. La velada acabó con un beso mutuo, más o menos al lado de la boca. ¡Es una sensación maravillosa!

Tal vez un día me lleve conmigo el libro de las frases bonitas cuando vaya arriba, para que por fin podamos ahondar un poco más en las cosas. No me satisface pasarnos todos los días abrazados sin más, y quisiera imaginarme que a él le pasa igual.

Después de un invierno de medias tintas, ahora nos está tocando una primavera hermosa. Abril es realmente maravilloso; no hace ni mucho calor ni mucho frío, y de vez en cuando cae algún chubasco. El castaño del jardín está ya bastante verde, aquí y allá asoman los primeros tirsos.

El sábado, Bep nos mimó trayéndonos cuatro ramos de flores: tres de narcisos y un ramillete de jacintos enanos, este último era para mí. El aprovisionamiento de periódicos del señor Kugler es cada vez mejor. Tengo que estudiar álgebra, Kitty, ¡hasta luego!

Tu Anne M. Frank

Miércoles, 19 de abril de 1944

Amor mío:

(Así se titula una película en la que actúan Dorit Kreysler, Ida Wüst y Harald Paulsen.)

¿Existe en el mundo algo más hermoso que estar sentada delante de una ventana abierta en los brazos de un chico al que quieres, mirando la naturaleza, oyendo a los pájaros cantar y sintiendo cómo el sol te acaricia las mejillas? ¡Me hace sentir tan tranquila y segura con su brazo rodeándome, y saber que está cerca y sin embargo callar! No puede ser nada malo, porque esa tranquilidad me hace bien. ¡Ay, ojalá nunca nos interrumpieran, ni siquiera Mouschi!

Tu Anne M. Frank

Viernes, 21 de abril de 1944

Mi querida Kitty:

Ayer por la tarde estuve en cama con dolor de garganta, pero como ya esa misma tarde me aburrí y no tenía fiebre, hoy me he levantado. Y el dolor de garganta prácticamente ha «des-a-pa-rrecii-do».

Ayer, como probablemente ya hayas descubierto tú misma, cumplió cincuenta y cinco años nuestro querido *Führer*. Hoy es el 18.º cumpleaños de Su Alteza Real, la princesa heredera Isabel de York. Por la BBC han dicho que, contrariamente a lo que se acostumbra a hacer con las princesas, todavía no la han declarado mayor de edad. Ya hemos estado conjeturando con qué príncipe desposarán a esta beldad, pero no hemos podido encontrar al candidato adecuado. Quizá su hermana, la princesa Margarita Rosa, quiera quedarse con el príncipe Balduino, heredero de la corona de Bélgica...

Aquí caemos de una desgracia en la otra. No acabábamos de ponerles unos buenos cerrojos a las puertas, cuando aparece en escena Van Maaren. Es casi seguro que ha robado fécula de patata, y ahora le quiere echar la culpa a Bep. La Casa de atrás, como te podrás imaginar, está convulsionada. Bep está que trina. Quizá Kugler ahora haga vigilar a ese libertino.

Esta mañana vino el tasador de la Beethovenstraat. Nos ofrece 400 florines por el cofre; también las otras ofertas nos parecen demasiado bajas.

Voy a pedir a la redacción de *De Prins* que publiquen unos de mis cuentos de hadas; bajo seudónimo, naturalmente. Pero como los cuentos que he escrito hasta ahora son demasiado largos, no creo que vaya a tener suerte.

Hasta la próxima, *darling*.

Tu Anne M. Frank

Martes, 25 de abril de 1944

Querida Kitty:
Hace como diez días que Dussel y Van Daan otra vez no se hablan, y eso solo porque hemos tomado un montón de medidas de seguridad después de que entraron los ladrones. Una de ellas es que a Dussel ya no le permiten bajar por las noches. Peter y el señor Van Daan hacen la última ronda todas las noches a las nueve y media, y luego nadie más puede bajar. Después de las ocho de la noche ya no se puede tirar de la cadena, y

tampoco después de las ocho de la mañana. Las ventanas no se abren por la mañana hasta que no esté encendida la luz en el despacho de Kugler, y por las noches ya no se les puede poner las tablitas. Esto último ha sido motivo para que Dussel se molestara. Asegura que Van Daan le ha soltado un gruñido, pero ha sido culpa suya. Dice que antes podría vivir sin comer que sin respirar aire puro, y que habrá que buscar un método para que puedan abrirse las ventanas.

—Hablaré de ello con el señor Kluger —me ha dicho, y le he contestado que estas cosas no se discuten con el señor Kugler, sino que las resuelve el grupo en su conjunto—. ¡Aquí todo se hace a mis espaldas! —refunfuñó—. Tendré que hablar con tu padre al respecto.

Tampoco lo dejan instalarse en el despacho de Kugler los sábados por la tarde ni los domingos, porque podría oírlo el jefe de la oficina de Keg cuando viene. Pero Dussel no hizo caso y se volvió a instalar en el despacho. Van Daan estaba furioso y papá bajó a prevenirlo. Por supuesto que se salió con algún pretexto pero esta vez ni papá lo aceptó. Ahora también papá habla lo menos posible con él, porque Dussel lo ha ofendido, no sé de qué manera, ni lo sabe ninguno de nosotros, pero debe de haber sido fuerte.

¡Y pensar que la semana que viene el desgraciado festeja su cumpleaños! Cumplir años, no decir ni mu, estar con cara larga y recibir regalos: ¿cómo casa una cosa con otra?

El estado del señor Voskuijl va empeorando mucho. Lleva más de diez días con casi cuarenta grados de fiebre. El médico dice que no hay esperanzas, creen que el cáncer ha llegado hasta el pulmón. Pobre hombre, ¡cómo nos gustaría ayudarlo! Pero solo Dios puede hacerlo.

He escrito un cuento muy divertido. Se llama «Blurry, el explorador»,[1] y ha gustado mucho a mis tres oyentes.

Aún sigo muy acatarrada, y ya he contagiado a Margot y a mamá y a papá. Espero que no se le pegue también a Peter, quiso que le diera un beso y me llamó su El Dorado. ¡Pero si eso ni siquiera es posible, tonto! De cualquier manera, es un cielo.

Tu Anne M. Frank

Jueves, 27 de abril de 1944

Querida Kitty:
Esta mañana la señora estaba de malhumor. No hacía más que quejarse, primero por su resfriado, y porque no le daban caramelos, y porque no aguanta tener que sonarse tantas veces la nariz. Luego porque no había salido el sol, por la invasión que no llega, porque no podemos asomarnos por la ventana, etcétera, etcétera. Nos hizo reír mucho con sus quejas, y por lo visto no era todo tan grave, porque le contagiamos la risa.

Receta del *cholent* de patatas, modificada por escasez de cebollas:

Se cogen patatas peladas, se pasan por el pasapurés, se añade un poco de harina del Gobierno y sal. Se untan con parafina o estearina las bandejas de horno o de barro refractario y se cuece la masa en el horno durante $2^1/_2$ horas. Cómase con compota de fresas podridas. (No se dispone de cebollas ni de manteca para la fuente y la masa.)

En estos momentos yo estoy leyendo *El emperador Carlos V*, escrito por un catedrático de la Universidad

1. Véase Anne Frank, *Cuentos*, Plaza & Janés, Barcelona, 1989. (*N. de la R.*)

de Gotinga, que estuvo cuarenta años trabajando en este libro. En cinco días me leí cincuenta páginas, más es imposible. El libro consta de 598 páginas, así que ya puedes ir calculando cuánto tiempo tardaré en leérmelo todo, ¡y luego viene el segundo tomo! Pero es muy interesante.

¿A que no sabes la cantidad de cosas a las que pasa revista un estudiante de secundaria como yo a lo largo de una jornada? Primero traduje del holandés al inglés un párrafo sobre la última batalla de Nelson. Después, repasé la continuación de la Guerra Nórdica (1700-1721), con Pedro el Grande, Carlos XII, Augusto el Fuerte, Estanislao Leszczynsky, Mazepa, Von Görz, Brandeburgo, Pomerania anterior y citerior y Dinamarca, más las fechas de costumbre. A continuación, fui a parar al Brasil, y leí acerca del tabaco de Bahía, la abundancia de café, el millón y medio de habitantes de Río de Janeiro, de Pernambuco y São Paulo, sin olvidar el río Amazonas; de negros, mulatos, mestizas, blancos, más del 50% de analfabetos y de la malaria. Como aún me quedaba algo de tiempo, le di un repaso rápido a una genealogía: Juan el Viejo, Guillermo Luis, Ernesto Casimiro I, Enrique Casimiro I, hasta la pequeña Margarita Francisca,[1] nacida en Ottawa en 1943.

Las doce del mediodía: continué mis estudios en el desván, repasando diáconos, curas, pastores, papas... ¡uf!, hasta la una.

Después de las dos, la pobre criatura (¡ejem!) volvió nuevamente a sus estudios; tocaban los monos catarrinos y platirrinos. Kitty, ¡a que no sabes cuántos dedos tiene un hipopótamo!

Luego vino la Biblia, el Arca de Noé, Sem, Cam y Jafet. Luego Carlos V. En la habitación de Peter leí

1. Princesa de Orange, una de las hermanas de la reina Beatriz de los Países Bajos. (N. del T.)

El coronel de Thackeray, en inglés. Repasamos el léxico francés y luego comparamos el Misisipí con el Misuri.

Basta por hoy. ¡Adiós!

Tu Anne M. Frank

Viernes, 28 de abril de 1944

Querida Kitty:

Nunca he olvidado aquella vez en que soñé con Peter Schiff (véase principios de enero). Cuando me vuelve a la memoria, aún hoy siento su mejilla contra la mía, y esa sensación maravillosa que lo arreglaba todo. Aquí también he tenido alguna vez esa sensación con Peter, pero nunca en tal medida, hasta... anoche, cuando estábamos sentados juntos en el diván, abrazados, como de costumbre. En ese momento la Anne habitual se esfumó de repente, y en su lugar apareció la segunda Anne, esa segunda Anne que no es temeraria y divertida, sino que tan solo quiere amar y ser tierna.

Estaba sentada pegada a él y sentí cómo crecía mi emoción, se me llenaban los ojos de lágrimas, la de la izquierda le cayó en el mono a Peter, la de la derecha me resbaló por la nariz, voló por el aire y también fue a parar al mono. ¿Se habrá dado cuenta? Ningún movimiento lo reveló. ¿Sentirá igual que yo? Tampoco dijo casi palabra. ¿Sabrá que tiene frente a sí a dos Annes? Son todas preguntas sin responder.

A las ocho y media me levanté y me acerqué a la ventana, donde siempre nos despedimos. Todavía temblaba, aún era la segunda Anne, él se me acercó, yo lo abracé a la altura del cuello y le di un beso en la mejilla izquierda. Justo cuando quería hacer lo mismo en la derecha, mi boca se topó con la suya y nos dimos el beso allí. Embriagados nos apretamos el uno contra el otro, una y otra vez, hasta nunca acabar, ¡ay!

A Peter le hace falta algo de cariño, por primera vez en su vida ha descubierto a una chica, ha visto por primera vez que las chicas que más bromean tienen también su lado interior y un corazón, y que cambian a partir del momento en que están a solas contigo. Por primera vez en su vida ha dado su amistad y se ha dado a sí mismo; nunca antes ha tenido un amigo o una amiga. Ahora nos hemos encontrado los dos, yo tampoco lo conocía, ni había tenido nunca un confidente, y esto es lo que ha resultado de ello...

Otra vez la pregunta no deja de perseguirme: ¿Está bien? ¿Está bien que ceda tan pronto, que sea impetuosa, tan impetuosa y tan ansiosa como el propio Peter? ¿Puedo dejarme llevar de esa manera, siendo una chica?

Solo existe una respuesta: estaba deseándolo tanto y desde hace tanto tiempo... Estaba tan sola, ¡y ahora he encontrado un consuelo!

Por la mañana estamos normales, por la tarde también bastante, salvo algún caso aislado, pero por la noche vuelve a surgir el deseo contenido durante todo el día, la dicha y la gloria de todas las veces anteriores, y cada cual solo piensa en el otro. Cada noche, después del último beso, querría salir corriendo, no volver a mirarlo a los ojos, irme lejos, para estar sola en la oscuridad.

¿Y qué me espera después de bajar los catorce escalones? La plena luz, preguntas por aquí y risitas por allá, debo actuar y disimular.

Tengo aún el corazón demasiado sensible como para quitarme de encima un golpe como el de anoche. La Anne blanda aparece muy pocas veces y no se deja mandar a paseo tan pronto. Peter me ha herido como jamás me han herido en mi vida, salvo en sueños. Me ha zarandeado, ha sacado hacia fuera mi parte interior, y entonces, ¿no es lógico que una quiera estar tranquila para restablecerse por dentro? ¡Ay, Peter! ¿Qué me has hecho? ¿Qué quieres de mí?

¿Adónde iremos a parar? ¡Ay, ahora entiendo a Bep! Ahora que estoy pasando por esto, entiendo sus dudas. Si Peter fuera mayor y quisiera casarse conmigo, ¿qué le contestaría? ¡Anne, di la verdad! No podrías casarte con él, pero también es difícil dejarlo ir. Peter tiene aún poco carácter, poca voluntad, poco valor y poca fuerza. Es un niño aún, no mayor que yo por dentro; solo quiere encontrar la tranquilidad y la dicha.

¿De verdad solo tengo catorce años? ¿De verdad no soy más que una colegiala tonta? ¿De verdad soy aún tan inexperta en todo? Tengo más experiencia que los demás, he vivido algo que casi nadie conoce a mi edad.

Me tengo miedo a mí misma, tengo miedo de que, impulsada por el deseo, me entregue demasiado pronto. ¿Qué debo hacer para que no me pase nada malo con otros chicos en el futuro? ¡Ay, qué difícil es! Siempre está esa lucha entre el corazón y la razón, hay que escuchar la voz de ambos a su debido tiempo, pero ¿cómo saber a ciencia cierta si he escogido el buen momento?

Tu Anne M. Frank

Martes, 2 de mayo de 1944

Querida Kitty:
El sábado por la noche le pregunté a Peter si le parecía que debía contarle a papá lo nuestro, y tras algunas idas y venidas le pareció que sí. Me alegré, porque es una señal de su buen sentir. Enseguida después de bajar, acompañé a papá a buscar agua, y ya en la escalera le dije:

—Papá, como te imaginarás, cuando Peter y yo estamos juntos, hay menos de un metro de distancia entre los dos. ¿Te parece mal?

Papá no contestó enseguida, pero luego dijo:

—No, mal no me parece, Anne; pero aquí, en este espacio tan reducido, debes tener cuidado.

Dijo algo más por el estilo, y luego nos fuimos arriba.

El domingo por la mañana me llamó y me dijo:

—Anne, lo he estado pensando —(¡ya me lo temía!)—; en realidad creo que aquí, en la Casa de atrás, lo vuestro no es conveniente; pensé que solo erais compañeros. ¿Peter está enamorado?

—¡Nada de eso! —contesté.

—Mira, Anne, tú sabes que os comprendo muy bien, pero tienes que ser prudente; no subas tanto a su habitación, no lo animes más de lo necesario. En estas cosas el hombre siempre es el activo, la mujer puede frenar. Fuera, al aire libre, es otra cosa totalmente distinta; ves a otros chicos y chicas, puedes marcharte cuando quieres, hacer deporte y demás; aquí, en cambio, cuando estás mucho tiempo juntos y quieres marcharte, no puedes, te ves a todas horas, por no decir siempre. Ten cuidado, Anne, y no te lo tomes demasiado en serio.

—No, papá. Pero Peter es decente, y es un buen chico.

—Sí, pero no es fuerte de carácter; se deja influenciar fácilmente hacia el lado bueno, pero también hacia el lado malo. Espero por él que siga siendo bueno, porque lo es por naturaleza.

Seguimos hablando un poco y quedamos en que también le hablaría a Peter.

El domingo por la tarde, en el desván de delante, Peter me preguntó:

—¿Y qué, Anne, has hablado con tu padre?

—Sí —le contesté—. Te diré lo que me ha dicho. No le parece mal, pero dice que aquí, al estar unos tan encima de otros, es fácil que tengamos algún encontronazo.

—Pero si hemos quedado en que no habría peleas entre nosotros, y yo estoy dispuesto a respetar nuestro acuerdo.

—También yo, Peter, pero papá no sabía lo que había entre nosotros, creía que solo éramos compañeros. ¿Crees que eso ya no es posible?

—Yo sí, ¿y tú?

—Yo también. Y también le he dicho a papá que confiaba en ti. Confío en ti, Peter, tanto como en papá, y creo que te mereces mi confianza, ¿no es así?

—Espero que sí. —(Lo dijo muy tímidamente y poniéndose medio colorado.)

—Creo en ti, Peter —continué diciendo—. Creo que tienes un buen carácter y que te abrirás camino en el mundo.

Luego hablamos sobre otras cosas, y más tarde le dije:

—Si algún día salimos de aquí, sé que no te interesarás más por mí.

Se le subió la sangre a la cabeza:

—¡Eso sí que no es cierto, Anne! ¿Cómo puedes pensar eso de mí?

En ese momento nos llamaron.

Papá habló con él, me lo dijo el lunes.

—Tu padre cree que en algún momento nuestro compañerismo podría desembocar en amor —dijo—. Pero le contesté que sabremos contenernos.

Papá ahora quiere que por las noches suba menos a ver a Peter, pero yo no quiero. No es solo que me gusta estar con él, sino que también le he dicho que confío en él. Y es que confío en él, y quiero demostrárselo, pero nunca lo lograría quedándome abajo por falta de confianza.

¡No señor, subiré!

Entretanto se ha arreglado el drama de Dussel. El sábado por la noche, a la mesa, presentó sus disculpas en correcto holandés. Van Daan enseguida se dio por satisfecho. Seguro que Dussel se pasó el día estudiando su discurso.

El domingo, día de su cumpleaños, pasó sin sobresaltos. Nosotros le regalamos una botella de vino de 1919, los Van Daan —que ahora podían darle su regalo— un tarro de *piccalilly* y un paquete de hojas de afeitar, Kugler una botella de limonada, Miep un libro, *El pequeño Martín*, y Bep una planta. Él nos convidó a un huevo para cada uno.

Tu Anne M. Frank

Miércoles, 3 de mayo de 1944

Querida Kitty:
Primero las noticias de la semana. La política está de vacaciones; no hay nada, lo que se dice nada que contar. Poco a poco también yo estoy empezando a creer que se acerca la invasión. No pueden dejar que los rusos hagan solos todo el trabajo, que por cierto tampoco están haciendo nada de momento.

El señor Kleiman viene de nuevo todas las mañanas a la oficina a trabajar. Ha conseguido un nuevo muelle para el diván de Peter, de modo que Peter tendrá que ponerse a tapizar; como comprenderás, no le apetece nada tener que hacerlo. Kleiman también nos ha traído pulguicida para el gato.

¿Ya te he contado que ha desaparecido Moffie? Desde el jueves pasado, sin dejar ni rastro. Seguramente ya estará en el cielo gatuno, mientras que algún amante de los animales lo habrá usado para hacerse un guiso. Tal vez vendan su piel a una niña adinerada para que se haga un gorro. Peter está muy desconsolado a raíz del hecho.

Desde hace dos semanas, los sábados almorzamos a las once y media, por lo que debíamos aguantarnos con una taza de papilla por la mañana. A partir de mañana tendremos lo mismo todos los días, con el propósito de ahorrar una comida. Todavía es muy difícil conseguir verdura; hoy por la tarde comimos lechuga podrida cocida. Lechuga en ensalada, espinacas y lechuga cocida: otra cosa no hay. A eso se le añaden patatas podridas. ¡Una combinación deliciosa!

Hacía más de dos meses que no me venía la regla, pero por fin el domingo me volvió. A pesar de las molestias y la aparatosidad, me alegro mucho de que no me haya dejado en la estacada durante más tiempo.

Como te podrás imaginar, aquí vivimos diciendo y repitiendo con desesperación «Para qué, ¡ay!, para qué diablos sirve la guerra, por qué los hombres no pueden vivir pacíficamente, por qué tienen que destruirlo todo...».

La pregunta es comprensible, pero hasta el momento nadie ha sabido formular una respuesta satisfactoria. De verdad, ¿por qué en Inglaterra construyen aviones cada vez más grandes, bombas cada vez más potentes y, por otro lado, casas normalizadas para la reconstrucción del país? ¿Por qué se destinan a diario miles de millones a la guerra y no se reserva ni un céntimo para la medicina, los artistas y los pobres? ¿Por qué la gente tiene que pasar hambre, cuando en otras partes del mundo hay comida en abundancia, pudriéndose? ¡Dios mío!, ¿por qué el hombre es tan estúpido?

Yo no creo que la guerra solo sea cosa de grandes hombres, gobernantes y capitalistas. ¡Nada de eso! Al hombre pequeño también le gusta; si no, los pueblos ya se habrían levantado contra ella. Es que hay en el hombre un afán de destruir, un afán de matar, de asesinar y ser una fiera, mientras toda la humanidad, sin excepción, no haya sufrido una metamorfosis, la guerra seguirá haciendo estragos, y todo lo que se ha construido, cultivado y desarrollado hasta ahora quedará truncado y destruido, para luego volver a empezar.

Muchas veces he estado decaída, pero nunca he desesperado; este período de estar escondidos me parece una aventura, peligrosa, romántica e interesante. En mi diario considero cada una de nuestras privaciones como una diversión. ¿Acaso no me había propuesto llevar una vida distinta de las otras chicas, y más tarde también distinta de las amas de casa corrientes? Este es un buen comienzo de esa vida interesante y por eso, solo por eso, me da la risa en los momentos más peligrosos, por lo cómico de la situación.

Soy joven y aún poseo muchas cualidades ocultas; soy joven y fuerte y vivo esa gran aventura, estoy aún en medio de ella y no puedo pasarme el día quejándome de que no tengo con qué divertirme. Muchas cosas me han sido dadas al nacer: un carácter feliz, mucha alegría y fuerza. Cada día me siento crecer por dentro, siento cómo se acerca la liberación, lo bella que es la naturaleza, lo buenos que son quienes me rodean, lo interesante y divertida que es esta aventura. ¿Por qué habría de desesperar?

Tu Anne M. Frank

Viernes, 5 de mayo de 1944

Querida Kitty:
Papá no está contento conmigo; se pensó que después de nuestra conversación del domingo, automáticamente dejaría de ir todas las noches arriba. Quiere que acabemos con el «besuqueo». No me gustó nada esa palabra; bastante difícil ya es tener que hablar de ese tema.

¿Por qué me quiere hacer sentir tan mal? Hoy hablaré con él. Margot me ha dado algunos buenos consejos. Lo que le voy a decir es más o menos lo siguiente:

«Papá, creo que esperas que te dé una explicación, y te la daré. Te he desilusionado, esperabas que fuera más recatada. Seguramente quieres que me comporte como ha de comportarse una chica de catorce años, ¡pero te equivocas!

»Desde que estamos aquí, desde julio de 1942 hasta hace algunas semanas, las cosas no han sido fáciles para mí. Si supieras lo mucho que he llorado por las noches, lo desesperanzada y desdichada que he sido; lo sola que me he sentido, comprenderías por qué quiero ir arriba. No ha sido de un día para otro que me las he apañado para llegar hasta donde he llegado, y para saber vivir sin una madre y sin la ayuda de nadie en absoluto. Me ha costado mucho, muchísimo sudor y lágrimas llegar a ser tan independiente. Ríete si quieres y no me creas, que no me importa. Sé que soy una persona que está sola y no me siento responsable en lo más mínimo ante vosotros. Te he contado todo esto porque no quisiera que pensaras que estoy ocultándote algo, pero solo a mí misma tengo que rendir cuentas de mis actos.

»Cuando me vi en dificultades, vosotros, y también tú, cerrasteis los ojos e hicisteis oídos sordos, y no me ayudasteis; al contrario, no hicisteis más que amonestarme, para que no fuera tan escandalosa. Pero yo solo era escandalosa por no estar siempre triste, era temeraria por no oír continuamente esa voz dentro de mí. He sido una comedianta durante año y medio, día tras día; no me he quejado, no me he salido de mi papel, nada de eso, y ahora he dejado de luchar. ¡He triunfado! Soy independiente, en cuerpo y alma, ya no necesito una madre, la lucha me ha hecho fuerte.

»Y ahora, ahora que he superado todo esto, y que sé que ya no tendré que seguir luchando, quisiera seguir mi camino, el camino que me plazca. No puedes ni debes considerarme una chica de catorce años; las penas vividas me han hecho mayor. No me arrepentiré de mis actos, y haré lo que crea que puedo hacer.

»No puedes impedirme que vaya arriba, de no ser con mano dura: o me lo prohíbes del todo, o bien confías en mí en las buenas y en las malas, de modo que déjame en paz».

Tu Anne M. Frank

Sábado, 6 de mayo de 1944

Querida Kitty:
Ayer, antes de comer, le metí a papá la carta en el bolsillo. Después de leerla estuvo toda la noche muy confuso, según Margot. (Yo estaba arriba fregando los platos.) Pobre Pim, podría haberme imaginado las consecuencias que traería mi esquela. ¡Es tan sensible! Enseguida le dije a Peter que no preguntara ni dijera nada. Pim no ha vuelto a mencionar el asunto. ¿Lo hará aún?

Aquí todo ha vuelto más o menos a la normalidad. Las cosas que nos cuentan Jan, Kugler y Kleiman sobre los precios y la gente de fuera son verdaderamente increíbles; un cuarto de kilo de té cuesta 350 florines; un cuarto de café, 80 florines; la mantequilla está a 35 florines el medio kilo, y un huevo vale 1,45 florines. ¡El tabaco búlgaro se cotiza a 14 florines los cien gramos! Todo el mundo compra y vende en el mercado negro, cualquiera te ofrece algo para comprar. El chico de la panadería nos ha conseguido seda para zurcir, a 90 céntimos una madejuela, el lechero nos consigue cupones de racionamiento clandestinos, un empresario de pompas fúnebres nos suministra queso. Todos los días hay robos, asesinatos y asaltos, los policías y vigilantes nocturnos no se quedan atrás con respecto a los ladrones de oficio, todos quieren llenar el estómago y como está prohibido aumentar los salarios, la gente se ve obligada a estafar. La policía de menores no cesa de buscar el paradero de chicas de quince, dieciséis, diecisiete años y más que desaparecen a diario.

Intentaré terminar el cuento del hada Ellen.[1] Se lo podría regalar a papá para su cumpleaños, en broma, incluidos los derechos de autor. ¡Hasta la próxima!

Tu Anne M. Frank

Domingo, 7 de mayo de 1944, por la mañana

Querida Kitty:

Papá y yo estuvimos ayer conversando largo y tendido. Lloré mucho, y papá hizo otro tanto. ¿Sabes lo que me dijo, Kitty?

«He recibido muchas cartas en mi vida, pero ninguna tan horrible como esta. ¡Tú, Anne, que siempre has recibido tanto amor de tus padres, que tienes unos padres siempre dispuestos a ayudarte, y que siempre te han defendido en lo que fuera, tú hablas de no sentirte responsable! Estás ofendida y te sientes abandonada. No, Anne, has sido muy injusta con nosotros. Tal vez no haya sido esa tu intención, pero lo has escrito así, Anne, y de verdad, no nos merecemos tus reproches.»

¡Ay, qué error tan grande he cometido! Es el acto más vil que he cometido en mi vida. No he querido más que darme aires con mis llantos y mis lágrimas, y hacerme la importante para que él me tuviera respeto. Es cierto que he sufrido mucho, y lo que he dicho de mamá es verdad,

1. Véase Anne Frank, *Cuentos*, Plaza & Janés, Barcelona, 1989. (*N. de la R.*)

315

pero inculpar así al pobre Pim, que siempre ha hecho todo por mí y que sigue haciéndolo, ha sido más que vil.

Está muy bien que haya descendido de las alturas inalcanzables en las que me encontraba, que se me haya quebrado un poco el orgullo, porque se me habían subido demasiado los humos. Lo que hace la señorita Anne no siempre está bien, ¡ni mucho menos! Alguien que hace sufrir tanto a una persona a la que dice querer, y aposta además, es un ser bajo, muy bajo.

Pero de lo que más me avergüenzo es de la manera en que papá me ha perdonado; ha dicho que echará la carta al fuego, en la estufa, y me trata ahora con tanta dulzura, que es como si fuera él quien ha hecho algo malo. Anne, Anne, aún te queda muchísimo por aprender. Empieza por ahí, en lugar de mirar a los demás por encima del hombro y echarles la culpa de todo.

Sí, he sufrido mucho, pero ¿acaso no sufren todos los de mi edad? He sido una comedianta muchas veces sin darme cuenta siquiera; me sentía sola, pero casi nunca he desesperado. Nunca he llegado a los extremos de papá, que alguna vez salió a la calle armado con un cuchillo para quitarse la vida.

He de avergonzarme y me avergüenzo profundamente. Lo hecho, hecho está, pero es posible evitar que se repita. Quisiera volver a empezar y eso no será tan difícil, ya que ahora tengo a Peter. Con su apoyo lo lograré. Ya no estoy sola, él me quiere, yo lo quiero, tengo mis libros, mis cuadernos y mi diario, no soy tan fea, ni me falta inteligencia, tengo un carácter alegre y quiero ser una buena persona.

Sí, Anne, te has dado cuenta perfectamente de que tu carta era demasiado dura e injusta, y sin embargo te sentías orgullosa de haberla escrito. Debo volver a tomar ejemplo de papá, y me enmendaré.

Tu Anne M. Frank

Querida Kitty:

¿Te he contado alguna vez algo sobre nuestra familia? Creo que no, y por eso empezaré a hacerlo enseguida. Papá nació en Frankfurt del Meno, y sus padres eran gente de dinero. Michael Frank era dueño de un banco, y con él se hizo millonario, y Alice Stern era de padres muy distinguidos y también de mucho dinero. Michael Frank no había sido rico en absoluto de joven, pero fue escalando posiciones. Papá tuvo una verdadera vida de niño bien, con fiestas todas las semanas, y bailes, niñas guapas, valses, banquetes, muchas habitaciones, etcétera. Todo ese dinero se perdió cuando murió el abuelo, y después de la guerra mundial y la inflación no quedó nada. Hasta antes de la guerra aún nos quedaban bastantes parientes ricos. O sea, que papá ha tenido una educación de primera, y por eso ayer le dio muchísima risa cuando, por primera vez en sus cincuenta y cinco años de vida, tuvo que rascar la comida del fondo de la sartén.

Mamá no era tan, tan rica, pero sí bastante, con lo que ahora nos deja boquiabiertos con sus historias de fiestas de compromiso de doscientos cincuenta invitados, bailes privados y grandes banquetes.

Ya no podemos llamarnos ricos, ni mucho menos, pero tengo mis esperanzas puestas en lo que vendrá cuando haya acabado la guerra. Te aseguro que no le tengo ningún apego a la vida estrecha, como mamá y Margot. Me gustaría irme un año a París y un año a Londres, para aprender el idioma y estudiar historia del arte. Compáralo con Margot, que quiere irse a Palestina a trabajar de enfermera en una maternidad. A mí me siguen haciendo ilusión los vestidos bonitos y conocer gente interesante, quiero viajar y tener nuevas experiencias, no es la primera vez que te lo digo, y algún dinero no me vendrá mal para poder hacerlo...

Esta mañana, Miep nos contó algunas cosas sobre la fiesta de compromiso de su prima, a la que fue el sábado. Los padres de la prima son ricos, los del novio más ricos aún. Se nos hizo la boca agua cuando Miep nos contó lo que comieron: sopa juliana con bolitas de carne, queso, canapés de carne picada, entremeses variados con huevo y rosbif, canapés de queso, bizcocho borracho, vino y cigarrillos, de todo a discreción.

Miep se bebió diez copas y se fumó tres cigarrillos. ¿Es esta la mujer antialcohólica que dice ser? Si Miep estuvo bebiendo tanto, ¿cuánto habrá bebido su señor esposo? En esa fiesta todos deben de haberse achispado un poco, naturalmente. También había dos agentes de la brigada de homicidios, que sacaron fotos a la pareja. Como verás, Miep no se olvida ni un instante de sus escondidos, porque enseguida memorizó los nombres y las señas de estos dos señores, por si llega a pasar algo y hacen falta holandeses de confianza.

¡Cómo no se nos iba a hacer la boca agua, cuando solo habíamos desayunado dos cucharadas de papilla de avena y teníamos un hambre que nos moríamos; cuando día a día no comemos otra cosa que no sean espinacas a medio cocer (por aquello de las vitaminas) con patatas podridas; cuando en nuestros estómagos vacíos no metemos más que lechuga en ensalada y lechuga cocida, y espinacas, espinacas y otra vez espinacas! Quién sabe si algún día no seremos tan fuertes como Popeye, aunque de momento no se nos note...

Si Miep nos hubiera invitado a que la acompañáramos a la fiesta, no habría quedado un solo bocadillo para los demás invitados. Si hubiéramos estado nosotros en esa fiesta, habríamos organizado un gran pillaje y no habríamos dejado ningún mueble en su sitio. Te puedo asegurar que le íbamos sacando a Miep las palabras de la boca, que nos pusimos a su alrededor como si en la vida hubiéramos oído hablar de una buena comida o de gente distinguida. ¡Y esas son las nietas del famoso millonario! ¡Cómo pueden cambiar las cosas en este mundo!

Tu Anne M. Frank

Martes, 9 de mayo de 1944

Querida Kitty:
He terminado el cuento del hada Ellen. Lo he pasado a limpio en un bonito papel de cartas, adornado con tinta roja, y lo he cosido. En su conjunto tiene buena pinta, pero no sé si no será poca cosa. Margot y mamá han hecho un poema de cumpleaños cada una.

A mediodía subió el señor Kugler a darnos la noticia de que la señora Broks tiene la intención de venir aquí todos los días durante dos horas a tomar el café, a partir del lunes. ¡Imagínate! Ya nadie podrá subir a vernos, no podrán traernos las patatas, Bep no podrá venir a comer, no podremos usar el retrete, no podremos hacer ningún ruido, y demás molestias por el estilo. Pensamos en toda clase de posibilidades que pudieran disuadirla. Van Daan sugirió que bastaría con darle un buen laxante en el café.

—No, por favor —contestó Kleiman—. ¡Que entonces ya no saldría más del excusado!

Todos soltamos la carcajada.

—¿Del excusado? —preguntó la señora—. ¿Y eso qué significa?

Se lo explicamos.

—¿Y esta expresión se puede usar siempre? —preguntó muy ingenua.

—¡Vaya ocurrencia! —dijo Bep entre risitas.

Imaginaos que uno entrara en unos grandes almacenes y preguntara por el excusado... ¡Ni lo entenderían!

Por lo tanto, Dussel ahora se encierra a las doce y media en el «excusado», por seguir usando la expresión. Hoy cogí resueltamente un trozo de papel rosa y escribí:

Horario de uso del retrete para el señor Dussel
Mañana: de 7.15 a 7.30
Mediodía: después de las 13
Por lo demás, a discreción.

Sujeté el cartel en la puerta verde del retrete estando Dussel todavía dentro. Podría haber añadido fácilmente: «En caso de violación de esta ley se aplicará la pena de encierro». Porque el retrete se puede cerrar tanto por dentro como por fuera.

El último chiste de Van Daan:

A raíz de la clase de religión y de la historia de Adán y Eva, un niño de trece años le pregunta a su padre:

—Papá, ¿me podrías decir cómo nací?

—Pues... —le contesta el padre—. La cigüeña te cogió de un charco grande, te dejó en la cama de mamá y le dio un picotazo en la pierna que la hizo sangrar, y tuvo que guardar cama una semana.

Para enterarse de más detalles, el niño fue a preguntarle lo mismo a su madre:

—Mamá, ¿me podrías decir cómo naciste tú y cómo nací yo?

La madre le contó exactamente la misma historia, tras lo cual el niño, para saberlo todo con pelos y señales, acudió igualmente al abuelo:

—Abuelo, ¿me podrías decir cómo naciste tú y cómo nació tu hija?

Y por tercera vez consecutiva, oyó la misma historia.

Por la noche escribió en su diario: «Después de haber recabado informes muy precisos, cabe concluir que en nuestra familia no ha habido relaciones sexuales durante tres generaciones».

¡Ya son las tres!, y todavía tengo que estudiar.

Tu Anne M. Frank

P.D. Como ya te he contado que tenemos una nueva mujer de la limpieza, quisiera añadir que esta señora está casada, tiene sesenta años y es dura de oído. Esto último viene bien, teniendo en cuenta los posibles ruidos procedentes de ocho escondidos.

¡Ay, Kit, hace un tiempo tan bonito! ¡Cómo me gustaría salir a la calle!

Miércoles, 10 de mayo de 1944

Querida Kitty:
Ayer por la tarde estábamos estudiando francés en el desván, cuando de repente oí detrás de mí un murmullo como de agua. Le pregunté a Peter qué pasaba, pero él, sin responderme siquiera, subió corriendo a la buhardilla —el lugar del desastre—, y cogiendo bruscamente a Mouschi, que en lugar de usar su cubeta, ya toda mojada, se había puesto a hacer pis al lado, lo metió en la cubeta para que siguiera haciendo pis allí. Se produjo un gran estrépito y Mouschi, que entretanto había acabado, bajó como un relámpago. Resulta que el gato, buscando un poco de comodidad cubetística para hacer sus necesidades, se había sentado encima de un montoncito de serrín que tapaba una raja en el suelo de la buhardilla, que es bastante poroso; el charco que produjo no tardó en atravesar el techo del desván y, por desgracia, fue a parar justo dentro y al lado del tonel de las patatas. El techo chorreaba, y como el suelo del desván tiene a su vez unos cuantos agujeros, algunas gotas amarillas lo atra-

vesaron y cayeron en la habitación, en medio de una pila de medias y libros que había sobre la mesa.

El espectáculo era tan cómico que me entró la risa: Mouschi acurrucado debajo de un sillón, Peter dándole al agua, a los polvos de blanqueo y a la bayeta, y Van Daan tratando de calmar los ánimos. El desastre se reparó pronto, pero como bien es sabido, el pis de gato tiene un olor horrible, lo que quedó demostrado ayer de forma patente por las patatas y también por el serrín, al que papá llevó abajo en un cubo para quemarlo.

¡Pobre Mouschi! ¡¿Cómo iba él a saber que el polvo de turba[1] es tan difícil de conseguir?!

Anne

Jueves, 11 de mayo de 1944

Querida Kitty:
Otro episodio que nos hizo reír:
Había que cortarle el pelo a Peter y su madre, como de costumbre, haría de peluquera. A las siete y veinticinco desapareció Peter en su habitación, y a las siete y media en punto volvió a salir, todo desnudo, aparte de un pequeño bañador azul y zapatos de deporte.

—¿Vamos ya? —le preguntó a su madre.

—Sí, pero espera que encuentre las tijeras.

Peter la ayudó a buscar y se puso a hurgar bruscamente en el cajón donde la señora guarda sus artículos de tocador.

—¡No me revuelvas las cosas, Peter! —se quejó.

No entendí qué le contestó Peter, pero debió de haber sido alguna impertinencia, porque la señora le dio un golpe en el brazo. Él se lo devolvió, ella volvió a gol-

1. La turba se usaba, entre otras cosas, para meter en las cubetas de los gatos caseros, para que hicieran allí sus necesidades. *(N. del T.)*

pearle con todas sus fuerzas y Peter retiró el brazo haciendo una mueca muy cómica.

—¡Vente ya, vieja!

La señora se quedó donde estaba, Peter la cogió de las muñecas y la arrastró por toda la habitación. La señora lloraba, se reía, profería maldiciones y pataleaba, pero todo era en vano. Peter condujo a su prisionera hasta la escalera del desván, donde tuvo que soltarla por la fuerza. La señora volvió a la habitación y se dejó caer en una silla con un fuerte suspiro.

—El rapto de la madre —bromeé.

—Sí, pero me ha hecho daño.

Me acerqué a mirar y le llevé agua fría para aplacar el dolor de sus muñecas, que estaban todas rojas por la fricción. Peter, que se había quedado esperando junto a la escalera, perdió de nuevo la paciencia y entró en la habitación como un domador, con un cinturón en la mano. Pero la señora no lo acompañó; se quedó sentada frente al escritorio, buscando un pañuelo.

—Primero tienes que disculparte.

—Está bien, te pido disculpas, que ya se está haciendo tarde.

A la señora le dio risa a pesar suyo, se levantó y se acercó a la puerta. Una vez allí, se sintió obligada a darnos una explicación antes de salir. (Estábamos papá, mamá y yo, fregando los platos.)

—En casa no era así —dijo—. Le habría dado un golpe que le hubiera hecho rodar escaleras abajo (!). Nunca ha sido tan insolente, y ya ha recibido unos cuantos golpes, pero es la educación moderna, los hijos modernos, yo nunca hubiera tratado así a mi madre, ¿ha tratado usted así a la suya, señor Frank?

Estaba exaltada, iba y venía, preguntaba y decía de todo, y mientras tanto seguía sin subir. Hasta que por fin, ¡por fin!, se marchó.

No estuvo arriba más que cinco minutos. Entonces

bajó como un huracán, resoplando, tiró el delantal, y a mi pregunta de si ya había terminado, contestó que bajaba un momento, lanzándose como un remolino escaleras abajo, seguramente en brazos de su querido Putti.

No subió hasta después de las ocho, acompañada de su marido. Hicieron bajar a Peter del desván, le echaron una tremenda regañina, le soltaron unos insultos, que si insolente, que si maleducado, que si irrespetuoso, que si mal ejemplo, que si Anne es así, que si Margot hace así: no pude pescar más que eso.

Lo más probable es que hoy todo haya vuelto a la normalidad.

Tu Anne M. Frank

P.D. El martes y el miércoles por la noche habló por la radio nuestra querida reina. Dijo que se tomaba unas vacaciones para poder regresar a Holanda refortalecida. Dijo que «Cuando vuelva... pronta liberación... coraje y valor... y cargas pesadas».

A ello le siguió un discurso del ministro Gerbrandy. Este hombre tiene una vocecita tan infantil y quejumbrosa, que mamá, sin quererlo, soltó un ¡ay! de compasión. Un pastor protestante, con una voz robada a Don Fatuo, concluyó la velada con un rezo, pidiéndole a Dios que cuidara de los judíos y de los detenidos en los campos de concentración, en las cárceles y en Alemania.

Jueves, 11 de mayo de 1944

Querida Kitty:

Como me he dejado la «caja de chucherías» arriba, y por lo tanto también la pluma, y como no puedo molestar a los que duermen su siestecita (hasta las dos y media), tendrás que conformarte con una carta escrita a lápiz.

De momento tengo muchísimo que hacer, y por extraño que parezca, me falta el tiempo para liquidar la montaña de cosas que me esperan. ¿Quieres que te cuente en dos palabras todo lo que tengo que hacer? Pues bien, para mañana tengo que leer la primera parte de la biografía de Galileo Galilei, ya que hay que devolverla a la biblioteca. Empecé a leer ayer, y voy por la página 220. Como son 320 páginas en total, lo acabaré. La semana que viene tengo que leer *Palestina en la encrucijada* y la segunda parte de Galileo. Ayer también terminé de leer la primera parte de la biografía del emperador Carlos V y tengo que pasar a limpio urgentemente la cantidad de apuntes y genealogías que he extraído de ella. A continuación tengo tres páginas de vocablos extranjeros que tengo que leer en voz alta, apuntar y aprenderme de memoria, todos extraídos de los distintos libros. En cuarto lugar está mi colección de estrellas de cine, que están todas desordenadas y necesitan urgentemente que las ordene; pero puesto que tal ordenamiento tomaría varios días y que la profesora Anne, como ya se ha dicho, está de momento agobiada de trabajo, el caos por de pronto seguirá siendo un caos. Luego también Teseo, Edipo, Peleo, Orfeo, Jasón y Hércules están a la espera de un ordenamiento, ya que varias de sus proezas forman como una maraña de hilos de colores en mi cabeza; también Mirón y Fidias necesitan un tratamiento urgente, para evitar que se conviertan en una masa informe. Lo mismo es aplicable, por ejemplo, a las guerras de los Siete y de los Nueve Años: llega un momento en que empiezo a mezclarlo todo. ¿Qué voy a hacer con una memoria así? ¡Imagínate lo olvidadiza que me volveré cuando tenga ochenta años!

¡Ah, otra cosa! La Biblia. ¿Cuánto faltará para que me encuentre con la historia del baño de Susana? ¿Y qué querrán decir con aquello de la culpa de Sodoma y Gomorra? ¡Ay, todavía quedan tantas preguntas y tanto por aprender! Y mientras tanto, a Liselotte von der Pfalz la tengo totalmente abandonada.

Kitty, ¿ves que la cabeza me da vueltas?

Ahora otro tema: hace mucho que sabes que mi mayor deseo es llegar a ser periodista y más tarde una escritora famosa. Habrá que ver si algún día podré llevar a cabo este delirio (?!) de grandeza, pero temas hasta ahora no me faltan. De todos modos, cuando acabe la guerra quisiera publicar un libro titulado *La casa de atrás*; aún está por ver si resulta, pero mi diario podrá servir de base.

También tengo que terminar «La vida de Cady». He pensado que en la continuación del relato, Cady vuelve a casa tras la cura en el sanatorio y empieza a cartearse con Hans. Eso es en 1941. Al poco tiempo se da cuenta de que Hans tiene simpatías nacionalsocialistas, y como Cady está muy preocupada por la suerte de los judíos y la de su amiga Marianne, se produce entre ellos un alejamiento. Rompen después de un encuentro en el que primero se reconcilian, pero después del cual Hans conoce a otra chica. Cady está hecha polvo y, para dedicarse a algo bueno, decide hacerse enfermera. Cuando acaba sus estudios de enfermera, se marcha a Suiza por recomendación de unos amigos de su padre, para aceptar un puesto en un sanatorio para enfermos de pulmón. Sus primeras vacaciones allí las pasa a orillas del lago de Como, donde se topa con Hans por casualidad. Este le cuenta que dos años antes se casó con la sucesora de Cady, pero que su mujer se ha quitado la vida a raíz de un ataque de depresión. A su lado, Hans se ha dado cuenta de lo mucho que ama a la pequeña Cady, y ahora vuelve a pedir su mano. Cady se niega, aunque sigue amándolo igual que antes, a pesar suyo, pero su orgullo se interpone entre ellos. Después de esto, Hans se marcha, y años más tarde Cady se entera de que ha ido a parar a Inglaterra, donde cae bastante enfermo.

La propia Cady se casa a los veintisiete años con Simón, un hombre acaudalado ajeno a todo lo ocurrido. Empieza a quererlo mucho, pero nunca tanto como a Hans. Tiene dos hijas mujeres, Lilian y Judith, y un varón, Nico. Simón y ella son felices, pero en los pensamientos ocultos de Cady siempre sigue estando Hans. Hasta que una noche sueña con él y se despide de él.

No son tonterías sentimentales, porque el relato incluye en parte la historia de papá.

Tu Anne M. Frank

Sábado, 13 de mayo de 1944

Mi querida Kitty:
Ayer fue el cumpleaños de papá, papá y mamá cumplían diecinueve años de casados, no tocaba mujer de la limpieza y el sol brillaba como nunca. El castaño está en flor de arriba abajo, y lleno de hojas además, y está mucho más bonito que el año pasado.

Kleiman le regaló a papá una biografía sobre la vida de Linneo, Kugler un libro sobre la naturaleza, Dussel el libro *Amsterdam desde el agua*, los Van Daan una caja gigantesca adornada por un decorador de primera, con tres huevos, una botella de cerveza, un yogur y una corbata verde dentro. Nuestro pote de melaza desentonaba un poco. Mis rosas despiden un aroma muy rico, a diferencia de los claveles rojos de Miep y Bep. Lo han mimado mucho. De la casa Siemons trajeron cincuenta pasteles (¡qué bien!), y además papá nos convidó a tarta de miel, y a cerveza para los hombres y yogur para las mujeres. ¡Todo estuvo riquísimo!

Tu Anne M. Frank

Mi querida Kitty:

Para variar (como hace tanto que no ocurría) quisiera contarte una pequeña discusión que tuvieron ayer el señor y la señora:

La señora: «Los alemanes a estas alturas deben haber reforzado mucho su Muralla del Atlántico; seguramente harán todo lo que esté a su alcance para detener a los ingleses. ¡Es increíble la fuerza que tienen los alemanes!».

El señor: «¡Sí, sí, terrible!».

La señora: «¡Pues sí!».

El señor: «Seguro que los alemanes acabarán ganando la guerra, de lo fuertes que son».

La señora: «Pues podría ser; a mí no me consta lo contrario».

El señor: «Será mejor que me calle».

La señora: «Aunque no quieras, siempre contestas».

El señor: «¡Qué va, si no contesto casi nunca!».

La señora: «Sí que contestas, y siempre quieres tener la razón. Y tus predicciones no siempre resultan acertadas, ni mucho menos».

El señor: «Hasta ahora siempre he acertado en mis predicciones».

La señora: «¡Eso no es cierto! La invasión iba a ser el año pasado, los finlandeses conseguirían la paz, Italia estaría liquidada en el invierno, los rusos ya tenían Lemberg... ¡Tus predicciones no valen un ochavo!».

El señor (levantándose): «¡Cállate de una buena vez! ¡Ya verás que tengo razón, en algún momento tendrás que reconocerlo, estoy harto de tus críticas, ya me las pagarás!». *(Fin del primer acto.)*

No pude evitar que me entrara la risa, mamá tampoco, y también Peter tuvo que contenerse. ¡Ay, qué tontos son los mayores! ¿Por qué no aprenden ellos primero, en vez de estar criticando siempre a sus hijos?

Desde el viernes abrimos de nuevo las ventanas por las noches.

Tu Anne M. Frank

Intereses de la familia de escondidos en la Casa de atrás:

(Relación sistemática de asignaturas de estudio y de lectura.)

El señor Van Daan: no estudia nada; consulta mucho la enciclopedia Knaur; lee novelas de detectives, libros de medicina e historias de suspense y de amor sin importancia.

La señora de Van Daan: estudia inglés por correspondencia; le gusta leer biografías noveladas y algunas novelas.

El señor Frank: estudia inglés (¡Dickens!) y algo de latín; nunca lee novelas, pero sí le gustan las descripciones serias y áridas de personas y países.

La señora de Frank: estudia inglés por correspondencia; lee de todo, menos las historias de detectives.

El señor Dussel: estudia inglés, español y holandés sin resultado aparente; lee de todo; su opinión se ajusta a la de la mayoría.

Peter van Daan: estudia inglés, francés (por correspondencia), taquigrafía holandesa, inglesa y alemana, correspondencia comercial en inglés, talla en madera, economía política y, a veces, matemáticas; lee poco, a veces libros sobre geografía.

Margot Frank: estudia inglés, francés, latín por correspondencia, taquigrafía inglesa, alemana y holandesa, mecánica, trigonometría, geometría, geometría del espacio, física, química, álgebra, literatura inglesa, francesa, alemana y holandesa, contabilidad, geografía, historia contemporánea, biología, economía; lee de todo, preferentemente libros sobre religión y medicina.

Anne Frank: estudia taquigrafía francesa, inglesa, alemana y holandesa, geometría, álgebra, *historia*, geografía, historia del arte, mitología, biología, historia bíblica, literatura holandesa; le encanta leer biografías, áridas o entretenidas, libros de historia (a veces novelas y libros de esparcimiento).

Viernes, 19 de mayo de 1944

Querida Kitty:
Ayer estuve muy mal. Vomité (¡yo, figúrate!), me dolía la cabeza, la tripa, todo lo que te puedas imaginar. Hoy ya estoy mejor, tengo mucha hambre pero las judías pintas que nos dan hoy será mejor que no las toque.

A Peter y a mí nos va bien. El pobre tiene más necesidad de cariño que yo, sigue poniéndose colorado cada vez que le doy el beso de las buenas noches y siempre me pide que le dé otro. ¿Seré algo así como una sustituta de Moffie? A mí no me importa, él es feliz sabiendo que alguien lo quiere.

Después de mi tortuosa conquista, estoy un tanto por encima de la situación, pero no te creas que mi amor se ha entibiado. Es un encanto, pero yo he vuelto a cerrarme por dentro; si Peter quisiera romper otra vez el candado, esta vez deberá tener una palanca más fuerte...

Tu Anne M. Frank

Querida Kitty:

Anoche bajé del desván, y al entrar en la habitación vi enseguida que el hermoso jarrón de los claveles había rodado por el suelo. Mamá estaba de rodillas fregando y Margot intentaba pescar mis papeles mojados del suelo.

—¿Qué ha pasado? —pregunté, llena de malos presentimientos, y sin esperar una respuesta me puse a estimar los daños desde la distancia. Toda mi carpeta de genealogías, mis cuadernos, libros, todo empapado. Casi me pongo a llorar y estaba tan exaltada, que empecé a hablar en alemán. Ya no me acuerdo en absoluto de lo que dije, pero según Margot murmuré algo así como «daños incalculables, espantosos, horribles, irreparables» y otras cosas más. Papá se reía a carcajadas, mamá y Margot se contagiaron, pero yo casi me echo a llorar al ver todo mi trabajo estropeado y mis apuntes pasados a limpio todos emborronados.

Ya examinándolo mejor, los «daños incalculables» no lo eran tanto, por suerte. En el desván despegué y clasifiqué con sumo cuidado los papeles pegoteados y los colgué en hilera de las cuerdas de colgar la colada. Resultaba muy cómico verlo y me volvió a entrar risa: María de Médicis al lado de Carlos V, Guillermo de Orange al lado de María Antonieta.

—¡Eso es *Rassenschande!*[1] —bromeó el señor Van Daan.

Tras confiar el cuidado de mis papeles a Peter, volví a bajar.

—¿Cuáles son los libros estropeados? —le pregunté a Margot, que estaba haciendo una selección de mis tesoros librescos.

---

1. En alemán, «escándalo racial». Alusión a las teorías nacionalsocialistas sobre la pureza de la raza. (*N. del T.*)

—El de álgebra —dijo.

Pero lamentablemente ni siquiera el libro de álgebra se había estropeado realmente. ¡Ojalá se hubiera caído en el jarrón! Nunca he odiado tanto un libro como el de álgebra. En la primera página hay como veinte nombres de chicas que lo tuvieron antes que yo; está viejo, amarillento y lleno de apuntes, tachaduras y borrones. Cualquier día que me dé un ataque de locura, cojo y lo rompo en pedazos.

Tu Anne M. Frank

Lunes, 22 de mayo de 1944

Querida Kitty:

El 20 de mayo, papá perdió cinco tarros de yogur en una apuesta con la señora Van Daan. En efecto, la invasión no se ha producido aún, y creo poder decir que en todo Amsterdam, en toda Holanda y en toda la costa occidental europea hasta España, se habla, se discute y se hacen apuestas noche y día sobre la invasión, sin perder las esperanzas.

La tensión sigue aumentando. No todos los holandeses de los que pensamos que pertenecen al bando «bueno» siguen confiando en los ingleses. No todos consideran que el *bluff* inglés es una muestra de maestría, nada de eso, la gente por fin quiere ver actos, actos de grandeza y heroísmo.

Nadie ve más allá de sus narices, nadie piensa en que los ingleses luchan por sí mismos y por su país; todo el mundo opina que los ingleses tienen la obligación de salvar a Holanda lo antes posible y de la mejor manera posible. ¿Por qué habrían de tener esa obligación? ¿Qué han hecho los holandeses para merecer la generosa ayuda que tanto esperan que se les dé? No, los holandeses están bastante equivocados; los ingleses, pese a todo su *bluff*, no han perdido más honor que todos los otros países, grandes y pequeños, que ahora están ocupados. Los ingleses no van a presentar sus disculpas por haber dormido mientras Alemania se armaba, porque los demás países, los que limitan con Alemania, también dormían. Con la política del avestruz no se llega a ninguna parte, eso lo ha podido ver Inglaterra y lo ha visto el mundo entero, y ahora tienen que pagarlo caro, uno a uno, y la propia Inglaterra tampoco se salvará.

Ningún país va a sacrificar a sus hombres en vano, sobre todo si lo que está en juego son los intereses de otro país, y tampoco Inglaterra lo hará. La invasión, la liberación y la libertad llegarán algún día; pero la que puede elegir el momento es Inglaterra, y no algún territorio ocupado, ni todos ellos juntos.

Con gran pena e indignación por nuestra parte nos hemos enterado de que la actitud de mucha gente frente a los judíos ha dado un vuelco. Nos han dicho que hay brotes de antisemitismo en círculos en los que antes eso era impensable. Este hecho nos ha afectado muchísimo a todos. La causa del odio hacia los judíos es comprensible, a veces hasta humana, pero no es buena. Los cristianos les echan en cara a los judíos que se van de la lengua con los alemanes, que delatan a quienes los protegieron, que por culpa de los judíos muchos cristianos corren la misma suerte y sufren los mismos horribles castigos que tantos otros. Todo esto es cierto. Pero como pasa con todo, tienen que mirar también la otra cara de la moneda: ¿actuarían los cristianos de otro modo si estuvieran en nuestro lugar? ¿Puede una persona sin importar si es cristiano o judío, mantener su silencio ante los métodos alemanes? Todos saben que es casi imposible. Entonces, ¿por qué les piden lo imposible a los judíos?

En círculos de la resistencia se murmura que los judíos alemanes emigrados en su momento a Holanda y que ahora se encuentran en Polonia, no podrán volver a Holanda; aquí tenían derecho de asilo, pero cuando ya no esté Hitler, deberán volver a Alemania.

Oyendo estas cosas, ¿no es lógico que uno se pregunte por qué se está librando esta guerra tan larga y difícil? ¿Acaso no oímos siempre que todos juntos luchamos por la libertad, la verdad y la justicia? Y si en plena lucha ya empieza a haber discordia, ¿otra vez el judío vale menos que otro? ¡Ay, es triste, muy triste, que por enésima vez se confirme la vieja sentencia de que lo que hace un cristiano es responsabilidad suya, pero lo que hace un judío es responsabilidad de todos los judíos!

Sinceramente no me cabe en la cabeza que los holandeses, un pueblo tan bondadoso, honrado y recto, opinen así sobre nosotros, opinen así sobre el pueblo más oprimido, desdichado y lastimero de todos los pueblos, tal vez del mundo entero.

Solo espero una cosa: que ese odio a los judíos sea pasajero, que los holandeses en algún momento demuestren ser lo que son en realidad, que no vacilen en su sentimiento de justicia, ni ahora ni nunca, ¡porque esto de ahora es injusto!

Y si estas cosas horribles de verdad se hicieran realidad, el pobre resto de los judíos que queda deberá abandonar Holanda. También nosotros deberemos liar nuestros bártulos y seguir nuestro camino, dejar atrás este hermoso país que nos ofreció cobijo tan cordialmente y que ahora nos vuelve la espalda.

¡Amo a Holanda, en algún momento he tenido la esperanza de que a mí, desterrada, pudiera servirme de patria, y aún conservo esa esperanza!

Tu Anne M. Frank

Querida Kitty:

¡Bep se ha comprometido! El hecho en sí no es tan sorprendente, aunque a ninguno de nosotros nos alegra demasiado. Puede que Bertus sea un muchacho serio, simpático y deportivo, pero Bep no lo ama y eso para mí es motivo suficiente para desaconsejarle que se case.

Bep ha puesto todos sus empeños en abrirse camino en la vida, y Bertus la detiene. Es un obrero, un hombre sin inquietudes y sin interés en salir adelante, y no creo que Bep se sienta feliz con esa situación. Es comprensible que Bep quiera poner fin a esta cuestión de medias tintas; hace apenas cuatro semanas había roto con él, pero luego se sintió más desdichada, y por eso volvió a escribirle, y ahora ha acabado por comprometerse.

En este compromiso entran en juego muchos factores. En primer lugar, el padre enfermo, que quiere mucho a Bertus; en segundo lugar, el hecho de que es la mayor de las hijas mujeres de Voskuijl y que su madre le gasta bromas por su soltería; en tercer lugar, el hecho de que Bep tiene tan solo veinticuatro años, algo que para ella cuenta bastante.

Mamá dijo que hubiera preferido que empezaran teniendo una relación. Yo no sé qué decir, compadezco a Bep y comprendo que se sintiera sola. La boda no podrá ser antes de que acabe la guerra, ya que Bertus es un clandestino, o sea, un «hombre negro», y además ninguno de ellos tiene un céntimo y tampoco tienen ajuar. ¡Qué perspectivas tan miserables para Bep, a la que todos nosotros deseamos lo mejor! Esperemos que Bertus cambie bajo el influjo de Bep, o bien que Bep encuentre a un hombre bueno que sepa valorarla.

Tu Anne M. Frank

El mismo día

Todos los días pasa algo nuevo. Esta mañana han detenido a Van Hoeven. En su casa había dos judíos escondidos. Es un duro golpe para nosotros, no solo porque esos pobres judíos están ahora al borde del abismo, sino que también es horrible para Van Hoeven.

El mundo está patas arriba. A los más honestos se los llevan a los campos de concentración, a las cárceles y a las celdas solitarias, y la escoria gobierna a grandes y pequeños, pobres y ricos. A unos los pillan por vender en el mercado negro, a otros por ayudar a los judíos o a otros escondidos, y nadie que no pertenezca al movimiento nacionalsocialista sabe lo que puede pasar mañana.

También para nosotros es una enorme pérdida lo de Van Hoeven. Bep no puede ni debe cargar con el peso de las patatas; lo único que nos queda es comer menos. Ya te contaré cómo lo arreglamos, pero seguro que no será nada agradable. Mamá dice que no habrá más desayuno: papilla de avena y pan al mediodía, y por las noches patatas fritas, y tal vez verdura o lechuga una o dos veces a la semana, más no. Pasaremos hambre, pero cualquier cosa es mejor que ser descubiertos.

Tu Anne M. Frank

Viernes, 26 de mayo de 1944

Mi querida Kitty:

Por fin, por fin ha llegado el momento de sentarme a escribir tranquila junto a la rendija de la ventana para contártelo todo, absolutamente todo.

Me siento más miserable de lo que me he sentido en meses, ni siquiera después de que entraron los ladrones me sentí tan destrozada. Por un lado Van Hoeven, la cuestión judía, que es objeto de amplios debates en toda la casa, la invasión que no llega, la mala comida, la tensión, el ambiente deprimente, la desilusión por lo de Peter y, por el otro lado, el compromiso de Bep, la recepción por motivo de Pentecostés, las flores, el cumpleaños de Kugler, las tartas y las historias de teatros de revista, cines y salas de concierto. Esas diferencias, esas grandes diferencias, siempre se hacen patentes: un día nos reímos de nuestra situación tan cómica de estar escondidos, y al otro día y en tantos otros días tenemos miedo, y se nos notan en la cara el temor, la angustia y la desesperación.

Miep y Kugler son los que más sienten la carga que les ocasionamos, tanto nosotros como los demás escondidos; Miep en su trabajo, y Kugler que a veces sucumbe bajo el peso que supone la gigantesca responsabilidad por nosotros ocho, y que ya casi no puede hablar de los nervios y la exaltación contenida. Kleiman y Bep también cuidan muy bien de nosotros, de verdad muy bien, pero hay momentos en que también ellos se olvidan de la Casa de atrás, aunque tan solo sea por unas horas, un día, acaso dos. Tienen sus propias preocupaciones que atender, Kleiman su salud, Bep su compromiso que dista mucho de ser color de rosa, y aparte de esas preocupaciones también tienen sus salidas, sus visitas, toda su vida de gente normal, para ellos la tensión a veces desaparece, aunque solo sea por poco tiempo, pero para nosotros no, nunca, desde hace dos años. ¿Hasta cuándo esa tensión seguirá aplastándonos y asfixiándonos cada vez más?

Otra vez se han atascado las tuberías del desagüe, no podemos dejar correr el agua, salvo a cuentagotas, no podemos usar el retrete, salvo si llevamos un cepillo, y el agua sucia la guardamos en una gran tinaja. Por hoy nos arreglamos, pero ¿qué pasará si el fontanero no puede solucionarnos el problema él solo? Los del ayuntamiento no trabajan hasta el martes...[1]

Miep nos mandó un pastel de uvas pasas con una inscripción que decía «Feliz Pentecostés». Es casi como si se estuviera burlando, nuestros ánimos y nuestro miedo no están para fiestas.

Nos hemos vuelto más miedosos desde el asunto de Van Hoeven. A cada momento se oye algún «¡chis!», y todos tratan de hacer menos ruido. Los que forzaron la puerta en casa de Van Hoeven eran de la policía, de modo que tampoco estamos a buen recaudo de ellos. Si nos llegan a... no, no debo escribirlo, pero hoy la pregunta es ineludible, al contrario, todo el miedo y la angustia se me vuelven a aparecer en todo su horror.

A las ocho he tenido que ir sola al lavabo de abajo, no había nadie, todos estaban escuchando la radio, yo quería ser valiente, pero no fue fácil. Sigo sintiéndome más segura aquí arriba que sola en el edificio tan grande y silencioso; los ruidos sordos y enigmáticos que se oyen arriba y los bocinazos de los coches en la calle solo me hacen temblar cuando no soy lo bastante rápida para reflexionar sobre la situación.

Miep se ha vuelto mucho más amable y cordial con nosotros desde la conversación que ha tenido con papá. Pero eso todavía no te lo he contado. Una tarde, Miep vino a ver a papá con la cara toda colorada y le preguntó a quemarropa si creíamos que también a ella se le había contagiado el antisemitismo. Papá se pegó un gran susto y habló con ella para quitárselo de la cabeza, pero a Miep le siguió quedando en parte su sospecha. Ahora nos traen más cosas, se interesan más por nuestros pesares, aunque no debemos molestarlos contándoselos. ¡Son todos tan, tan buenos!

1. El lunes de Pentecostés es día festivo en los Países Bajos. *(N. del T.)*

Una y otra vez me pregunto si no habría sido mejor para todos que en lugar de escondernos ya estuviéramos muertos y no tuviéramos que pasar por esta pesadilla, y sobre todo que no comprometiéramos a los demás. Pero también esa idea nos estremece, todavía amamos la vida, aún no hemos olvidado la voz de la naturaleza, aún tenemos esperanzas, esperanzas de que todo salga bien.

Y ahora, que pase algo pronto, aunque sean tiros, eso ya no nos podrá destrozar más que esta intranquilidad, que venga ya el final, aunque sea duro, así al menos sabremos si al final hemos de triunfar o si sucumbiremos.

Tu Anne M. Frank

Miércoles, 31 de mayo de 1944

Querida Kitty:

El sábado, domingo, lunes y martes hizo tanto calor, que no podía tener la pluma en la mano, por lo que me fue imposible escribirte. El viernes se rompió el desagüe, el sábado lo arreglaron. La señora Kleiman vino por la tarde a visitarnos y nos contó muchas cosas sobre Jopie, por ejemplo que se ha hecho socia de un club de hockey junto con Jacque van Maarsen. El domingo vino Bep a ver si no habían entrado ladrones y se quedó a desayunar con nosotros. El lunes de Pentecostés, el señor Gies hizo de vigilante del escondite y el martes por fin nos dejaron abrir otra vez las ventanas. Rara vez hemos tenido un fin de semana de Pentecostés tan hermoso y cálido, hasta podría decirse que caluroso. Cuando en la Casa de atrás hace mucho calor es algo terrible; para darte una idea de la gran cantidad de quejas, te describiré los días de calor en pocas palabras:

El sábado: «¡Qué bueno hace!», dijimos todos por la mañana. «¡Ojalá hiciera menos calor!», dijimos por la tarde, cuando hubo que cerrar las ventanas.

El domingo: «¡No se aguanta el calor, la mantequilla se derrite, no hay ningún rincón fresco en la casa, el pan se seca, la leche se echa a perder, no se puede abrir ninguna ventana. Somos unos parias que nos estamos sofocando, mientras los demás tienen vacaciones de Pentecostés!». (Palabras de la señora.)

El lunes: «¡Me duelen los pies, no tengo ropa fresca, no puedo fregar los platos con este calor!». Quejidos desde la mañana temprano hasta las últimas horas de la noche. Fue muy desagradable.

Sigo sin soportar bien el calor, y me alegro de que hoy sople una buena brisa y que igual haya sol.

Tu Anne M. Frank

Viernes, 2 de junio de 1944

Querida Kitty:

«Quienes suban al desván, que se lleven un paraguas bien grande, de hombre si es posible...» Esto para guarecerse de las lluvias que vienen de arriba. Hay un refrán que dice: «En lo alto, seco, santo y seguro», pero esto no es aplicable a los tiempos de guerra (por los tiros) y a los escondidos (por el pis de gato). Resulta que Mouschi ha tomado más o menos por costumbre depositar sus menesteres encima de unos periódicos o en una rendija en el suelo, de modo que no solo el miedo a las goteras está más que fundado, sino también el temor al mal olor. Sépase, además, que también el nuevo Moortje del almacén padece los mismos males, y todo aquel que haya tenido un gato pequeño que hiciera sus necesidades por todas partes, sabrá hacerse una idea de los aromas que flotan por la casa aparte del de la pimienta y del tomillo.

Por otra parte, tengo que comunicarte una receta totalmente nueva contra los tiros: al oír los disparos, dirigirse rápidamente a la escalera de madera más cercana, bajar y volver a subir por la misma, intentando rodar por ella suavemente hacia abajo al menos una vez en caso de repetición. Los rasguños y el estruendo producidos por las bajadas y subidas y por las caídas te mantienen lo suficientemente ocupada como para no oír los disparos ni pensar en ellos. Quien escribe estas líneas ya ha probado esta receta ideal, ¡y con éxito!

Tu Anne M. Frank

Lunes, 5 de junio de 1944

Querida Kitty:
Nuevos disgustos en la Casa de atrás. Pelea entre Dussel y la familia Frank a raíz del reparto de la mantequilla. Capitulación de Dussel. Gran amistad entre la señora de Van Daan y el último, coqueteos, besitos y sonrisitas simpáticas. Dussel empieza a sentir deseos de estar con una mujer.

Los Van Daan no quieren que hagamos un pastel para el cumpleaños de Kugler, porque aquí tampoco se comen. ¡Qué miserables!

Arriba un humor de perros. La señora con catarro. Pillamos a Dussel tomando tabletas de levadura de cerveza, mientras que a nosotros no nos da nada.

Entrada en Roma del 5.º Ejército, la ciudad no ha sido destruida ni bombardeada. Enorme propaganda para Hitler.

Hay poca verdura y patatas, una bolsa de pan se ha echado a perder.

El Esqueleto (así se llama el nuevo gato del almacén) no soporta bien la pimienta. Utiliza la cubeta-retrete para dormir, y para hacer sus necesidades coge virutas de madera de las de empacar. ¡Vaya un gato imposible!

El tiempo, malo. Bombardeos continuos sobre el paso de Calais y la costa occidental francesa.

Imposible vender dólares, oro menos aún, empieza a verse el fondo de nuestra caja negra. ¿De qué viviremos el mes que viene?

Tu Anne M. Frank

Martes, 6 de junio de 1944

Mi querida Kitty:
This is D-day,[1] ha dicho a las doce del mediodía la radio inglesa, y con razón. *This is «the» day:*[2] ¡La invasión ha comenzado!

Esta mañana, a las ocho, los ingleses anunciaron: intensos bombardeos en Calais, Boulogne-sur-mer, El Havre y Cherburgo, así como en el paso de Calais (como ya es habitual). También una medida de seguridad para los territorios ocupados: toda la gente que vive en la zona de treinta y cinco kilómetros desde la costa tienen que prepararse para los bombardeos. Los ingleses tirarán volantes una hora antes, en lo posible.

Según han informado los alemanes, en la costa francesa han aterrizado paracaidistas ingleses. «Lanchas inglesas de desembarco luchan contra la infantería de marina alemana», según la BBC.

Conclusión de la Casa de atrás a las nueve de la ma-

1. En inglés: «Ha llegado el día D». *(N. del T.)*
2. En inglés: «Ha llegado el día». *(N. del T.)*

ñana, hora del desayuno: es un desembarco piloto, igual que hace dos años en Dieppe.

La radio inglesa en su emisión de las diez, en alemán, holandés, francés y otros idiomas: *The invasion has begun*,[1] o sea, la *verdadera* invasión.

La radio inglesa en su emisión de las once, en alemán: discurso del general Dwight Eisenhower, comandante de las tropas.

La radio inglesa en su emisión en inglés: «Ha llegado el día D». El general Eisenhower le ha dicho al pueblo francés: «Nos espera un duro combate, pero luego vendrá la victoria. 1944 será el año de la victoria total. ¡Buena suerte!».

La radio inglesa en su emisión de la una, en inglés: once mil aviones están preparados y vuelan incesantemente para transportar tropas y realizar bombardeos detrás de las líneas de combate. Cuatro mil naves de desembarco y otras embarcaciones más pequeñas tocan tierra sin cesar entre Cherburgo y El Havre. Tropas inglesas y estadounidenses se encuentran en pleno combate. Discursos del ministro holandés Gerbrandy, del primer ministro belga, del rey Haakon de Noruega, de De Gaulle por Francia y del rey de Inglaterra, sin olvidar a Churchill.

¡Conmoción en la Casa de atrás! ¿Habrá llegado por fin la liberación tan ansiada, la liberación de la que tanto se ha hablado, pero que es demasiado hermosa y fantástica como para hacerse realidad algún día? ¿Acaso este año de 1944 nos traerá la victoria? Ahora mismo no lo sabemos, pero la esperanza, que también es vida, nos devuelve el valor y la fuerza. Porque con valor hemos de superar los múltiples miedos, privaciones y sufrimientos. Ahora se trata de guardar la calma y de perseverar,

1. En inglés: «La invasión ha comenzado». *(N. del T.)*

y de hincarnos las uñas en la carne antes de gritar. Gritar y chillar por las desgracias padecidas, eso lo pueden hacer en Francia, Rusia, Italia y Alemania, pero nosotros todavía no tenemos derecho a ello...

¡Ay, Kitty, lo más hermoso de la invasión es que me da la sensación de que quienes se acercan son amigos! Los malditos alemanes nos han oprimido y nos han puesto el puñal contra el pecho durante tanto tiempo, que los amigos y la salvación lo son todo para nosotros. Ahora ya no se trata de los judíos, se trata de toda Holanda, Holanda y toda la Europa ocupada. Tal vez, dice Margot, en septiembre u octubre pueda volver al colegio.

Tu Anne M. Frank

P.D. Te mantendré al tanto de las últimas noticias. Esta mañana, y también por la noche, desde los aviones soltaron muñecos de paja y maniquíes que fueron a parar detrás de las posiciones alemanas; estos muñecos explotaron al tocar tierra. También aterrizaron muchos paracaidistas, que estaban pintados de negro para pasar inadvertidos en la noche. A las seis de la mañana llegaron las primeras lanchas, después de que se había bombardeado la costa por la noche, con cinco mil toneladas de bombas. Hoy entraron en acción veinte mil aviones. Las baterías costeras de los alemanes ya estaban destruidas a la hora del desembarco. Ya se ha formado una pequeña cabeza de puente, todo marcha a pedir de boca, por más que haga mal tiempo. El ejército y también el pueblo tienen la misma voluntad y la misma esperanza.

Querida Kitty:

¡La invasión marcha viento en popa! Los aliados han tomado Bayeux, un pequeño pueblo de la costa francesa, y luchan ahora para entrar en Caen. Está claro que la intención es cortar las comunicaciones de la península en la que está situada Cherburgo. Los corresponsales de guerra informan todas las noches de las dificultades, el valor y el entusiasmo del ejército, se cometen las proezas más increíbles, también los heridos que ya han vuelto a Inglaterra han hablado por el micrófono. A pesar de que hace un tiempo malísimo, los aviones van y vienen. Nos hemos enterado a través de la BBC que Churchill quería acompañar a las tropas cuando la invasión, pero que este plan no se llevó a cabo por recomendación de Eisenhower y de otros generales. ¡Figúrate el valor de este hombre tan mayor, que ya tiene por lo menos setenta años!

La conmoción del otro día ya ha amainado; sin embargo, esperamos que la guerra acabe por fin a finales de año. ¡Ya sería hora! Las lamentaciones de la señora Van Daan no se aguantan; ahora que ya no nos puede dar la lata con la invasión, se queja todo el día del mal tiempo. ¡Te vienen ganas de meterla en un cubo de agua fría y subirla a la buhardilla!

La Casa de atrás en su conjunto, salvo Van Daan y Peter, ha leído la trilogía *Rapsodia húngara*. El libro relata la historia de la vida del compositor, pianista y niño prodigio Franz Liszt. Es un libro muy interesante, pero para mi gusto contiene demasiadas historias de mujeres; Liszt no fue tan solo el más grande y famoso pianista de su época, sino también el mayor de los donjuanes aun hasta los setenta años. Tuvo relaciones amorosas con la condesa Marie d'Agoult, la princesa Carolina de Sayn-

Wittgenstein, la bailarina Lola Montes, las pianistas Agnes Kingworth y Sophie Menter, la princesa circasiana Olga Janina, la baronesa Olga Meyendroff, la actriz de teatro Lilla no sé cuántos, etcétera, etcétera: son una infinidad. Las partes del libro que tratan de música y otras artes son mucho más interesantes. En el libro aparecen: Schumann y Clara Wieck, Héctor Berlioz, Johannes Brahms, Beethoven, Joachin, Richard Wagner, Hans von Bülow, Anton Rubinstein, Frederic Chopin, Victor Hugo, Honoré de Balzac, Hiller, Hummel, Czerny, Rossini, Cherubini, Paganini, Mendelssohn, etcétera, etcétera. El propio Liszt era un tipo estupendo, muy generoso, nada egoísta, aunque extremadamente vanidoso; ayudaba a todo el mundo, no conocía nada más elevado que el arte, amaba el coñac y a las mujeres, no soportaba las lágrimas, era un caballero, no denegaba favores a nadie, no le importaba el dinero, era partidario de la libertad de culto y amaba al mundo.

Tu Anne M. Frank

Martes, 13 de junio de 1944

Querida Kit:
Ha sido otra vez mi cumpleaños, de modo que ahora ya tengo quince años. Me han regalado un montón de cosas: papá y mamá, los cinco tomos de la historia del arte de Springer, un juego de ropa interior, dos cinturones, un pañuelo, dos yogures, un tarro de mermelada, dos pasteles de miel (de los pequeños) y un libro de botánica; Margot un brazalete sobredorado, Van Daan un libro de la colección «Patria», Dussel un tarro de malta Biomalt y un ramillete de almorta, Miep caramelos, Bep caramelos y unos cuadernos, y Kugler lo más hermoso: el libro *María Teresa* y tres lonchas de queso

con toda su crema. Peter me regaló un bonito ramo de peonías. El pobre hizo un gran esfuerzo por encontrar algo adecuado, pero no tuvo éxito.

La invasión sigue yendo viento en popa, pese al tiempo malísimo, las innumerables tormentas, los chaparrones y la marejada.

Churchill, Smuts, Eisenhower y Arnold visitaron ayer los pueblos franceses tomados y liberados por los ingleses. Churchill se subió a un torpedero que disparaba contra la costa; ese hombre, como tantos otros, parece no saber lo que es el miedo. ¡Qué envidia!

Desde nuestra «fortaleza de atrás» nos es imposible sondear el ambiente que impera en Holanda. La gente sin duda está contenta de que la ociosa (!) Inglaterra por fin haya puesto manos a la obra. No saben lo injusto que es su razonamiento cuando dicen una y otra vez que aquí no quieren una ocupación inglesa. Con todo, el razonamiento viene a ser más o menos el siguiente: Inglaterra tiene que luchar, combatir y sacrificar a sus hijos por Holanda y los demás territorios ocupados. Los ingleses no pueden quedarse en Holanda, tienen que presentar sus disculpas a todos los estados ocupados, tienen que devolver las Indias[1] a sus antiguos dueños, y luego podrán volverse a Inglaterra, empobrecidos y maltrechos. Pobres diablos los que piensan así, y sin embargo, como ya he dicho, muchos holandeses parecen pertenecer a esta categoría. Y ahora me pregunto yo: ¿qué habría sido de Holanda y de los países vecinos si Inglaterra hubiera firmado la paz con Alemania, la paz posible en tantas ocasiones? Holanda habría pasado a formar parte de Alemania y asunto concluido.

1. Referencia a las antiguas Indias neerlandesas, la actual Indonesia. *(N. del T.)*

A todos los holandeses que aún miran a los ingleses por encima del hombro, que tachan a Inglaterra y a su gobierno de viejos seniles, que califican a los ingleses de cobardes, pero que sin embargo odian a los alemanes, habría que sacudirlos como se sacude una almohada, así tal vez sus sesos enmarañados se plegarían de forma más sensata...

En mi cabeza rondan muchos deseos, muchos pensamientos, muchas acusaciones y muchos reproches. De verdad que no soy tan presumida como mucha gente cree, conozco mis innumerables fallos y defectos mejor que nadie, con la diferencia de que sé que quiero enmendarme, que me enmendaré y que ya me he enmendado un montón.

¿Cómo puede ser entonces, me pregunto muchas veces, que todo el mundo me siga considerando tan tremendamente pedante y poco modesta? ¿De verdad soy tan testaruda? ¿Soy realmente yo sola, o quizá también los demás? Suena raro, ya me doy cuenta, pero no tacharé la última frase, porque tampoco es tan rara como parece. La señora Van Daan y Dussel, mis principales acusadores, tienen fama ambos de carecer absolutamente de inteligencia y de ser, sí, digámoslo tranquilamente, «ignorantes». La gente ignorante no soporta por lo general que otros hagan una cosa mejor que ellos; el mejor ejemplo de ello son, en efecto, estos dos ignorantes, la señora Van Daan y el señor Dussel. La señora me considera ignorante porque yo no padezco esa enfermedad de manera tan aguda como ella; me considera poco modesta, porque ella lo es menos aún; mis faldas le parecen muy cortas, porque las suyas lo son más aún; me considera una sabidilla, porque ella misma habla el doble que yo sobre temas de los que no entiende absolutamente nada. Lo mismo vale para Dussel. Pero uno de mis refranes favoritos es «En todos los reproches hay algo de cierto», y por eso soy la primera en reconocer que algo de sabidilla tengo.

Sin embargo, lo más molesto de mi carácter es que nadie me regaña y me increpa tanto como yo misma; y si a eso mamá añade su cuota de consejos, la montaña de sermones se hace tan inconmensurable que yo, en mi desesperación por salir del paso, me vuelvo insolente y me pongo a contradecir, y automáticamente salen a relucir las viejas palabras de Anne: «¡Nadie me comprende!».

Estas palabras las llevo dentro de mí, y aunque suenen a mentira, tienen también su parte de verdad. Mis autoinculpaciones adquieren a menudo proporciones tales, que desearía encontrar una voz consoladora que lograra reducirlas a un nivel razonable y a la que también le importara mi fuero interno, pero ¡ay!, por más que busco, no he podido encontrarla.

Ya sé que estarás pensando en Peter, ¿verdad, Kit? Es cierto, Peter me quiere, no como un enamorado, sino como amigo, su afecto crece día a día, pero sigue habiendo algo misterioso que nos detiene a los dos, y que ni yo misma sé lo que es.

A veces pienso que esos enormes deseos míos de estar con él eran exagerados, pero en verdad no es así, porque cuando pasan dos días sin que haya ido arriba, me vuelven los mismos fuertes deseos de verlo que he tenido siempre. Peter es bueno y bondadoso, pero no puedo negar que muchas cosas en él me decepcionan. Sobre todo su rechazo a la religión, las conversaciones sobre la comida y muchas otras cosas de toda índole no me gustan en absoluto. Sin embargo, estoy plenamente convencida de que nunca reñiremos, tal como lo hemos convenido sinceramente. Peter es amante de la paz, tolerante y capaz de ceder. Acepta que yo le diga muchas más cosas de las que le tolera a su madre. Intenta con gran empeño borrar las manchas de tinta en sus libros y de poner cierto orden en sus cosas. Y sin embargo, ¿por qué sigue ocultando lo que tiene dentro y no me permite tocarlo? Tiene un carácter mucho más cerrado que el mío, es cierto; pero yo ahora realmente sé por la práctica (recuerda la «Anne en teoría» que sale a relucir una y otra vez) que llega un momento en que hasta los caracteres más cerrados ansían, en la misma medida que otros, o más, tener un confidente.

En la Casa de atrás, Peter y yo ya hemos tenido nuestros años para pensar, a menudo hablamos sobre el futuro, el pasado y el presente, pero como ya te he dicho: echo en falta lo auténtico y sin embargo estoy segura de que está ahí.

¿Será que el no haber podido salir al aire libre ha hecho que creciera mi afición por todo lo que tiene que ver con la naturaleza? Recuerdo perfectamente que un límpido cielo azul, el canto de los pájaros, el brillo de la luna o el florecimiento de las flores, antes no lograban captar por mucho tiempo mi atención. Aquí todo eso ha cambiado: para Pentecostés, por ejemplo, cuando hizo tanto calor, hice el mayor de los esfuerzos para no dormirme por la noche, y a las once y media quise observar bien la luna por una vez a solas, a través de la ventana abierta. Lamentablemente mi sacrificio fue en vano, ya que la luna daba mucha luz y no podía arriesgarme a abrir la ventana. En otra ocasión, hace unos cuantos meses, fui una noche arriba por casualidad, estando la ventana abierta. No bajé hasta que no terminó la hora de airear. La noche oscura y lluviosa, la tormenta, las nubes que pasaban apresuradas me cautivaron; después de año y medio, era la primera vez que veía a la noche cara a cara. Después de ese momento, mis deseos de volver a ver la noche superaron mi miedo a los ladrones, a la casa a oscuras y llena de ratas y a los robos. Bajé completamente sola a mirar hacia fuera por la ventana del despacho de papá y la de la cocina. A mucha gente le gusta la naturaleza, muchos duermen alguna que otra vez a la intemperie, muchos de los que están en cárceles y hospitales no ven el día en que puedan volver a disfrutar libremente de la naturaleza, pero son pocos los que, como nosotros, están tan separados y aislados de la cosa que desean, y que es igual para ricos que para pobres.

No es ninguna fantasía cuando digo que ver el cielo, las nubes, la luna y las estrellas me da paciencia y me tranquiliza. Es mucho mejor que la valeriana o el bromo: la naturaleza me empequeñece y me prepara para recibir cualquier golpe con valentía.

En alguna parte estará escrito que solo pueda ver la naturaleza, de vez en cuando y a modo de excepción, a través de unas ventanas llenas de polvo y con cortinas sucias delante, y hacerlo así no resulta nada agradable. ¡La Naturaleza es lo único que realmente no admite sucedáneos!

Más de una vez, una de las preguntas que no me deja en paz por dentro es por qué en el pasado, y a menudo aún ahora, los pueblos conceden a la mujer un lugar tan inferior al que ocupa el hombre. Todos dicen que es injusto, pero con eso no me doy por contenta: lo que quisiera conocer es la causa de semejante injusticia.

Es de suponer que el hombre, dada su mayor fuerza física, ha dominado a la mujer desde el principio; el hombre, que tiene ingresos, el hombre, que procrea, el hombre, al que todo le está permitido... Ha sido una gran equivocación por parte de tantas mujeres tolerar, hasta hace poco tiempo, que todo siguiera así sin más, porque cuantos más siglos perdura esta norma, tanto más se arraiga. Por suerte, la enseñanza, el trabajo y el desarrollo le han abierto un poco los ojos a la mujer. En muchos países las mujeres han obtenido la igualdad de derechos; mucha gente, sobre todo mujeres, pero también hombres, ven ahora lo mal que ha estado dividido el mundo durante tanto tiempo, y las mujeres modernas exigen su derecho a la independencia total.

Pero no se trata solo de eso: ¡también hay que conseguir la valoración de la mujer! En todos los continentes el hombre goza de una alta estima generalizada. ¿Por qué la mujer no habría de compartir esa estima antes que nada? A los soldados y héroes de guerra se les honra y rinde homenaje, a los descubridores se les concede fama eterna, se venera a los mártires, pero ¿qué parte de la humanidad en su conjunto también considera soldados a las mujeres?

En el libro *Combatientes para toda la vida* pone algo que me ha conmovido bastante, y es algo así como que por lo general las mujeres, tan solo por el hecho de tener hijos, padecen más dolores, enfermedades y desgracias que cualquier héroe de guerra. ¿Y cuál es la recompensa por aguantar tantos dolores? La echan en un rincón si ha quedado mutilada por el parto, sus hijos al poco tiempo ya no son suyos, y su belleza se ha perdido. Las mujeres son soldados mucho más valientes y heroicos, que combaten y padecen dolores para preservar a la humanidad, mucho más que tantos libertadores con todas sus bonitas historias...

Con esto no quiero decir en absoluto que las mujeres tendrían que negarse a tener hijos, al contrario, así lo quiere la naturaleza y así ha de ser. A los únicos que condeno es a los hombres y a todo el orden mundial, que nunca quieren darse cuenta del importante, difícil y a veces también bello papel desempeñado por la mujer en la sociedad.

Paul de Kruif, el autor del libro mencionado, cuenta con toda mi aprobación cuando dice que los hombres tienen que aprender que en las partes del mundo llamadas civilizadas, un parto ha dejado de ser algo natural y corriente. Los hombres lo tienen fácil, nunca han tenido que soportar los pesares de una mujer, ni tendrán que soportarlos nunca.

Creo que todo el concepto de que el tener hijos constituye un deber de la mujer, cambiará a lo largo del próximo siglo, dando lugar a la estima y a la admiración por quien se lleva esa carga al hombro, sin rezongar y sin pronunciar grandes palabras.

Tu Anne M. Frank

Viernes, 16 de junio de 1944

Querida Kitty:

Nuevos problemas: la señora está desesperada, habla de pegarse un tiro, de la cárcel, de ahorcarse y suicidarse. Tiene celos de que Peter deposite en mí su confianza y no en ella, está ofendida porque Dussel no hace suficiente caso de sus coqueterías, teme que su marido gaste en tabaco todo el dinero del abrigo de piel, riñe, insulta, llora, se lamenta, ríe y vuelve a empezar con las riñas.

¿Qué hacer con una individua tan plañidera y tonta? Nadie la toma en serio, carácter no tiene, se queja con todos y anda por la casa con un aire de «liceo de frente, museo por detrás». Y lo peor de todo es que Peter es insolente con ella, el señor Van Daan susceptible, y mamá cínica. ¡Menudo panorama! Solo hay una regla a tener siempre presente: ríete de todo y no hagas caso de los demás. Parece egoísta, pero en realidad es la única medicina para los autocompasivos.

A Kugler lo mandan cuatro semanas a Alkmaar a hacer trabajos forzados; intentará salvarse presentando un certificado médico y una carta de Opekta. Kleiman tiene que someterse a una operación del estómago lo antes posible. Anoche, a las once de la noche, cortaron el teléfono a todos los particulares.

Tu Anne M. Frank

Viernes, 23 de junio de 1944

Querida Kitty:
No ha pasado nada en especial. Los ingleses han iniciado la gran ofensiva hacia Cherburgo; según Pim y Van Daan, el 10 de octubre seguro que nos habrán liberado. Los rusos participan en la operación, ayer empezó su ofensiva cerca de Vítebsk. Son tres años clavados desde la invasión alemana.

Bep sigue teniendo un humor por debajo de cero. Casi no nos quedan patatas. En lo sucesivo vamos a darle a cada uno su ración de patatas por separado, y que cada cual haga con ellas lo que le plazca. Miep se toma una semana de vacaciones anticipadas a partir del lunes. Los médicos de Kleiman no han encontrado nada en la radiografía. Duda mucho si operarse o dejar que venga lo que venga.

Tu Anne M. Frank

Martes, 27 de junio de 1944

Mi querida Kitty:
El ambiente ha dado un vuelco total: las cosas marchan de maravilla. Hoy han caído Cherburgo, Vítebsk y Slobin. Un gran botín y muchos prisioneros, seguramente. En Cherburgo han muerto cinco generales alemanes, y otros dos han sido hechos prisioneros. Ahora los ingleses podrán desembarcar todo lo que quieran,

porque tienen un puerto: ¡toda la península de Cotentin en manos de los ingleses, tres semanas después de la invasión! ¡Se han portado!

En las tres semanas que han pasado desde el «Día D» no ha parado de llover ni de hacer tormenta ni un solo día, tanto aquí como en Francia, pero esta mala suerte no impide que los ingleses y los norteamericanos demuestren toda su fuerza, ¡y cómo! La que sí ha entrado en plena acción es la *Wuwa*,[1] pero ¿qué puede llegar a significar semejante nimiedad, más que unos pocos daños en Inglaterra y grandes titulares en la prensa teutona? Además, si en Teutonia se dan cuenta de que ahora de verdad se acerca el peligro bolchevique, se pondrán a temblar como nunca.

Las mujeres y los niños alemanes que no trabajan para el ejército alemán serán evacuados de las zonas costeras y llevados a las provincias de Groninga, Frisia y Güeldres. Mussert ha declarado que si la invasión llega a Holanda, él se pondrá un uniforme militar. ¿Acaso ese gordinflón tiene pensado pelear? Para eso podría haberse marchado a Rusia hace tiempo... Finlandia rechazó la propuesta de paz en su momento, y también ahora se han vuelto a romper las negociaciones al respecto. ¡Ya se arrepentirán los muy estúpidos!

¿Cuánto crees que habremos adelantado el 27 de julio?

Tu Anne M. Frank

---

1. Del alemán *Wunderwaffe*, arma mágica o milagrosa. *(N. del T.)*

Querida Kitty:

Mal tiempo, o *bad weather from one at a stretch to the thirty June.*[1] ¿Qué te parece? Ya ves cómo domino el inglés, y para demostrarlo estoy leyendo *Un marido ideal* en inglés (¡con diccionario!).

La guerra marcha a pedir de boca: han caído Bobruisk, Moguiliov y Orsha; muchos prisioneros.

Aquí todo *all right.*[2] Los ánimos mejoran, nuestros optimistas a toda prueba festejan sus triunfos, los Van Daan hacen malabarismos con el azúcar, Bep se ha cambiado de peinado y Miep está de vacaciones por una semana. Hasta aquí las noticias.

Me están haciendo un tratamiento muy desagradable del nervio, nada menos que en uno de los dientes incisivos, ya me ha dolido una enormidad, tanto que Dussel se pensó que me desmayaría. Pues faltó poco. Al rato le empezó a doler la muela a la señora...

Tu Anne M. Frank

P.D. De Basilea nos ha llegado la noticia de que Bernd[3] ha hecho el papel de mesonero en *Minna von Barnhelm.*[4] Mamá dice que tiene madera de artista.

---

1. En inglés: «Racha ininterrumpida de mal tiempo del 1 al 30 de junio». *(N. del T.)*
2. En inglés, «estupendo». *(N. del T.)*
3. El primo Bernhard Elias, llamado *Buddy. (N. del T.)*
4. Obra teatral del dramaturgo alemán Gotthold E. Lessing. *(N. del T.)*

Querida Kitty:

Me entra un miedo terrible cuando Peter dice que más tarde quizá se haga criminal o especulador. Aunque ya sé que lo dice en broma, me da la sensación de que él mismo tiene miedo de su débil carácter. Una y otra vez, tanto Margot como Peter me dicen: «Claro, si yo tuviera tu fuerza y tu valor, si yo pudiera imponer mi voluntad como haces tú, si tuviera tu energía y tu perseverancia...».

¿De verdad es una buena cualidad el no dejarme influenciar? ¿Está bien que siga casi exclusivamente el camino que me indica la conciencia?

A decir verdad, no puedo imaginarme que alguien diga «Soy débil» y siga siéndolo. Si uno lo sabe, ¿por qué no combatirlo, por qué no adiestrar su propio carácter? La respuesta fue: «¡Es que es mucho más fácil así!». La respuesta me desanimó un poco. ¿Más fácil? ¿Acaso una vida comodona y engañosa equivale a una vida fácil? No, no puede ser cierto, no es posible que la facilidad y el dinero sean tan seductores. He estado pensando bastante tiempo lo que debía responder, cómo tengo que hacer para que Peter crea en sí mismo y sobre todo para que se abra camino en este mundo. No sé si habré acertado.

Tantas veces me he imaginado lo bonito que sería que alguien depositara en mí su confianza, pero ahora que ha llegado el momento, me doy cuenta de lo difícil que es identificarse con los pensamientos de la otra persona y luego encontrar la mejor solución. Sobre todo dado que «fácil» y «dinero» son conceptos totalmente ajenos y nuevos para mí.

Peter está empezando a apoyarse en mí, y eso no ha de suceder bajo ningún concepto. Es difícil valerse por sí mismo en la vida, pero más difícil aún es estar solo, teniendo carácter y espíritu, sin perder la moral.

Estoy flotando un poco a la deriva, buscando desde hace muchos días un remedio eficaz contra la palabra «fácil», que no me gusta nada. ¿Cómo puedo hacerle ver que lo que parece fácil y bonito hará que caiga en un abismo, en el que ya no habrá amigos, ni ayuda, ni ninguna cosa bonita, un abismo del que es prácticamente imposible salir?

Todos vivimos sin saber por qué ni para qué, todos vivimos con la mira puesta en la felicidad, todos vivimos vidas diferentes y sin embargo iguales. A los tres nos han educado en un buen ambiente, podemos estudiar, tenemos la posibilidad de llegar a ser algo en la vida, tenemos motivos suficientes para pensar que llegaremos a ser felices, pero... nos lo tendremos que ganar a pulso. Y eso es algo que no se consigue con facilidad. Ganarse la felicidad implica trabajar para conseguirla, y hacer el bien y no especular ni ser un holgazán. La holgazanería podrá parecer atractiva, pero la satisfacción solo la da el trabajo.

No comprendo a la gente a la que no le gusta el trabajo, pero lo mismo me pasa con Peter, que no tiene ninguna meta fija y se cree demasiado ignorante e inferior como para conseguir cualquier cosa que se pueda proponer. Pobre chico, no sabe lo que significa poder hacer felices a los otros, y yo tampoco puedo enseñárselo. No tiene religión, se mofa de Jesucristo, usa el nombre de Dios irrespetuosamente; aunque yo tampoco soy ortodoxa, me duele cada vez que noto lo abandonado, lo despreciativo y lo pobre de espíritu que es.

Las personas que tienen una religión deberían estar contentas, porque no a todos les es dado creer en cosas sobrenaturales. Ni siquiera hace falta tenerles miedo a los castigos que pueda haber después de la muerte; el purgatorio, el infierno y el cielo son cosas que a muchos les cuesta imaginarse, pero sin embargo el tener una religión, no importa de qué tipo, hace que el hombre siga por el buen camino. No se trata del miedo a Dios, sino de mantener alto el propio honor y la conciencia. ¡Qué hermoso y bueno sería que todas las personas, antes de cerrar los ojos para dormir, pasaran revista a todos los acontecimientos del día y analizaran las cosas buenas y malas que han cometido! Sin darte casi cuenta, cada día intentas mejorar y superarte desde el principio, y lo más probable es que al cabo de algún tiempo consigas bastante. Este método lo puede utilizar cualquiera, no cuesta nada y es de gran utilidad. Porque para quien aún no lo sepa, que tome nota y lo viva en su propia carne: ¡una conciencia tranquila te hace sentir fuerte!

Tu Anne M. Frank

Sábado, 8 de julio de 1944

Querida Kitty:

Broks estuvo en Beverwijk y consiguió fresas directamente de la subasta. Llegaron aquí todas cubiertas de polvo, llenas de arena, pero en grandes cantidades. Nada menos que veinticuatro cajas, a repartir entre los de la oficina y nosotros. Cuando la oficina cerró, hicimos enseguida los primeros seis tarros grandes de conserva y ocho de mermelada. A la mañana siguiente Miep iba a hacer mermelada para la oficina.

A las doce y media echamos el cerrojo a la puerta de la calle, bajamos las cajas, Peter, papá y Van Daan haciendo estrépito por las escaleras, Anne sacando agua caliente del calentador, Margot que viene a buscar el cubo, ¡todos manos a la obra! Con una sensación muy extraña en el estómago, entré en la cocina de la oficina, que estaba llena de gente: Miep, Bep, Kleiman, Jan, papá, Peter, los escondidos y su brigada de aprovisionamiento, todos mezclados, y eso a plena luz del día. Las cortinas y las ventanas entreabiertas, todos hablando alto, portazos... La excitación me hizo temblar.

«¿Es que estamos aún realmente escondidos? —pensé—. Esto debe de ser lo que se siente cuando uno puede mostrarse al mundo otra vez.»

La olla estaba llena, ¡rápido, arriba! En nuestra cocina estaba el resto de la familia de pie alrededor de la mesa, quitándoles las hojas y los rabitos a las fresas, al menos eso era lo que supuestamente estaban haciendo, porque la mayor parte iba desapareciendo en las bocas en lugar de ir a parar al cubo. Pronto hizo falta otro cubo, y Peter fue a la cocina de abajo, sonó el timbre, el cubo se quedó abajo, Peter subió corriendo, se cerraron las puertas del armario. Nos moríamos de impaciencia, no se podía abrir el grifo y las fresas a medio lavar estaban esperando su último baño, pero hubo que atenerse a la regla del escondite de que cuando hay alguien en el edificio no se abre ningún grifo por el ruido que hacen las tuberías.

A la una sube Jan: era el cartero. Peter baja rápidamente las escaleras. ¡Rííín!, otra vez el timbre, vuelta para arriba. Voy a escuchar si hay alguien, primero detrás de la puerta del armario, luego arriba, en el rellano de la escalera. Por fin, Peter y yo estamos asomados al hueco de la escalera cual ladrones, escuchando los ruidos que vienen de abajo. Ninguna voz desconocida. Peter baja la escalera sigilosamente, se para a medio camino y llama: «¡Bep!», y otra vez: «¡Bep!». El bullicio en la cocina tapa la voz de Peter. Corre escaleras abajo y entra en la cocina. Yo me quedo tensa mirando para abajo.

—¿Qué haces aquí, Peter? ¡Fuera, rápido, que está el contable, vete ya!

Es la voz de Kleiman. Peter llega arriba dando un suspiro, la puerta del armario se cierra.

Por fin, a la una y media, sube Kugler:

—Dios mío, no veo más que fresas, para el desayuno fresas, Jan comiendo fresas, Kleiman comiendo fresas, Miep cociendo fresas, Bep limpiando fresas, en todas partes huele a fresas, vengo aquí para escapar de ese maremágnum rojo, ¡y aquí veo gente lavando fresas!

Con lo que ha quedado de ellas hacemos conserva. Por la noche se abren dos tarros, papá enseguida los convierte en mermelada. A la mañana siguiente resulta que se han abierto otros dos, y por la tarde otros cuatro. Van Daan no los había esterilizado a temperatura suficiente. Ahora papá hace mermelada todas las noches. Comemos papilla con fresas, suero de leche con fresas, pan con fresas, fresas de postre, fresas con azúcar, fresas con arena. Durante dos días enteros hubo fresas, fresas y más fresas dando vueltas por todas partes, hasta que se acabaron las existencias o quedaron guardadas bajo siete llaves, en los tarros.

—¿A que no sabes, Anne? —me dice Margot—. La señora Van Hoeven nos ha enviado guisantes, nueve kilos en total.

—¡Qué bien! —respondo. Es cierto, qué bien, pero ¡cuánto trabajo!

—El sábado tendréis que ayudar todos a desenvainarlos —anuncia mamá sentada a la mesa.

Y así fue. Esta mañana, después de desayunar, pusieron en la mesa la olla más grande de esmalte, que rebosaba de guisantes. Desenvainar guisantes ya es una lata, pero no sabes lo que es pelar las vainas. Creo que la mayoría de la gente no sabe lo ricas en vitaminas, lo deliciosas y blandas que son las cáscaras de los guisantes, una vez que les has quitado la piel de dentro. Sin embargo, las tres ventajas que acabo de mencionar no son nada comparadas con el hecho de que la parte comestible es casi tres veces mayor que los guisantes únicamente.

Quitarles la piel a las vainas es una tarea muy minuciosa y meticulosa, indicada quizá para dentistas pedantes y especieros quisquillosos, pero para una chica de poca paciencia como yo es algo terrible.

Empezamos a las nueve y media, a las diez y media me siento, a las once me pongo de pie, a las once y media me vuelvo a sentar. Oigo como una voz interior que me va diciendo: quebrar la punta, tirar de la piel, sacar la hebra, desgranarla, etcétera, etcétera. Todo me da vueltas: verde, verde, gusanillo, hebra, vaina podrida, verde, verde, verde. Para ahuyentar la desgana me paso toda la mañana hablando, digo todas las tonterías posibles, hago reír a todos y me siento deshecha por tanta estupidez. Con cada hebra que desgrano me convenzo más que nunca de que jamás seré solo ama de casa. ¡Jamás!

A las doce por fin desayunamos, pero de las doce y media a la una y cuarto toca quitar pieles otra vez. Cuando acabamos me siento medio mareada, los otros también un poco. Me acuesto a dormir hasta las cuatro, pero al levantarme siento aún el mareo a causa de los malditos guisantes.

Tu Anne M. Frank

Sábado, 15 de julio de 1944

Querida Kitty:
De la biblioteca nos han traído un libro con un título muy provocativo: *¿Qué opina usted de la adolescente moderna?* Sobre este tema quisiera hablar hoy contigo.

La autora critica de arriba abajo a los «jóvenes de hoy en día»; sin embargo, no los rechaza totalmente a todos como si no fueran capaces de hacer nada bueno. Al contrario, más bien opina que si los jóvenes quisieran, podrían construir un gran mundo mejor y más bonito, pero que al ocuparse de cosas superficiales, no reparan en lo esencialmente bello. En algunos momentos de la lectura me dio la sensación de que la autora se refería a mí con sus censuras, y por eso ahora por fin quisiera mostrarte cómo soy realmente por dentro y defenderme de este ataque.

Tengo una cualidad que sobresale mucho y que a todo aquel que me conoce desde algún tiempo tiene que llamarle la atención, y es el conocimiento de mí misma. Sin ningún prejuicio y con una bolsa llena de disculpas, me planto frente a la Anne de todos los días y observo lo que hace bien y lo que hace mal. Esa conciencia de mí misma nunca me abandona y enseguida después de pronunciar cualquier palabra sé: esto lo tendrías que haber dicho de otra forma, o: esto está bien dicho. Me condeno a mí misma en miles de cosas y me doy cuenta cada vez más de lo acertadas que son las palabras de papá, cuando dice que cada niño debe educarse a sí mismo. Los padres tan solo pueden dar consejos o recomendaciones, pero en definitiva la formación del carácter de uno está en sus propias manos. A esto hay que añadir que poseo una enorme valentía de vivir, me siento siempre tan fuerte y capaz de aguantar, tan libre y tan joven... La primera vez que me di cuenta de ello me puse contenta, porque no pienso doblegarme tan pronto a los golpes que a todos nos toca recibir.

Pero de estas cosas ya te he hablado tantas veces, prefiero tocar el tema de «papá y mamá no me comprenden». Mis padres siempre me han mimado mucho, han sido siempre muy buenos conmigo, me han defendido ante los ataques de los de arriba y han hecho todo lo que estaba a su alcance. Sin embargo, durante mucho tiempo me he sentido terriblemente sola, excluida, abandonada, incomprendida. Papá intentó hacer de todo para moderar mi rebeldía, pero sin resultado. Yo misma me he curado, haciéndome ver a mí misma lo errado de mis actos.

¿Cómo es posible que papá nunca me haya apoyado en mi lucha, que se haya equivocado de medio a medio cuando quiso tenderme una mano? Papá ha empleado métodos desacertados, siempre me ha hablado como a una niña que tiene que pasar por una infancia difícil. Suena extraño, porque nadie ha confiado siempre en mí más que papá y nadie me ha dado la sensación de ser una chica sensata más que papá. Pero hay una cosa que ha descuidado, y es que no ha pensado en que mi lucha por superarme era para mí mucho más importante que todo lo demás. No quería que me hablaran de «diferencia de edad», «otras chicas» y «ya se te pasará», no quería que me trataran como a una chica como todas, sino como a Anne en sí misma, y Pim no lo entendía. Además, yo no puedo confiar ciegamente en una persona si no me cuenta un montón de cosas sobre sí misma, y como yo de Pim no sé nada, no podré recorrer el camino de la intimidad entre nosotros. Pim siempre se mantiene en la posición del padre mayor que en su momento también ha tenido inclinaciones pasajeras parecidas, pero que ya no puede participar de mis cosas como amigo de los jóvenes, por mucho que se esfuerce. Todas estas cosas han hecho que, salvo a mi diario y alguna que otra vez a Margot, nunca le contara a nadie mis filosofías ni mis teorías bien meditadas. A papá siempre le he ocultado todas mis emociones, nunca he dejado que compartiera mis ideales, y a sabiendas he creado una distancia entre nosotros.

No podía hacer otra cosa, he obrado totalmente de acuerdo con lo que sentía, de manera egoísta quizá, pero de un modo que favoreciera mi tranquilidad. Porque la tranquilidad y la confianza en mí misma que he alcanzado de forma tan vacilante, las perdería completamente si ahora tuviera que soportar que me criticaran mi labor a medio terminar. Y eso no lo puedo hacer ni por Pim, por más crudo que suene, porque no solo no he compartido con Pim mi vida interior, sino que a menudo mi susceptibilidad le provoca un rechazo cada vez mayor.

Es un tema que me da mucho que pensar: ¿por qué será que a veces Pim me irrita tanto? Que casi no puedo estudiar con él, que sus múltiples mimos me parecen fingidos, que quiero estar tranquila y preferiría que me dejara en paz, hasta que me sintiera un poco más segura frente a él. Porque me sigue carcomiendo el reproche por la carta tan mezquina que tuve la osadía de escribirle aquella vez que estaba tan exaltada. ¡Ay, qué difícil es ser realmente fuerte y valerosa por los cuatro costados!

Sin embargo, no ha sido esa la causa de mi mayor decepción, no, mucho más que por papá me devano los sesos por Peter. Sé muy bien que he sido yo quien lo ha conquistado a él, y no a la inversa, me he forjado de él una imagen de ensueño, lo veía como a un chico callado, sensible, bueno, muy necesitado de cariño y amistad. Yo necesitaba expresarme alguna vez con una persona viva. Quería tener un amigo que me pusiera otra vez en camino, acabé la difícil tarea y poco a poco hice que él se volviera hacia mí. Cuando por fin había logrado que tuviera sentimientos de amistad para conmigo, sin querer llegamos a las intimidades que ahora, pensándolo bien, me parecen fuera de lugar. Hablamos de las cosas más ocultas, pero hasta ahora hemos callado las que me pesaban y aún me pesan en el corazón. Todavía no sé cómo tomar a Peter. ¿Es superficialidad o timidez lo que lo detiene, incluso frente a mí? Pero dejando eso de lado, he cometido un gran error al excluir cualquier otra posibilidad de tener una amistad con él, y al acercarme a él a través de las intimidades. Está ansioso de amor y me quiere cada día más, lo noto muy bien. Nuestros encuentros le satisfacen, a mí solo me producen el deseo de volver a intentarlo una y otra vez con él y de no tocar nunca los temas que tanto me gustaría sacar a la luz. He atraído a Peter hacia mí a la fuerza, mucho más de lo que él se imagina, y ahora él se aferra a mí y de momento no veo ningún medio eficaz para separarlo de mí y hacer que vuelva a valerse por sí mismo. Es que desde que me di cuenta, muy al principio, de que él no podía ser el amigo que yo me imaginaba, me he empeñado para que al menos superara su mediocridad y se hiciera más grande aun siendo joven.

«Porque en su base más profunda, la juventud es más solitaria que la vejez.» Esta frase se me ha quedado grabada de algún libro y me ha parecido una gran verdad.

¿De verdad es cierto que los mayores aquí lo tienen más difícil que los jóvenes? No, de ninguna manera. Las personas mayores tienen su opinión formada sobre todas las cosas y ya no vacilan ante sus actos en la vida. A los jóvenes nos resulta doblemente difícil conservar nuestras opiniones en unos tiempos en los que se destruye y se aplasta cualquier idealismo, en los que la gente deja ver su lado más desdeñable, en los que se duda de la verdad y de la justicia y de Dios.

Quien así y todo sostiene que aquí, en la Casa de atrás, los mayores lo tienen mucho más difícil, seguramente no se da cuenta de que a nosotros los problemas se nos vienen encima en mucha mayor proporción. Problemas para los que tal vez seamos demasiado jóvenes, pero que igual acaban por imponérsenos, hasta que al cabo de mucho tiempo creemos haber encontrado una solución, que luego resulta ser incompatible con los hechos, que la hacen rodar por el suelo. Ahí está lo difícil de estos tiempos: la terrible realidad ataca y aniquila totalmente los ideales, los sueños y las esperanzas en cuanto se presentan. Es un milagro que todavía no haya renunciado a todas mis esperanzas, porque parecen absurdas e irrealizables. Sin embargo, sigo aferrándome a ellas, pese a todo, porque sigo creyendo en la bondad interna de los hombres.

Me es absolutamente imposible construir cualquier cosa sobre la base de la muerte, la desgracia y la confusión. Veo cómo el mundo se va convirtiendo poco a poco en un desierto, oigo cada vez más fuerte el trueno que se avecina y que nos matará, comparto el dolor de millones de personas, y sin embargo, cuando me pongo a mirar el cielo, pienso que todo cambiará para bien, que esta crueldad también acabará, que la paz y la tranquilidad volverán a reinar en el orden mundial. Mientras tanto tendré que mantener bien altos mis ideales, tal vez en los tiempos venideros aún se puedan llevar a la práctica...

Tu Anne M. Frank

Viernes, 21 de julio de 1944

Querida Kitty:
¡Me han vuelto las esperanzas, por fin las cosas resultan! Sí, de verdad, ¡todo marcha viento en popa! ¡Noticias bomba! Ha habido un atentado contra Hitler y esta vez no han sido los comunistas judíos o los capitalistas ingleses, sino un germanísimo general alemán, que es conde y joven además. La «divina providencia» le ha salvado la vida al *Führer,* y por desgracia solo ha sufrido unos rasguños y quemaduras. Algunos de sus oficiales y generales más allegados han resultado muertos o heridos. El autor principal del atentado ha sido fusilado.

Sin duda es la mejor prueba de que muchos oficiales y generales están hartos de la guerra y querrían que Hitler se fuera al otro barrio, para luego fundar una dictadura militar, firmar la paz con los aliados, armarse de nuevo y empezar una nueva guerra después de una veintena de años. Tal vez la providencia se haya demorado un poco aposta en quitarlo de en medio, porque para los aliados es mucho más sencillo y económico que los inmaculados germanos se maten entre ellos, así a los rusos y los ingleses les queda menos trabajo por hacer y pueden empezar antes a reconstruir las ciudades de sus propios países. Pero todavía falta para eso, y no quisiera adelantarme a esos gloriosos acontecimientos. Sin embargo, te darás cuenta de que lo que digo es la pura verdad y nada más que la verdad. A modo de excepción, por una vez dejo de darte la lata con mis charlas sobre nobles ideales.

Además, Hitler ha sido tan amable de comunicarle a su leal y querido pueblo que, a partir de hoy, todos los militares tienen que obedecer las órdenes de la Gestapo y que todo soldado que sepa que su comandante ha tenido participación en el cobarde y miserable atentado tiene permiso de meterle un balazo.

¡Menudo cirio se va a armar! Imagínate que a Pepito de los Palotes le duelan los pies de tanto caminar, y su jefe el oficial le grita. Pepito coge su escopeta y exclama: «Tú querías matar al *Führer*, ¡aquí tienes tu merecido!». Le pega un tiro y el jefe mandón, que ha osado regañar a Pepito, pasa a mejor vida (¿o a mejor muerte?). Al final, el asunto va a ser que los señores oficiales van a hacérselo encima de miedo cuando se topen con un soldado o cuando tengan que impartir órdenes en alguna parte, porque los soldados tendrán más autoridad y poder que ellos.

¿Me sigues, o me he ido por las ramas? No lo puedo remediar, estoy demasiado contenta como para ser coherente, si pienso en que tal vez en octubre ya podré ocupar nuevamente mi lugar en las aulas! ¡Ayayay!, ¿acaso no acabo de decir que no me quiero precipitar? Perdóname, no por nada tengo fama de ser un manojo de contradicciones...

Tu Anne M. Frank

Querida Kitty:

«Un manojo de contradicciones» es la última frase de mi última carta y la primera de esta. «Un manojo de contradicciones», ¿serías capaz de explicarme lo que significa? ¿Qué significa contradicción? Como tantas otras palabras, tiene dos significados, contradicción por fuera y contradicción por dentro. Lo primero es sencillamente no conformarse con la opinión de los demás, pretender saber más que los demás, tener la última palabra, en fin, todas las cualidades desagradables por las que se me conoce, y lo segundo, que no es por lo que se me conoce, es mi propio secreto.

Ya te he contado alguna vez que mi alma está dividida en dos, como si dijéramos. En una de esas dos partes reside mi alegría extravertida, mis bromas y risas, mi alegría de vivir y sobre todo el no tomarme las cosas a la tremenda. Eso también incluye el no ver nada malo en las coqueterías, en un beso, un abrazo, una broma indecente. Ese lado está generalmente al acecho y desplaza al otro, mucho más bonito, más puro y más profundo. ¿Verdad que nadie conoce el lado bonito de Anne, y que por eso a muchos no les caigo bien? Es cierto que soy un payaso divertido por una tarde, y luego durante un mes todos están de mí hasta las narices. En realidad soy lo mismo que una película de amor para los intelectuales: simplemente una distracción, una diversión por una vez, algo para olvidar rápidamente, algo que no está mal pero que menos aún está bien. Es muy desagradable para mí tener que contártelo, pero ¿por qué no habría de hacerlo, si sé que es la pura verdad? Mi lado más ligero y superficial siempre le ganará al más profundo, y por eso siempre vencerá. No te puedes hacer una idea de cuántas veces he intentado empujar a esta Anne, que solo es la mitad de todo lo que lleva ese nombre, de golpearla, de esconderla, pero no lo logro y yo misma sé por qué no puede ser.

Tengo mucho miedo de que todos los que me conocen tal y como siempre soy descubran que tengo otro lado, un lado mejor y más bonito. Tengo miedo de que se burlen de mí, de que me encuentren ridícula, sentimental y de que no me tomen en serio. Estoy acostumbrada a que no me tomen en serio, pero solo la Anne «ligera» está acostumbrada a ello y lo puede soportar, la Anne de mayor «peso» es demasiado débil. Cuando de verdad logro alguna vez con gran esfuerzo que suba a escena la auténtica Anne durante quince minutos, se encoge como una *mimosa sensitiva*[1] en cuanto le toca decir algo, cediéndole la palabra a la primera Anne y desapareciendo antes de que me pueda dar cuenta.

O sea, que la Anne buena no se ha mostrado nunca, ni una sola vez, en sociedad, pero cuando estoy sola casi siempre lleva la voz cantante. Sé perfectamente cómo me gustaría ser y cómo soy... por dentro, pero lamentablemente solo yo pienso que soy así. Y esa quizá sea, no, seguramente es, la causa de que yo misma me considere una persona feliz por dentro, y de que la gente me considere una persona feliz por fuera. Por dentro, la auténtica Anne me indica el camino, pero por fuera no soy más que una cabrita exaltada que trata de soltarse de las ataduras.

Como ya te he dicho, siento las cosas de modo distinto a cuando las digo, y por eso tengo fama de correr detrás de los chicos, de coquetear, de ser una sabihonda y de leer novelitas de poca monta. La Anne alegre lo toma a risa, replica con insolencia, se encoge de hombros, hace como si no le importara, pero no es cierto: la reacción de la Anne callada es totalmente opuesta. Si soy

1. Planta que se caracteriza por sus hojas sensibles al tacto. (*N. del T.*)

sincera de verdad, te confieso que me afecta, y que hago un esfuerzo enorme para ser de otra manera, pero que una y otra vez sucumbo a ejércitos más fuertes.

Dentro de mí oigo un sollozo: «Ya ves lo que has conseguido: malas opiniones, caras burlonas y molestas, gente que te considera antipática, y todo ello solo por no querer hacer caso de los buenos consejos de tu propio lado mejor». ¡Ay, cómo me gustaría hacerle caso, pero no puedo! Cuando estoy callada y seria, todos piensan que es una nueva comedia, y entonces tengo que salir del paso con una broma, y para qué hablar de mi propia familia, que enseguida se piensa que estoy enferma, y me hacen tragar píldoras para el dolor de cabeza y calmantes, me palpan el cuello y la sien para ver si tengo fiebre, me preguntan si estoy estreñida y me critican cuando estoy de malhumor, y yo no lo aguanto; cuando se fijan tanto en mí, primero me pongo arisca, luego triste y, al final, termino volviendo mi corazón, con el lado malo hacia fuera y el bueno hacia dentro, buscando siempre la manera de ser como de verdad me gustaría ser y como podría ser... si no hubiera otra gente en este mundo.

Tu Anne M. Frank

Aquí termina el diario de Anne.

EPÍLOGO
QUÉ SUCEDIÓ DESPUÉS

¿FUE UNA TRAICIÓN?

El 4 de agosto de 1944, entre las diez y las diez y media de la mañana, un coche se detuvo frente al número 263 de la calle Prinsengracht. El Oberscharführer de las SS Karl Josef Silberbauer, uniformado, junto con al menos tres colaboradores neerlandeses, entre ellos Gezinus Gringhuis y Willem Grootendorst, bajaron del coche. Tardaron más de una hora en descubrir la estantería que ocultaba la entrada del anexo secreto.

Todavía hoy, se desconoce si los ocupantes de la Casa de atrás fueron delatados y, en tal caso, quién pudo hacerlo. Son muchos los indicios que apuntan a una traición. Los nazis pagaban a los informantes 7,50 florines (equivalentes a unos 45 $ o 38 € actuales) por cada judío escondido que encontrasen. El mozo de almacén Willem Gerardus van Maaren centró todas las sospechas. Después del final de la guerra, la policía neerlandesa lo investigó un par de veces, pero no pudo probar que fuese él quien reveló la existencia del anexo secreto. También es posible que el escondite se descubriese por pura casualidad. Algunos historiadores neerlandeses han formulado la teoría de que Silberbauer acudió a la casa de

Prinsengracht únicamente para investigar unas cartillas de racionamiento falsificadas. En marzo de 1944, Anne mencionó en dos ocasiones la detención de sus «proveedores de cupones», dos hombres que vendían cartillas de racionamiento ilegales. Sin embargo, nunca han podido extraerse conclusiones definitivas acerca de las circunstancias que llevaron a su descubrimiento.

Arresto

La «policía verde», como se llamaba al cuerpo de policía local nazi de ocupación por sus uniformes de color verde, detuvo a las ocho personas de la Casa de atrás junto con dos empleados de la fábrica de Otto, Victor Kugler y Johannes Kleiman, que habían ayudado a la familia mientras esta permanecía escondida. Otras dos empleadas que también les ayudaron —Miep Gies y Elisabeth «Bep» Voskuijl— no fueron arrestadas. Además, la policía confiscó todos los objetos de valor y el dinero que encontró. Tras su arresto, Kugler y Kleiman fueron trasladados ese mismo día al centro de detención de Amstelveenseweg y luego, un mes más tarde, al de Weteringschans, también en Amsterdam. No se celebró ningún juicio: los enviaron directamente al campamento transitorio de Amersfoort el 11 de septiembre de 1944. Kleiman fue liberado el 18 de septiembre de 1944 por motivos de salud, y falleció en Amsterdam en 1959. Kugler consiguió escapar el 28 de marzo de 1945, poco antes de ser enviado a Alemania, condenado a trabajos forzados. Se trasladó a Canadá en 1956 y murió en Toronto en 1981. Elisabeth «Bep» Voskuijl falleció en Amsterdam en 1983. Miep Gies intentó salvar a los Frank acudiendo al cuartel general de la Gestapo en Amsterdam el 7 de agosto de 1944. Allí, le ofreció dinero a Karl Josef Silberbauer para que soltase a los detenidos, pero sin éxito. Miep Gies murió en Hoorn el 11 de enero de 2010, poco antes de cumplir ciento un años.

DEPORTACIÓN

Tras su arresto, los ocupantes de la Casa de atrás pasaron cuatro días en el centro de detención de Weteringschans, en Amsterdam, antes de su traslado a Westerbork, el «campamento transitorio judío», en el nordeste de los Países Bajos. Fueron deportados el 3 de septiembre de 1944 en el último transporte desde Westerbork hasta los campos de exterminio del este, y llegaron a Auschwitz, en Polonia, tres días más tarde.

MUERTE

Edith Frank pereció de inanición y agotamiento en el campo de mujeres de Auschwitz-Birkenau el 6 de enero de 1945. A finales de octubre, enviaron a Margot y a Anne al campo de concentración de Bergen-Belsen, en el brezal de Luneburgo, en un «transporte de evacuación», como lo llamaban cínicamente los nazis. Debido a las terribles condiciones higiénicas del campo, se desató una epidemia de tifus en el invierno de 1944-1945 que mató a miles de prisioneros, entre ellos a Margot y, varios días después, también a Anne. La fecha de la muerte de esta se sitúa entre finales de febrero y principios de marzo. El 15 de abril de 1945, tropas británicas liberaron el campo de concentración de Bergen-Belsen.

Los demás ocupantes de la Casa de atrás tuvieron destinos similares. Según investigaciones posteriores de la Cruz Roja neerlandesa, Hermann van Pels («van Daan») murió en la cámara de gas el 6 de septiembre de 1944, el día de su llegada a Auschwitz. No obstante,

Otto Frank afirmaba que, en realidad, Hermann había sido asesinado varias semanas más tarde, en octubre o noviembre de 1944, poco antes del final de los gaseamientos. Auguste van Pels («van Daan») fue deportada desde Auschwitz hasta Theresienstadt, pasando por Bergen-Belsen y Buchenwald, el 9 de abril de 1945, y probablemente la enviaron a otro campo desde allí. Se desconoce en qué fecha murió. El 16 de enero de 1945, Peter van Pels («van Daan») formó parte de una marcha de evacuación desde Auschwitz hasta Mauthausen, en Austria, donde murió el 2 de mayo de 1945, solo tres días antes de la liberación del campo. Fritz Pfeffer («Albert Dussel») falleció el 20 de diciembre de 1944 en el campo de concentración de Neuengamme, adonde había llegado procedente del campo de concentración de Buchenwald o del de Sachsenhausen.

Otto Frank fue el único de las ocho personas de la Casa de atrás que sobrevivió a la *Shoah*, término hebreo que designa el Holocausto. Tras la liberación del campo de trabajo de Auschwitz-Birkenau por parte de tropas rusas, viajó en barco de Odessa a Marsella. Llegó a Ámsterdam el 3 de junio de 1945 y vivió allí hasta 1952, momento en que se trasladó a Basilea, en Suiza, donde residían su hermana, con su propia familia, y su hermano. Se casó con Elfriede Geiringer, de soltera Markovits, una mujer vienesa que también había sobrevivido a su internamiento en Auschwitz y que había perdido a su marido y a su hijo en el campo de concentración de Mauthausen. Otto Frank murió el 19 de agosto de 1980, a los noventa y un años.

HISTORIA EDITORIAL

Miep Gies y Bep Voskuijl —que tanto ayudaron a la familia Frank durante el tiempo que esta pasó en la Casa de atrás— recogieron los escritos de Anne Frank el día del arresto. Miep Gies los conservó en su casa mientras duró la guerra y, cuando se confirmó que Anne había perdido la vida, se los devolvió a Otto Frank.

Este decidió respetar la intención de su hija de publicar sus escritos en forma de libro. A partir de las dos versiones de Anne —la versión (a), la original y más larga, y la que ella misma revisó en la Casa de atrás, la versión (b), más corta—, Otto compiló un tercer texto completo, la versión (c). Sin embargo, en aquellos tiempos no era frecuente escribir sobre temas sexuales, y menos en libros destinados a lectores jóvenes, por lo que descartó varios fragmentos en los que Anne hablaba de su incipiente sexualidad. Además, Anne expresaba con franqueza sus antipatías e irritaciones hacia los demás ocupantes del anexo secreto, por lo que Otto Frank editó pasajes y eliminó ciertas expresiones para proteger la memoria de su esposa en particular y también la de las otras personas que Anne retrató. Esta versión (c) se publicó por primera vez en neerlandés en 1946. Su primera traducción al alemán se publicó en 1950.

Desde su primera publicación, y debido a su gran éxito, han surgido repetidas dudas sobre la autenticidad del diario. Los investigadores han examinado minuciosamente los textos empleando diversos métodos para analizar el papel, los materiales de escritura y la letra de Anne Frank. Todos han llegado a la conclusión inequívoca de que el diario es auténtico.

En 1983, el Anne Frank Fonds, la fundación que Otto Frank creó antes de su muerte y a la que nombró su heredera universal, emprendió la publicación de una nueva edición que reunía las versiones (a) y (b). Esta nueva versión (d), que excluía el material repetido de las dos primeras, representaba la primera edición íntegra. La famosa autora y traductora de literatura infantil alemana Mirjam Pressler preparó y revisó esta nueva edición, que se publicó por primera vez en 1991, hoy en día considerada, en todo el mundo, la edición definitiva.

En 1998, se descubrieron cinco páginas del diario desconocidas hasta entonces, pertenecientes a la versión (b), con fecha del 8 de febrero de 1944. Un antiguo director de la Casa de Anne Frank, el museo de Amsterdam, declaró que Otto Frank le había confiado las páginas en los años cincuenta, estipulando que no se publicasen hasta la muerte de este y de su segunda esposa porque contenían comentarios críticos sobre el matrimonio Frank. El Anne Frank Fonds decidió incluir esas páginas en la nueva edición, salvo un breve pasaje que ya existía en una versión más detallada como parte de la anotación en el diario del 20 de julio de 1942.

Tomando como base los resultados de las investigaciones más recientes, la anotación correspondiente al 7 de noviembre de 1942 se trasladó al 30 de octubre de 1943. Las investigaciones científicas también han determinado que la propia Anne había pegado dos páginas de la versión (a) para sobrescribir una anotación con fecha del 28 de septiembre de 1942. Aunque la página tapada se hizo pública en 2018, no se ha incluido en esta edición por respeto a las claras intenciones de la autora.

LOS OCUPANTES DE LA CASA DE ATRÁS Y SUS VERDADEROS NOMBRES

Anne Frank, cuyo nombre completo era Annelies Marie, nació en Frankfurt el 12 de junio de 1929 y pasó en esa ciudad sus primeros años. A principios de 1934, Anne vivió con su abuela en Aquisgrán durante varias semanas. Luego se reunió con su familia, que se había trasladado a Amsterdam. Asistió al jardín de infancia del colegio Montessori, donde prosiguió sus estudios de primaria y más tarde fue al liceo judío. El 6 de julio de 1942, Anne se escondió en la Casa de atrás junto con su familia. Allí fue detenida el 4 de agosto de 1944 y poco después deportada, pasando por el campamento transitorio de Westerbork, a Bergen-Belsen, donde falleció de tifus. La fecha de su muerte se sitúa entre finales de febrero y principios de marzo de 1945.

Margot Frank, hermana mayor de Anne, nació el 16 de febrero de 1926 en Frankfurt, donde asistió al colegio antes de huir a Amsterdam con sus padres en 1934. Cuando Margot recibió, el 5 de julio de 1942, la orden escrita de presentarse para su deportación a un campo de trabajo alemán, sus padres decidieron que había llegado el momento de trasladarse al escondite que habían preparado meses antes. Después de la detención de la familia el 4 de agosto de 1944 y su envío a Westerbork, deportaron a Margot a Bergen-Belsen junto con Anne. Allí murió de tifus en febrero o marzo de 1945, unos días antes que su hermana.

Otto Frank, padre de Anne (a quien esta llama a menudo «Pim»), nació en Frankfurt en 1889. Su familia paterna procedía de la región de Pfalz, mientras que la materna llevaba siglos viviendo en Frankfurt. Tras obtener el título de bachillerato, Otto Frank pasó un semestre estudiando historia del arte y luego empezó a trabajar en un banco antes de viajar a Nueva York, donde trabajó en Macy's para Nathan Straus durante dos años. En 1915, lo llamaron para que sirviera en el ejército alemán durante la Primera Guerra Mundial y, más tarde, se le concedió la Cruz de Hierro. En 1925 se casó con Edith Frank, con quien tuvo dos hijas. Después de que el Partido Nazi llegara al poder, Otto Frank se fue a Amsterdam él solo para buscar un apartamento para la familia y abrir una delegación de Opekta, la empresa de la que era propietario en los Países Bajos, y en la que se fabricaba pectina (un agente espesante para confituras y mermeladas). Su familia se reunió con él a principios de 1934.

Tras su arresto, llevaron a Otto Frank primero al centro de detención de Weteringschans, en Amsterdam, y luego, junto con su familia, al campamento transitorio de Westerbork, desde donde lo deportaron a Auschwitz. A finales de enero de 1945, el ejército soviético liberó el campo de concentración y Otto Frank regresó a Amsterdam, siendo el único superviviente de los ocupantes de la Casa de atrás.

En 1952, Otto Frank emigró a Suiza con su segunda esposa, Elfriede Markovits. En 1963, creó el Anne Frank Fonds en Basilea. El primo de Anne Frank, Buddy Elias, fue el primer presidente de la fundación hasta su muerte en 2015. El 19 de agosto de 1980, Otto Frank falleció en Birsfelden, cerca de Basilea, donde está enterrado.

Edith Frank, madre de Anne y Margot, nació en Aquisgrán el 16 de enero de 1900. Procedía de una acaudalada familia de industriales y obtuvo el título de bachillerato en 1916. Varios años después se casó con Otto Frank, con quien fundó una familia. En 1934, huyó a los Países Bajos. Junto a los demás ocupantes de la Casa de atrás, Edith Frank fue deportada a Westerbork y, desde allí, a Auschwitz. Murió en el campo de mujeres de Auschwitz-Birkenau el 6 de enero de 1945 de inanición y agotamiento.

Peter van Pels (a quien Anne llama «Peter van Daan») nació en Osnabrück el 8 de noviembre de 1926. Era hijo único del matrimonio formado por Auguste y Hermann van Pels. Asistió al colegio varios años y fue miembro de los Boy Scouts. En 1937, se trasladó junto a sus padres a Amsterdam, huyendo de los nazis. Peter fue deportado, pasando por Westerbork, a Auschwitz-Birkenau, donde sobrevivió a la selección. En enero de 1945, formó parte de una marcha de evacuación desde Auschwitz hasta Mauthausen, donde falleció el 5 de mayo.

Hermann van Pels («Hermann van Daan») nació en Osnabrück el 31 de marzo de 1898 y emigró a los Países Bajos en 1937, también huyendo de los nazis. Gracias a su experiencia como representante de especias en Osnabrück, encontró trabajo en Amsterdam como asesor de la división de Opekta, que vendía mezclas de especias para embutidos. El 13 de julio de 1942, la familia Van Pels llegó a la Casa de atrás, donde se escondió junto a la familia Frank. Después de su detención, Hermann van

Pels fue deportado, pasando antes por el campamento transitorio de Westerbork, a Auschwitz, donde lo asesinaron en el otoño de 1944.

Auguste van Pels (llamada por Anne «Auguste van Daan» y «Madame») nació el 29 de septiembre de 1900 en Gelsenkirchen-Buer. Se casó con Hermann van Pels en 1925. Toda la familia huyó a Amsterdam en 1937. Tras su detención, Auguste fue deportada desde Auschwitz, hasta Theresienstadt en abril de 1945, pasando por Bergen-Belsen y Buchenwald, y luego fue trasladada probablemente a otro campo. Se desconoce la fecha y el lugar de su muerte.

Fritz Pfeffer («Albert Dussel») nació en Giessen el 30 de noviembre de 1889. Tenía su propia consulta dental en Berlín. Tras los pogromos de noviembre de 1938, huyó a Amsterdam con su pareja, que no era judía. El hijo de su primer matrimonio pudo escapar de Berlín en un transporte de niños hacia Inglaterra. Pfeffer también ejerció de dentista en Amsterdam, y Miep Gies fue una de sus pacientes. Tras su arresto y su deportación a Auschwitz, pasando por Westerbork, Pfeffer fue trasladado al campo de concentración de Neuengamme en diciembre de 1944, pasando por Buchenwald o por Sachsenhausen. Allí murió el 20 de diciembre.

LAS PERSONAS QUE LOS AYUDARON

Miep Gies, cuyo nombre de soltera era Hermine Santrouschitz, nació en Viena en 1909 y llegó a los Países Bajos en 1920. A partir de 1936, trabajó como secretaria en la delegación neerlandesa de Opekta, la empresa de Otto Frank, y no tardó en trabar amistad con él y su familia. Allí conoció al neerlandés **Jan Gies** (nacido en 1905), otro empleado, con quien se casó en 1941. Previamente, los dos habían ayudado a la familia Frank a preparar la Casa de atrás. No solo proporcionaron a los ocupantes comida y material de lectura, sino que también les ofrecieron ánimo y esperanza. Tras su detención, Miep Gies regresó a la Casa de atrás y, junto con Bep Voskuijl, recuperó, entre otras cosas, el diario de Anne, que entregó a Otto Frank a su regreso a los Países Bajos.

Jan Gies falleció en 1993; Miep Gies, en 2010.

Johannes Kleiman, nacido en 1896, mantenía relaciones comerciales con Otto Frank desde los años veinte y, desde 1938, trabajó en Opekta primero como contable y después, a partir de 1941, como gerente, cuando a Otto Frank le prohibieron dirigir la empresa por ser judío. Ayudó a los ocupantes de la Casa de atrás sobre todo con provisiones. Kleiman sufría del estómago y tuvo que someterse a una operación en septiembre de 1943. Tras su arresto, estuvo prisionero primero en dos centros de detención de Amsterdam y, después, en el campamento transitorio de Amersfoort, en las afueras de la ciudad. El 18 de septiembre de 1944, la Cruz Roja consiguió que liberaran a Kleiman por razones médicas. Tras su regreso y después de la guerra, continuó dirigiendo Opekta hasta su muerte en 1959.

Victor Kugler nació en el distrito austrohúngaro de Hohenelbe (hoy integrado en la República Checa) en 1900. Tras regresar herido de la Primera Guerra Mundial, vivió en Alemania durante un breve período antes de trasladarse en 1920 a Utrecht, en los Países Bajos, donde trabajó como representante de una empresa, con sede en Frankfurt, que comercializaba pectina. Conoció a Otto Frank a través del negocio de la pectina y, en 1933, se incorporó a la delegación de Opekta en Amsterdam.

En cuanto los ocupantes de la Casa de atrás se escondieron, les proporcionó comida, material de lectura y apoyo moral; un hecho que resulta aún más significativo porque su esposa, con quien vivía en Hilversum, a unos veinticinco kilómetros de Amsterdam, lo ignoraba. Después de su arresto, estuvo prisionero, al principio, en dos centros de detención de Amsterdam, y después fue trasladado al campamento transitorio de Amersfoort. Desde allí, lo enviaron a otros campamentos de prisioneros, donde se le sometió a trabajos forzados, hasta que logró escapar a finales de marzo de 1945. Pudo esconderse en Hilversum hasta la liberación de los Países Bajos, que tuvo lugar el 5 de mayo.

Al acabar la guerra, Victor Kugler volvió a trabajar en Opekta. En 1955 se mudó a Canadá, donde falleció en 1981.

Bep Voskuijl, nacida en Amsterdam en 1919, trabajaba en las oficinas de Opekta desde 1937. Bep no supo hasta finales de 1942 que ocho personas se ocultaban en la Casa de atrás. Los ayudó introduciendo leche disimuladamente en el escondrijo. Además, se apuntó a clases de taquigrafía y latín por correspondencia, que iban destinadas a Anne y Margot Frank. Desde 1941, **Johan Voskuijl**, padre de Bep, nacido en Amsterdam en 1892, trabajó también en Opekta, como mozo de almacén. No fue informado de la existencia del anexo secreto y de sus ocupantes hasta varios meses después. A partir de entonces, una de sus tareas consistía en deshacerse con discreción de la basura que generaban. También diseñó y construyó la estantería giratoria que conducía a la Casa de atrás. En 1943 le diagnosticaron cáncer de estómago y tuvo que dejar su empleo en Opekta.

Tras su detención, Johannes Kleiman aún tuvo tiempo de avisar a Bep para que huyese. Más tarde, esta ayudó a Miep Gies con los escritos de Anne y a mantener

Opekta en funcionamiento hasta que Kleiman regresó de su cautiverio.

Cuando Johan Voskuijl murió de cáncer a finales de 1945, Otto Frank pudo asistir a su entierro, ya que había regresado a Amsterdam. La hija de Voskuijl, Bep, mantuvo el contacto con Otto Frank y con las demás personas que ayudaron a la familia hasta su fallecimiento en 1983.

Por recomendación de Otto Frank, se concedió la medalla de los Justos de las Naciones en el memorial Yad Vashem a las personas que los ayudaron: a Miep y a Jan Gies en 1977; a Johannes Kleiman en 1972 (a título póstumo); a Victor Kugler en 1973, y a Bep Voskuijl en 1971.

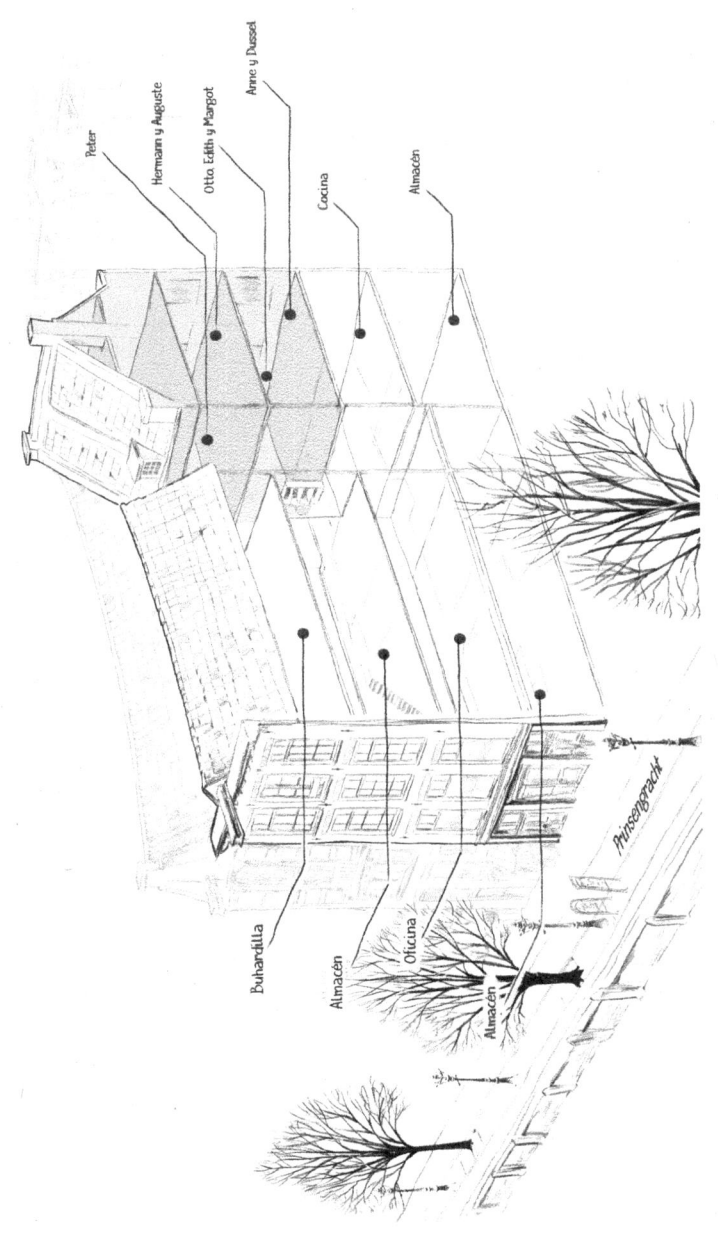

Peter

Hermann y Auguste

Otto, Edith y Margot

Anne y Dussel

Cocina

Almacén

Buhardilla

Almacén

Oficina y

Almacén

Prinsengracht

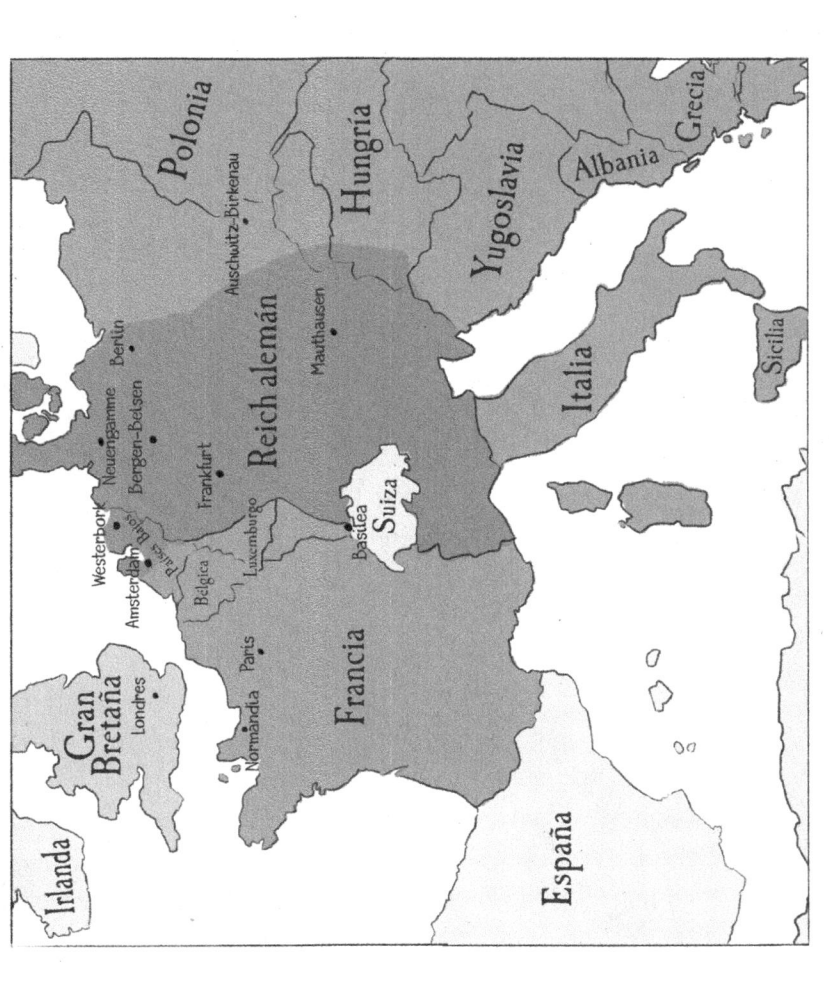

NOTA A LA EDICIÓN ESPAÑOLA

Desde 1947 —año de su primera publicación en Holanda— hasta ahora, el *Diario* de Anne Frank se ha editado siempre en una versión abreviada que, además, presenta una serie de modificaciones y correcciones en cuanto al lenguaje y al estilo de la autora.

En 1986, el Instituto Holandés de Documentación de Guerra (RIOD) publicó una versión crítica o anotada[1] de la totalidad de los textos escritos por Anne. Esta importante publicación, cuyo enfoque científico y envergadura hacen que sea poco accesible para el público en general, y sobre todo para los jóvenes, ha servido de punto de partida para la presente edición.

La obra que ahora se publica abarca el texto completo de la segunda versión que Anne hizo de su *Diario*, con inclusión de todos los párrafos, hasta ahora inéditos, que ella misma suprimió de la primera versión al reelaborarla.

La obra se presenta, asimismo, en una nueva traducción española, realizada directamente a partir del original neerlandés, en la que se ha tratado de reflejar lo más fielmente posible el estilo personal, espontáneo y

1. *De Dagboeken van Anne Frank* (Los diarios de Anne Frank), La Haya-Amsterdam, 1986. *(N. de la R.)*

aún no del todo acabado de su autora. Como en toda traducción, tal vez se haya perdido algún matiz aquí y allá, bien por falta de equivalentes en nuestro idioma, bien en un intento de no dificultar innecesariamente la lectura y la comprensión del texto traducido. Se han respetado, sin embargo, aspectos tales como la construcción de frases aparentemente ilógicas, el empleo de palabras inexistentes o «inventadas», y la puntuación a veces poco ortodoxa.

Con todo, esta nueva edición, auténtica y completa, ofrece al lector la posibilidad de compenetrarse más a fondo con las ideas y los sentimientos de Anne Frank y de apreciar mejor el desarrollo de sus dotes de escritora.

Por último, a los investigadores y demás lectores interesados, les remitimos a la mencionada edición anotada de los diarios, disponible igualmente en alemán, inglés, francés, italiano y japonés.

Amsterdam-Barcelona, 1992
Diego Puls,
con la colaboración de
Carmen Bartolomé y Rubén Chapp.

Guía didáctica

por Camila Paz Obligado

Si todavía resuena la voz de Anne Frank, tal vez sea por haber logrado llegar hasta nosotros como un testigo íntimo del devenir de las guerras, en especial de la Segunda Guerra Mundial. Este fue un conflicto muy complejo al que conviene echar un vistazo, al menos en sus líneas generales; puede que así comprendamos un poco mejor por qué esta joven inteligente y mordaz se ha hecho un sitio en la memoria colectiva.

CONTEXTOS

1. Los años previos a la guerra

En cierto sentido, se puede pensar que la Segunda Guerra Mundial (1939-1945) no fue más que una continuación de la primera (1914-1918), y que ese amplio periodo de treinta años puso a la humanidad frente a la posibilidad de su total desaparición. Cierto es que el conflicto que nos ocupa entierra sus raíces en la guerra anterior, ya que, como probablemente sepas, al término de esta, Alemania, que había resultado derrotada, fue obligada a firmar el Tratado de Versalles en 1919, un acuerdo que le imponía fuertes sanciones y que pretendía clausurar el estado de guerra: los vencedores (Gran Bretaña, Estados Unidos y Francia, entre otros) exigían a los alemanes indemnizaciones, la cesión de sus territorios y colonias y la desmilitarización inmediata. Así, mientras se buscaba una paz duradera, se cocinaba el futuro conflicto. En Alemania, la hiperinflación derivada de la deuda de guerra, la devaluación de la moneda y la subida de impuestos empobrecían cada vez más a la población, que además se sentía humillada por el Tratado de Versalles. El país vivía años muy convulsos, se había convertido rápidamente en una república inestable, y se dieron dos fuertes cambios en el escenario internacional: el avance de la Revolución rusa y la Gran Depresión, una crisis mundial que terminó de golpear la maltrecha economía germana en 1929, el año en que nace Anne Frank en Frankfurt. Este malestar social, político y económico se sumó al sentimiento de caos que reinaba entre la población e impulsó el desarrollo de grupos radicales, en un principio insignificantes. Uno de ellos, el Partido Nacionalista Obrero Alemán —encabezado por Adolf Hitler, un combatiente de la Primera Guerra Mundial— modeló la humillación y el resentimiento alemán por el Tratado de Versalles en un nacionalismo exacerbado, y en 1923 se lanzó a tomar el poder por la fuerza. El golpe fracasó, pero logró llamar la atención, y el Partido Nazi trabajó la vía democrática apoyado en la propaganda política. Lo prometía todo: arreglar la economía, crear puestos de trabajo para los alemanes y recuperar la figura de una Alemania fuerte y unida. Para ello, utilizó un método que les resultó muy efectivo: la figura del chivo expiatorio. Comunistas y judíos fueron señalados como los culpables de todos los males del pueblo alemán. Con el tiempo, la estrategia superó sus propias expectativas, y en 1933 Hitler llegó al poder y se proclamó *Führer*. Los Frank, que llevaban varias generaciones viviendo en la ciudad, entendieron que era el momento de salir de Frankfurt. Es posible que llegaran a conocer el discurso del nuevo alcalde de la ciudad, Jakob Sprenger, que prometía fumigar a los judíos como a las ratas. Otto Frank se instaló rápidamente en Amsterdam, donde empezó a trabajar en la compañía Opekta. Poco después le siguió Edith, su mujer, y encontró una casa para toda la familia. Margot y Anne, las hijas, llegaron en 1934. En Alemania se abrieron los primeros campos de concentración y el discurso de odio corría como la pólvora: se prendieron piras de libros considerados antialemanes (es decir, de autores judíos, de izquierdas, pacifistas y todo lo que cayera fuera de la categoría de «ario») y se prohibieron los partidos políticos o estos decidieron disolverse, por lo que el Partido Nazi se convirtió en el único que podía ser votado.

Mientras tanto, Hitler se afanó en cumplir sus promesas. El Tratado de Versalles, símbolo de la humillación alemana, se convirtió en el primer objetivo. Alemania empezó a rearmarse, construyó campos de entrenamiento, cuarteles, y en poco tiempo desplegó su ejército en Renania, un territorio que le había sido expropiado y de gran valor estratégico, pues colindaba con Francia, Bélgica y parte de los Países Bajos. Es sorprendente que ningún país reaccionara a estas violaciones, que Hitler siguiera anexionando territorios uno detrás de otro sin demasiada resistencia. Tal vez el resto de fuerzas europeas estuviera absorto en sus propios problemas y, traumatizadas por el recuerdo de la guerra anterior, no encontraran el modo de castigar la ruptura de los acuerdos internacionales. Sea como sea, Alemania siguió su rumbo, desplegó tropas, firmó acuerdos aquí y allá y buscó la colaboración de distintas fuerzas internacionales.*

---

* En 1936, la Italia fascista de Benito Mussolini y Adolf Hitler firmaron el pacto de Amistad y Alianza entre Italia y Alemania, también conocido como el Pacto de Acero. Ese mismo año, Alemania y

En 1938, llevó su ejército a la añorada Austria. Parecía que Europa empezaba a despertar, aunque las reacciones fueron tibias: se firmó un pacto en Múnich en el cual se permitía a Alemania anexionar determinados territorios con el compromiso de no atacar Checoslovaquia. Pero Hitler no se caracterizaba por su fidelidad a los pactos internacionales.

La población judía de los territorios ocupados tenía una vida cada vez más complicada. Las leyes raciales de Nuremberg establecían quien era judío y quien no, y estos últimos perdieron la ciudadanía y se les obligó a llevar, cosida a la ropa, la estrella de David. Esta insignia era un modo de señalarlos y, a la vez, permitía controlar los movimientos de los judíos e identificarlos con facilidad para su deportación. Así, la violencia y la humillación embarraban cada aspecto de su vida pública y privada, y la situación alcanzó su punto álgido el 9 de noviembre de 1938. Esa noche, grupos organizados nazis orquestaron un gran pogromo,* es decir, un linchamiento en el que incendiaron sinagogas, atacaron comercios judíos y tomaron prisioneros, mientras las fuerzas del orden y las brigadas de bomberos permanecían de brazos cruzados. A la mañana siguiente, el régimen nazi mandó detener a treinta mil judíos, los culpó de los disturbios y los envió a campos de concentración. Esta fecha, evidente preludio del Holocausto que llevaba años preparándose, es conocida con el nombre de «La noche de los cristales

_____

Japón firmaron otro acuerdo para apoyarse mutuamente en la lucha anticomunista. En 1937, fuerzas aéreas alemanas e italianas arrasaron la ciudad de Guernica en apoyo al Ejército Nacional de Francisco Franco.

* Los pogromos son masacres promovidas por el poder, es decir, una institucionalización de la violencia alentada por los rumores y las noticias falsas para incrementar el odio y el miedo.

rotos» por la cantidad de escaparates que fueron apedreados. Muchos judíos decidieron entonces salir definitivamente de Alemania y sumarse a los miles que ya lo habían hecho. Entre ellos se encontraba Fritz Pfeffer (Albert Dussel), que primero mandó a su hijo a Gran Bretaña y huyó después a Amsterdam, donde se convertiría en el compañero de habitación de Anne Frank. Tres semanas después lo siguió su prometida, Charlotte Kaletta, con quien no podía casarse porque ella era católica. Otros no pudieron huir y quedaron atrapados en las fronteras.

2. Empieza la guerra. El caso holandés

Aunque parezca increíble, todo lo anterior sucedió antes de que se declarara guerra alguna. Hitler siguió con sus planes expansionistas y, después, quiso hacerse con Polonia. Con ese fin firmó un tratado de no agresión con la Unión Soviética, su aliado más inverosímil, en el que también se repartieron en secreto los territorios europeos que los separaban. No tuvo ningún reparo en violar los acuerdos previos con Japón e Italia, en los que prometían luchar juntos contra el comunismo, la ideología de sus nuevos aliados. Una semana después, Hitler encontró una excusa para entrar en la parte occidental de Polonia y Stalin hizo lo mismo desde el lado oriental. Entonces sí, Gran Bretaña y Francia no tuvieron más remedio que actuar, y la Segunda Guerra Mundial se convirtió en un hecho declarado. A partir de aquí, la cadena de invasiones fue imparable. En julio de 1940 gran parte de Europa estaba ocupada por el régimen nazi: al territorio polaco se sumaron Dinamarca y Noruega en primer lugar; después, Países Bajos, Bélgica y Luxemburgo, espacios que daban acceso a la toma de la mitad norte de Francia, incluida París. Los demás países se sumaron a la Alemania nazi o permanecieron neutrales.* En este punto, solo quedaban dos países aliados a cuyos territorios no habían llegado los nazis: Gran Bretaña y Grecia.

Al contrario que en Polonia —donde los nazis cometieron atrocidades de todo orden contra la población polaca, que en su particular escala se encontraba a la altura del pueblo judío—, en los Países Bajos convivieron con los ocupantes de forma menos violenta. Con el gabinete de Gobierno holandés exiliado al completo en Londres, el objetivo de Hitler fue conseguir una «nazificación voluntaria» que tuviera el apoyo de la población. Después de algunas resistencias reprimidas con dureza, la mayoría de los órganos administrativos, empresariales y sociales comenzaron a colaborar con los nazis. Las razones por parte de los holandeses fueron prácticas: querían promover la economía, el comercio, mantener el empleo en un contexto de fuerte crisis y, al mismo tiempo, propiciar un régimen moderado por parte de los ocupantes. La administración recabó el censo de la población judía y se aplicaron de forma diligente las medidas discriminatorias, una tras otra, hasta que se restringieron todas las libertades. Así lo refiere Anne en su diario:

20 de junio de 1942
Los judíos deben llevar una estrella de David; deben entregar sus bicicletas; no les está permitido viajar en tranvía; no les está permitido viajar en coche, tampoco en coches particulares; los judíos solo pueden hacer la compra desde las tres hasta las cinco de la tarde; solo pueden ir a una peluquería judía; no pueden salir a la calle desde las ocho de la noche hasta las seis de la madrugada; no les está permitida la entrada en los teatros,

---

* Es el caso de España, Portugal, Yugoslavia, Suecia, Suiza y Turquía.

cines y otros lugares de esparcimiento público; no les está permitida la entrada en las piscinas ni en las pistas de tenis, de hockey ni de ningún otro deporte; [...] los judíos no pueden entrar en casa de cristianos; tienen que ir a colegios judíos, y otras cosas por el estilo. Así transcurrían nuestros días, que si esto no lo podíamos hacer, que si lo otro tampoco.

La joven no cuenta que, además, los judíos habían sido obligados a depositar todo su dinero en un banco que financiaba la actividad alemana, o que las expropiaciones forzosas estaban a la orden del día. Poco a poco, tuvieron que dejar todo atrás. El pragmatismo de las instituciones holandesas también ayudó a la adopción de medidas físicas, y las deportaciones tomaron un ritmo abrumador. El 27 de marzo de 1943 Anne escribe:

Rauter, un pez gordo alemán, ha dicho en un discurso que para el 1 de julio todos los judíos deberán haber abandonado los países germanos. [...] Como si fueran ganado enfermo, se llevan a esa pobre gente a sus inmundos mataderos.

Se calcula que el 75 por ciento de los judíos que vivían en los Países Bajos antes de la guerra murieron. No obstante, y a pesar de la actitud forzosamente colaboradora o indiferente de buena parte de la sociedad civil, una cifra asombrosa de judíos escondidos logró sobrevivir a las persecuciones con la ayuda de protectores. La solidaridad fue cada vez más fuerte y el número de personas dispuestas a participar en la resistencia creció a partir de 1942, momento en que los Frank decidieron entrar en la Casa de atrás con la ayuda denodada de Miep Gies, Bep Voskuijl y el resto de sus colaboradores. En 1943 casi un millón de holandeses se declaró en huelga en la mayor manifestación contra la barbarie nazi de toda la Segunda Guerra Mundial («Toda Holanda ha sido castigada por la huelga de tantos trabajadores. Han declarado el estado de sitio y a todos les van a dar un cupón de mantequilla menos. ¡Eso les pasa por portarse mal!», escribe Anne, p. 116). También se llevaron a cabo atentados que entorpecieron la identificación de los judíos, como menciona Anne el 27 de marzo de 1943. Por supuesto, la represión sobre los ejecutores fue siempre despiadada.

> *18 de mayo de 1943*
> Todos los estudiantes tienen que firmar una lista del Gobierno, declarando que «simpatizan con todos los alemanes y con el nuevo orden político». El ochenta por ciento se ha negado a traicionar su conciencia y a renegar de sus convicciones, pero las consecuencias no tardaron en hacerse sentir. A los estudiantes que no firmaron los envían a campos de trabajo en Alemania.

3. El final

El número de países involucrados en el conflicto se fue multiplicando: al inicio los enfrentados eran los Países Aliados (Francia e Inglaterra) contra los países del Eje (Alemania e Italia), pero con el transcurso del tiempo el conflicto adquirió una dimensión mundial. En 1941 Hitler rompió el pacto que había firmado con Stalin al inicio de la guerra y cruzó con su ejército las fronteras de los países comunistas, lo que introdujo a Rusia de lleno en la contienda; Japón se unió a Alemania en busca de apoyos para su propio proceso expansionista en Asia y provocó la entrada de Estados Unidos con el ataque a la base estadounidense de Pearl Harbor. De un modo u otro, hasta sesenta países participaron en el conflicto armado que convulsionó el mundo.

Si bien los dos primeros años de la guerra habían resultado muy favorables para el régimen nazi, a partir de 1942 empezaron a volverse las tornas. Los países aliados encontraron cada vez más ocasiones para destruir industrias, líneas ferroviarias, bases militares y las principales ciudades alemanas. En 1943 los ejércitos británico y estadounidense desembarcaron en Sicilia y el sur de Italia, y Mussolini se vio obligado a renunciar a su cargo. Este debilitamiento fue aprovechado por los aliados, que orquestaron el gran desembarco en Normandía, conocido como el día D. En la Casa de atrás se siguieron los acontecimientos con gran expectación.

> *6 de junio de 1944*
> *This is D-Day,* ha dicho a las doce del mediodía la radio inglesa, y con razón. *This is «the» day.* ¡La invasión ha comenzado! [...] ¡Conmoción en la Casa de atrás! ¿Habrá llegado por fin la liberación tan ansiada, la liberación de la que tanto se ha hablado, pero que es demasiado hermosa y fantástica como para hacerse realidad algún día? ¿Acaso este año de 1944 nos traerá la victoria?

Dos meses después del día D, la Casa de atrás fue descubierta, y sus habitantes fueron enviados a los campos de concentración. Solo Otto Frank llegó a ver el final de la guerra, cuando el 8 de mayo de 1945 Alemania firmó la rendición incondicional.

PROPUESTAS

- Haz una línea del tiempo en la que destaques los cinco hechos más importantes desde la llegada al poder de Hitler hasta el final de la Segunda Guerra Mundial.

- Para comprender la época es importante entender el vocabulario. Te proponemos hacer un glosario con los siguientes términos: partido sionista, Shoá, Holocausto, mercado negro, pogromo, gueto, antisemitismo, SS, deportación, estrella de David, totalitarismo, Gestapo... Puedes ir añadiendo los términos que consideres importantes al hilo de la lectura del *Diario* y de esta guía.
- Investiga sobre los siguientes conceptos y hechos históricos que acontecieron antes o durante la Segunda Guerra Mundial:
    - La noche de los cuchillos largos
    - Investiga sobre la procedencia del antisemitismo. ¿Desde cuándo existe? ¿Fue un invento de la Alemania nazi?
    - Levantamiento del gueto de Varsovia
    - Profundiza en las causas y consecuencias de La noche de los cristales rotos
    - Solución final
    - Juventud hitleriana
    - ¿Qué son los totalitarismos? Investiga sobre sus características
    - Conferencia de Évian
    - Jesse Owens y los Juegos Olímpicos de 1936
    - Helena Kuipers-Rietberg y la resistencia
    - Los juicios de Nuremberg
    - Hiroshima y Nagasaki
    - Conferencia de Yalta

Lectura comprensiva

Por su propia naturaleza, el primer recorrido que nos ofrece un diario es cronológico. Hemos tomado el paso de las estaciones como un primer acercamiento a la obra, para que puedas organizar tu lectura por secciones.

VERANO DE 1942

a. Explica cómo llegó a manos de Anne el cuaderno en el que escribe su diario. ¿Cuántos años tenía cuando lo recibió?

b. En las primeras entradas del diario, Anne cuenta cómo es su día a día. Explica brevemente en qué consiste esa rutina.

c. Explica quién es Kitty y la razón por la que aparece en el diario.

d. ¿Cuándo y por qué llegaron los Frank a Holanda? ¿De dónde proviene la familia originalmente?

e. ¿Qué actividades tienen prohibidas los judíos?

f. En el colegio, el profesor de matemáticas pierde la paciencia con Anne y le impone una tarea. ¿De qué se trata? ¿Qué actitud demuestra Anne frente a la tarea?

g. ¿Quién es Hello? Explica la relación que mantiene con Anne.

h. El 8 de julio de 1942, Otto Frank recibe una citación. ¿De qué se trata? ¿Cómo se siente Anne? ¿Qué consecuencias conlleva para la familia?

i. ¿Dónde se encuentra la «Casa de atrás»? ¿Cómo es el refugio y qué opinión tiene Anne de este?

j. El 13 de julio de 1942 llegan los Van Daan al escondite. ¿Qué opina Anne de ellos? ¿Qué espera de sus nuevos compañeros, especialmente del joven Peter?

k. El señor Van Daan inventa una historia sobre el paradero de los Frank que ayuda a eliminar sus huellas. Resúmela.

l. En agosto de 1942 Anne considera que el refugio es ahora un verdadero escondite. ¿Qué ha cambiado?

m. ¿Cómo es, a su llegada, la relación con los Van Daan? Explica el conflicto entre Peter y sus padres.

Otoño de 1942

a. ¿Qué estrategia han inventado en la casa para hacer llegar mensajes al señor Brooks, representante de la compañía de Otto Frank?

b. ¿Cuál es la actitud de la señora Van Daan con el señor Frank? ¿Qué sentimientos provoca esta actitud en Anne?

c. Bep es un enlace entre los escondidos y el mundo exterior. ¿De qué provee a los escondidos? ¿Qué actividades les propone para poder entretenerse?

d. Las noticias que llegan del exterior no son nada alentadoras. ¿Qué está sucediendo con los judíos, de acuerdo al texto?

e. Anne empieza a encontrarse muy ocupada. ¿Qué actividades hace para mantenerse activa?

f. Anne tiene la sensación de que algo muy importante en su vida personal está a punto de suceder. ¿De qué se trata?

g. En ocasiones, la esperanza se apodera de los escondidos. ¿Por qué piensan que pueden estar en «el principio del fin» de su situación?

h. Un nuevo miembro pasa a formar parte de la «familia de los escondidos». ¿De quién se trata y cómo llega hasta el refugio?

i. ¿Qué piensa Anne del nuevo integrante de la casa? ¿Qué relación establece con él?

j. ¿Qué información trae del exterior ese nuevo miembro de la casa? ¿Cómo se siente Anne al recibir esta información?

k. El 20 de noviembre, Anne reflexiona sobre la tristeza y la alegría. ¿Qué conclusiones saca?

l. Los escondidos deben economizar el gasto de luz, así que permanecen varios días a oscuras. ¿Qué actividades descubre Anne para pasar el tiempo a oscuras?

m. ¿Qué regalos reciben los escondidos por San Nicolás? ¿Qué siente Anne con respecto a esta festividad?

n. El señor Van Daan muestra su lado de charcutero. ¿En qué consiste?

o. La señora Van Daan se ha roto una costilla, ¿cómo ha sucedido? También ha tenido que hacerse un tratamiento dental, ¿en qué ha consistido?

Invierno de 1942-1943

a. Anne está muy preocupada por las desapariciones que están sucediendo en el exterior de la casa. ¿Cuál es su reflexión al comparar su propia situación con la de estas personas?

b. El clima es tenso en la casa. ¿Cómo se siente Anne ante las constantes observaciones de sus habitantes sobre su propio carácter?

c. El dueño del edificio en el que Otto Frank tiene su empresa ha sido vendido. Explica cómo encaran este hecho los habitantes de la casa, especialmente los Frank.

d. Las ratas hacen su aparición en el diario de Anne. Explica qué sucede entre estas y la familia Van Daan.

e. Hitler aparece mencionado en el diario. Explica en qué circunstancias aparece y la impresión que le causa a Anne, de acuerdo a su diario.

PRIMAVERA DE 1943

a. Los habitantes de la casa sospechan que han entrado ladrones y se esconden, dejando la radio sintonizada y las sillas a su alrededor. Resume cómo se resuelve esta escena.

b. Unos socios importantes para Opekta llegan a la oficina para cerrar negocios, pero las personas de confianza de Otto Frank no pueden representarlo por razones de salud. ¿Qué sucede entonces?

c. La relación entre Anne y Edith, su madre, parece tocar fondo cuando llega la hora de rezar. Explica qué sucede entre ellas y cómo se siente Anne al respecto.

d. Es el cumpleaños de Dussel. ¿Qué sucede con los regalos y la comida?

e. Anne tiene una nueva afición que se ve satisfecha en su cumpleaños. ¿Qué le regalan?

f. En la casa se preparan para cambiar de radio. ¿Por qué razón lo hacen?

VERANO DE 1943

a. Anne reclama más espacio para poder escribir. ¿Con quién debe negociar y qué obtiene? Explica los pasos de la negociación.

b. Los bombardeos sobre la ciudad llenan de desasosiego a Anne y al resto de los habitantes de la casa. La noche ha sido especialmente intensa, pero se levantan con una noticia esperanzadora. ¿De qué se trata?

c. Hay cierto optimismo en la casa, a pesar de que Mouschi ha traído habitantes molestos... ¿De quiénes se trata?

d. Anne describe cómo son las rutinas de la casa. ¿Qué actividad destacarías de las noches? ¿Y de los mediodías?

e. ¿Por qué de repente se sienten desorientados con la hora? ¿Qué ha pasado?

f. El señor Kleiman está enfermo. ¿Qué observación hace Anne sobre él?

g. En la casa sienten un nuevo peligro porque piensan que puede haber un delator cerca. ¿De quién se trata?

Otoño de 1943

a. Los Van Daan se están quedando sin dinero. ¿Qué proponen para salir del apuro? ¿Cuál es la reacción de la señora Van Daan?

b. Anne siente que sus padres tratan de forma desigual a las dos hijas. Explica sus reflexiones al respecto.

c. Otto Frank busca entretenimiento para sus hijas. ¿Qué les propone a cada una de ellas?

d. El aniversario de la llegada de Dussel a la casa provoca un nuevo conflicto. Explícalo.

e. A Anne se le aparece su amiga Hanneli. ¿Qué sentimientos le provoca su recuerdo? ¿Por qué?

f. Vuelve el día de San Nicolás. ¿Qué regalos se hacen esta vez?

a. Es la primera vez que le regalan algo por Navidad a Anne. ¿De qué se trata?

b. Anne observa un defecto fundamental en la relación con su madre. ¿Cuál es? ¿Estás de acuerdo con ella?

c. ¿Cómo siente Anne la relación con su cuerpo desde que tiene la menstruación?

d. Anne necesita alguien con quien conversar. ¿A quién elige?

e. Anne recuerda su primer amor. Resume esta experiencia.

f. ¿En qué sentido está cambiando la relación de Anne y Margot?

g. La percepción de Anne sobre los Van Daan también parece estar cambiando. ¿Cuál crees que es la causa de este giro?

h. Anne ha entrado en la adolescencia y siente mucha curiosidad sobre los cuerpos masculino y femenino. ¿Dónde encuentra un interlocutor inesperado para hablar de ello? ¿Cómo surge la conversación?

i. Tanto tiempo de convivencia lleva a Anne a reflexionar sobre Otto y Edith, sus padres. ¿Qué conclusiones saca sobre la relación que mantienen?

j. Peter y Dussel protagonizan una pequeña pelea. ¿Cuál es la causa? ¿Cómo se desarrollan los acontecimientos después del choque?

k. Las patatas son una oportunidad de conversación para Anne y Peter. Explica qué sucede y cómo se siente Anne.

l. Anne se siente profundamente desconsolada. ¿A qué crees que se debe?

m. Anne encuentra oportunidades para conversar con Peter. Explica cómo van cambiando sus sentimientos hacia él.

n. ¿Qué motivos encuentra Anne para sentirse optimista? ¿Qué considera que son las «cosas buenas» de la vida en su situación?

o. Margot y Anne se escriben notitas. ¿De qué temas hablan?

p. Los habitantes de la casa se preparan para una cena particular, puesto que ya no tienen cupones ni manteca. ¿Cuál es la razón?

q. Anne reflexiona sobre la educación sexual que ha recibido. ¿Qué opina de ella? ¿De dónde obtiene su conocimiento en la materia?

r. Anne pasa «la noche más hermosa» conversando con Peter, pero al mismo tiempo una preocupación empieza a anidar en su cabeza. ¿De qué se trata?

Primavera de 1944

a. Anne se acerca cada vez más a Peter. Como es natural a su edad, está muy interesada en la sexualidad, y pronto conversan sobre el tema. ¿Qué se cuentan?

b. En la radio se escucha un anuncio sobre diarios y cartas relativos a la guerra. ¿Cómo lo recibe Anne? ¿Qué expectativas tiene al respecto?

c. Peter y Anne hablan sobre la sangre. Explica en qué consiste esta conversación.

d. ¿Qué es un «ciclo de comidas» en la Casa de atrás?

e. Anne lleva mucho tiempo escribiendo su diario, ¿qué anhelos profesionales expresa? ¿En qué quiere diferenciarse de su madre o de la señora Van Daan?

f. Un nuevo incidente relacionado con ladrones ocurre en la casa. Resúmelo.

g. Anne se declara entusiasmada con el pueblo holandés. ¿A qué se debe?

h. Peter y Anne se han besado por primera vez. ¿Cómo se siente? ¿Qué espera a partir de ahora?

i. Las emociones de Anne son muy intensas y se esfuerza por entenderlas. Para ello se ayuda de la figura de las dos Annes; explica a qué se refiere.

j. Anne no sabe muy bien cómo comportarse con Peter y se pregunta cómo actuarían otras chicas de su edad en su situación. ¿En qué consiste su conflicto?

k. La relación con Peter provoca un enfrentamiento entre Otto y Anne. Explícalo.

l. Mouschi está creando algunos problemas en la Casa de atrás. ¿De qué se trata?

m. Bep ha decidido casarse. ¿Qué opinión le merece este hecho a Anne? ¿Por qué piensa así?

n. Las circunstancias hacen que la comida se restrinja cada vez más. ¿De qué se alimentan fundamentalmente?

o. Un gran evento (hoy histórico) conmociona a los habitantes de la casa. ¿Qué ha sucedido?

p. Anne reflexiona sobre el papel de la mujer en el pasado y su presente. ¿Qué opinión tiene al respecto? ¿Crees que su pronóstico es acertado?

Verano de 1944

a. Las noticias del exterior han levantado los ánimos de los escondidos. A estas, se suma una novedad gastronómica que hace que se proyecten en el futuro. ¿De qué se trata? Explica brevemente qué sucede.

b. El libro *¿Qué opina usted de la adolescente moderna?* llega a las manos de Anne y le hace pensar sobre sus cualidades personales. ¿Qué destaca de sí misma?

c. Un nuevo hecho histórico entusiasma a Anne. ¿De qué se trata?

d. Al final de su diario, Anne escribe sobre sus inseguridades. ¿Qué es lo que la atormenta?

Lectura crítica

Además de la línea cronológica, el *Diario* propone itinerarios temáticos de lectura. Te proponemos algunas líneas para la reflexión.

a. El 12 de junio de 1942, en la primera entrada del diario, Anne escribe: «Espero poder confiártelo todo como aún no lo he podido hacer con nadie, y espero que seas para mí un gran apoyo». Más adelante, el 20 de junio, escribe: «El papel es más paciente que los hombres». Anne reflexiona en múltiples ocasiones sobre las razones por las que escribe, ¿cuáles crees que son? ¿Cómo se van modificando esas razones? ¿Qué crees que va significando para ella la escritura a medida que se adentra en esa actividad?

b. En textos anteriores al diario, Anne escribe cartas a distintos personajes que toma de los libros que le gusta leer. Finalmente, elige la figura de Kitty como destinataria permanente de su diario. ¿Qué crees que aporta el hecho de que exista esta figura en el diario?

c. En el colegio Anne es considerada una «parlanchina». ¿Qué función crees que tienen los apodos en la escuela? ¿Crees que los estereotipos pueden llegar a determinar nuestra personalidad, la forma en que nos comportamos frente a los demás? ¿Crees que cuando otras personas predicen cómo vamos a reaccionar esa previsión termina por cumplirse?

d. El 11 de junio de 1942, Anne reflexiona sobre la clandestinidad, tema que aparece recurrentemente en las páginas del diario. ¿Qué piensa al respecto? ¿Puedes relacionar la circunstancia de Anne con algún periodo de la historia española? ¿Conoces otros momentos de la historia donde un colectivo haya tenido que pasar a la clandestinidad por razones de raza, religión, ideología, sexualidad...?

e. En junio de 1942 y en múltiples ocasiones después de esta fecha, Anne escribe sobre las prohibiciones que se les hacen a los judíos. Reflexiona sobre qué es la discriminación y cuáles son las consecuencias de ejercerla sobre un grupo de personas.

f. Los seres humanos tenemos la necesidad de sentirnos integrados en un grupo (familiar, social, etc.). ¿Cómo crees que se siente Anne dentro de la casa? Reflexiona sobre los distintos aislamientos que padece.

g. Llega una citación de las SS para los Frank y ellos responden escondiéndose en la Casa de atrás. Este acto de desobediencia permitió que la familia y sus amigos sobrevivieran, al menos, dos años más. También vemos reflejada en el *Diario* cierta organización civil que enfrenta al nazismo, como las huelgas de los trabajadores. ¿Qué significa la «resistencia» para los escondidos y cómo crees que la ejercen? ¿Crees que es necesaria en el contexto de las sociedades democráticas actuales? Escribe una definición de lo que significa para ti el término.

h. El 9 de julio de 1942, Anne cuenta el traslado a la Casa de atrás. Recuerda a unos trabajadores que los miraban con pena por no poder ofrecer a la familia ninguna ayuda, debido a la estrella amarilla de sus abrigos. ¿Cuál crees que es la razón real de su incapacidad de ayudar?

i. Para los nazis, la discriminación de los judíos se fundamenta en la pertenencia a una raza y religión distintas a la suya. No obstante, ¿qué relación crees que tienen los Frank con la religión? ¿Crees que hoy en día cometemos el mismo tipo de discriminaciones? ¿En qué ámbitos? Si es necesario, infórmate para poder elaborar una respuesta.

j. El 2 de mayo de 1943, Anne observa: «Vivimos como en un paraíso». ¿Qué condiciones crees que se dan para que haga esta observación desde la clandestinidad?

k. El 11 de julio de 1943, Anne escribe: «Siempre esperamos con gran ansiedad a que llegue el sábado, porque entonces nos traen los libros». Reflexiona sobre el lugar que tiene la lectura en el día a día de los escondidos.

l. «Me importan más los recuerdos que los vestidos» (p. 31), escribe Anne. Reflexiona sobre el significado de sus palabras: ¿por qué le parece más relevante lo emocional que lo material?

m. Privados de la posibilidad de pisar las calles, los ruidos toman especial protagonismo en la vida cotidiana de los escondidos. Algunos de esos sonidos son interpretados como amenazas, otros se entienden como símbolos de amparo. Busca ejemplos de ambos y reflexiona sobre la importancia de los sentidos en el contacto con el mundo exterior.

n. De acuerdo a lo que has leído en el diario de Anne, ¿crees que tenía conciencia de que iba a ser leída? ¿Escribimos igual cuando lo hacemos para nosotros mismos que cuando lo hacemos para un lector? Ten en cuenta, si no te has fijado, que Anne va cambiando su firma en el diario. Reflexiona sobre esta idea. ¿Por qué crees que lo hace?

o. Durante los dos años que pasan encerrados, los escondidos no dejan de celebrar ciertas festividades, como San Nicolás, en la que incluso se reparten regalos, cada vez más modestos. ¿Qué función crees que desempeña esta rutina del paso del tiempo? ¿Por qué crees que nunca dejan de celebrar?

p. A medida que avanza el texto, habrás notado que los robos van en aumento. ¿Qué relación crees que tiene este hecho con el contexto histórico? ¿Qué está pasando fuera de la casa para que suceda este aumento?

q. Anne se acerca poco a poco a Peter Van Daan. De forma paralela, la joven empieza a soñar con Peter Schiff, al que considera su primer gran amor. ¿Cómo explicas que Anne de pronto lo recuerde? ¿Qué papel crees que juega en su relación con Peter Van Daan el recuerdo de su amor de infancia?

r. El 3 de mayo de 1944, Anne escribe: «Hacía más de dos meses que no me venía la regla, pero por fin el domingo me volvió. A pesar de las molestias y la aparatosidad, me alegro mucho de que no me haya dejado en la estacada durante más tiempo». ¿Cómo interpretas sus palabras? ¿Por qué crees que echa de menos su menstruación?

s. Una de las tensiones fundamentales que aparece en la casa tiene que ver con la educación de los hijos: «En casa no era así —dijo [la señora Van Daan]—. Le habría dado un golpe que le hubiera hecho rodar escaleras abajo (!). Nunca ha sido tan insolente, y ya ha recibido unos cuantos golpes, pero es la educación moderna, los hijos modernos, yo nunca hubiera tratado así a mi madre, ¿ha tratado usted así a la suya, señora Frank?» (p. 323). ¿Crees que la educación que recibió tu familia en su casa se parece a la tuya? Si te parece que son distintas, ¿en qué difieren? ¿Crees que la misma educación sirve para todas las épocas? ¿Por qué?

t. El Holocausto, es decir, el exterminio sistemático de los judíos en Europa, está considerado uno de los mayores horrores de la historia de la humanidad y un punto de inflexión en el que mirarnos como colectividad. Para que este sistema fuera posible, muchas personas tuvieron que participar en él. Reflexiona sobre el tipo de colaboración que es necesaria para que suceda un hecho parecido. ¿Crees que se puede evitar este tipo de hechos? ¿Qué papel crees que debe asumir la ciudadanía?

u. Durante dos años, los escondidos pudieron sobrevivir gracias a una red de solidaridad muy sólida a su alrededor. Explica qué hicieron las distintas personas de su entorno para garantizar su supervivencia y reflexiona sobre la importancia de la colectividad en la historia de Anne.

v. ¿Encuentras actos individualistas en los personajes? ¿Cuáles y por parte de quién? Si los ves, ¿cómo crees que los juzga Anne? Por otro lado, ¿qué hechos cotidianos puedes considerar que están encaminados a cuidar a todos los miembros de la casa?

w. En muchas entradas del diario de Anne vemos a los escondidos alrededor de la radio. ¿Qué lugar ocupa esta en su día a día? ¿Qué significado crees que tiene y por qué es tan relevante?

x. Anne entrevista a sus compañeros de encierro sobre aquello que harían si pudieran salir de la casa: «Lo que más anhelan Margot y el señor Van Daan es un baño de agua caliente hasta el cogote, durante por lo menos media hora. La señora Van Daan quisiera irse enseguida a tomar pasteles; Dussel en lo único que piensa es en su Charlotte, y mamá en ir a algún sitio a tomar café. Papá iría a visitar al señor Voskuijl; Peter iría al centro y al cine, y yo, de tanta gloria, no sabría por dónde empezar» (p. 131). ¿Qué importancia crees que tienen este tipo de pensamientos en la supervivencia de los escondidos?

Los personajes

En honor a la afición que tenía Anne a los árboles genealógicos, te proponemos que elabores el de los habitantes
y colaboradores de la Casa de atrás. Anota lo que hayas
podido averiguar de ellos durante la lectura. Para tener
una visión completa, puedes leer los perfiles biográficos
que aparecen en el epílogo de esta edición (p. 379). Una
vez hecho este trabajo, te planteamos una serie de cuestiones para reflexionar sobre los protagonistas y las relaciones que entablaron durante su convivencia.

1. A la luz de sus propias palabras, escribe una definición del carácter de Anne. Teniendo en cuenta que
   tenía trece años cuando empezó a escribir, ¿crees
   que era una chica adelantada a su edad?
2. Anne nos cuenta con mucho detalle sus sentimientos, sus reflexiones sobre la sexualidad, sus emociones cuando se da el primer beso con Peter. ¿Qué
   grado de identificación sientes con sus emociones? ¿Crees que podríamos considerarla emocional-
   mente una joven de nuestra época? Justifica tu respuesta.
3. Considera la relación entre Anne y Edith y Anne y
   Otto. ¿Cómo son? ¿A qué crees que se deben las
   diferencias?

4. Explica algún hecho que consideres importante en el vínculo entre Anne y Edith. ¿Qué sentimientos predominan en esta relación? ¿Por qué? Puedes releer las entradas del 3 de octubre de 1942, del 2 de abril de 1943, del 30 de octubre de 1943 o del 2 de enero de 1944, entre otras.

5. «Mi padre, el más bueno de todos los padres que he conocido en mi vida...» (p. 18). Los sentimientos de Anne hacia su padre son claros, pero no estables. Comenta cómo evolucionan, qué cambios ves y qué momentos consideras más importantes. ¿Están siempre de acuerdo?

6. ¿Qué le gusta leer a Otto en las horas en que deben permanecer en silencio? ¿Se te ocurre por qué puede sentir tanta simpatía por este autor?

7. Hacia el final de su diario, Anne utiliza la figura de las dos Annes. ¿A qué se refiere? ¿Has tenido alguna vez la misma sensación?

8. Anne relee su diario y añade notas. El 22 de enero de 1944 reflexiona sobre lo que escribió un tiempo atrás: «Ya no podría escribir una cosa así. Ahora que releo mi diario después de un año y medio, me sorprendo de que alguna vez haya sido tan cándida e ingenua». ¿En qué crees que ha cambiado? ¿En qué crees que consiste la madurez?

9. Hanneli (Hannah Goslar) fue una de las mejores amigas de Anne. Estuvieron juntas desde la infancia hasta su separación por la persecución. El 27 de noviembre de 1943, Hanneli reaparece en los sueños de Anne, ¿a qué crees que se debe? ¿Qué sentimientos tiene hacia su amiga? Hannah sobrevivió al Holocausto. Puedes leer más sobre su figura y la relación entre las amigas en la página de la Fundación Anne Frank (www.annefrank.org).

10. Anne está emocionada con la perspectiva de una nueva incorporación a la familia de los escondidos

y el 17 de noviembre de 1942 llega Alfred Dussel a la Casa de atrás. ¿Cómo es la relación entre ellos? ¿Se cumplen las expectativas de Anne? ¿Qué características destacarías de este personaje?

11. En comparación con otros habitantes de la casa, las apariciones de Margot son muy escasas. ¿A qué crees que se debe esta ausencia? ¿Qué tipo de sentimientos crees que alberga Anne hacia su hermana?

12. Bep Voskuijl se convierte en una protectora clave para los escondidos. Explica su papel en la casa: ¿en qué colaboraba específicamente? En el diario, Anne cuenta que el padre de Bep, Johan Voskuijl, enferma gravemente, por lo que Bep también cuida de él. ¿Crees que habrías actuado de la misma manera? Valora su personalidad. Bep establece una relación especial con la joven. Relee la entrada del 25 de mayo de 1944 y explica los sentimientos de Anne hacia Bep.

13. Relee la entrada del 11 de julio de 1943. ¿De qué se encarga Miep Gies? ¿Recuerdas qué otras tareas hacía, además de su trabajo en Opekta?

14. Miep y Bep rescataron el diario y lo pusieron a salvo tras el arresto de los escondidos. ¿Crees que hicieron bien al entregárselo al padre de Anne? ¿Crees que habrías actuado igual? ¿Por qué?

Herramientas

Punto de vista: De acuerdo a la naturaleza del diario íntimo, Anne cuenta los hechos a través de su propia mirada. Por lo tanto, en el relato de su vida predomina la primera persona gramatical, pero Anne es una narradora curiosa que investiga y ensaya otros ángulos. Fíjate en los siguientes ejemplos:

a. Segunda persona: «Anne, Anne, aún te queda muchísimo por aprender. Empieza por ahí, en lugar de mirar a los demás por encima del hombro y echarles la culpa de todo» (p. 316).

b. Tercera persona: «Tras pronunciar estas palabras, Anne se volvió ofendida e hizo como si el distinguido doctor no existiera» (p. 126).

- Relee el contexto de los fragmentos y reflexiona: ¿qué efecto crees que aporta este recurso?
- En sus primeros escritos, Anne dirige sus cartas a distintos personajes, todos ellos sacados de sus lecturas. Finalmente, se queda con Kitty como destinataria de sus cartas, por lo que aquí aparece también el uso de la segunda persona. ¿Para qué crees que sirve este recurso? ¿Crees que aporta algo al relato de su historia?

Tono: Definimos el tono de un texto como la actitud que asume el narrador, en este caso la voz de Anne, sobre los hechos que cuenta. Al tratarse de un diario personal, el tono de la obra varía dependiendo del humor de la protagonista en cada situación, del hecho que ha decidido retratar. Valora el tono en los siguientes fragmentos:

a. «Y todas las noches, cuando acabo mis rezos pronunciando las palabras "Te doy las gracias por todas las cosas buenas, queridas y hermosas", oigo gritos de júbilo dentro de mí, porque pienso en esas "cosas buenas", como nuestro escondite, mi buena salud y todo mi ser, en las cosas queridas, como Peter y esa cosa diminuta y sensible que ninguno de los dos se atreve a nombrar aún, el amor, el futuro, la dicha, y en las cosas hermosas, como el mundo, la naturaleza y la gran belleza de todas las cosas hermosas juntas» (p. 237).

b. «El señor Dussel, el hombre del que siempre decían que se entendía tan bien con los niños [...] ha resultado ser un educador de lo más chapado a la antigua, a quien le gusta soltar sermones interminables sobre buenos modales y buen comportamiento. Dado que tengo la extraordinaria dicha (!) de compartir mi lamentablemente muy estrecha habitación con este archidistinguido y educado señor, y dado que por lo general se me considera la peor educada de los tres jóvenes de la casa, tengo que hacer lo imposible para eludir sus reiteradas regañonas y recomendaciones de viejo y hacerme la sueca» (p. 86).

c. «Mouschi ha demostrado de forma patente que el tener gatos no solo trae ventajas: todo el edificio está infestado de pulgas, y la plaga se extiende día a día. [...] A todos nos pone muy nerviosos; todo el tiempo creemos que hay algo arañándonos el brazo, una pierna u otra parte del cuerpo. De ahí que muchos integrantes de la familia estén siempre haciendo ejercicios gimnásticos para mirarse la parte trasera de la pierna o la nuca. Ahora pagamos la falta de ejercicio: tenemos el cuerpo demasiado entumecido como para poder torcer bien el cuello. La gimnasia propiamente dicha hace mucho que no la practicamos» (p. 137).

d. Relee el PROSPECTO Y GUÍA DE LA CASA DE ATRÁS que Anne escribe con motivo de la llegada de Dussel al escondite (p. 80).

- Si tuvieras que decidir qué tono predomina en el diario, ¿cuál dirías que es? ¿Qué crees que aporta a la situación que se narra?

El espacio: La historia que nos cuenta el *Diario* sucede en el interior del anexo de la fábrica de Otto Frank en Prinsengracht. La primera edición del diario se publicó bajo el título de *La Casa de atrás,* lo cual nos habla de la importancia que el escenario cobra en el texto. En la página de la Fundación Anne Frank (www.annefrank.org) puedes ver reconstrucciones de la casa que te ayudarán a entender mejor cómo pasaron los escondidos los dos últimos años de sus vidas. Pero podemos pensar también que, dada la importancia de los interiores y por contraposición al encierro, el exterior cobra muchísima fuerza. Lee los siguientes fragmentos:

a. «Pero también me asomé a la ventana abierta, y pude ver gran parte de Amsterdam, y por encima de los tejados hasta el horizonte, que era de un color celeste tan claro que no se distinguía bien su línea.

—Mientras exista este sol y este cielo tan despejado y pueda yo verlo —pensé—, no podré estar triste» (p. 221).

- Piensa en el sentido simbólico de los opuestos dentro/fuera. Tal vez su significado más básico podría ser dentro=refugio, fuera=peligro, ¿qué otras relaciones se te ocurren?

b. «Los dos miramos el cielo azul, el castaño sin hojas con sus ramas llenas de gotitas resplandecientes, las gaviotas y demás pájaros que al volar por encima de nuestras cabezas parecían de plata, y todo esto nos conmovió y nos sobrecogió tanto que no podíamos hablar» (p. 221).

- Desde el ático de la casa, Anne puede observar la naturaleza que la única ventana sin oscurecedores le permite ver. El castaño aparece mencionado varias veces en el diario; ¿a qué crees que se debe este interés?

El tiempo: Se puede decir que existen dos tiempos en la historia.

a. El tiempo histórico: Anne escribe durante el Holocausto, que aconteció durante la Segunda Guerra Mundial. Este contexto es particularmente significativo. Si no lo has hecho todavía, te recomendamos que te informes en el primer punto de esta guía.

b. El tiempo de la historia: una característica estructural del diario es su organización cronológica, registrada en fechas desde el 12 de junio de 1942 hasta el 1 de agosto de 1944. Anne revisó su diario pensando en una futura publicación, lo que muestra en algunas ocasiones el solapamiento de dos tiempos: el de la escritura y el de la revisión. Observa, por ejemplo, la entrada del 2 de noviembre de 1942 y su añadido de 1944: tenemos la impresión de ver, simultáneamente, a las dos Annes, la del pasado y la de su presente. Te habrás dado cuenta también de que se mezclan impresiones rápidas, apuntes sobre pequeños acontecimientos con otros fundamentales.

- Haz una línea de acontecimientos fundamentales que comience así:

1. Anne recibe un diario como regalo de cumpleaños.
2. ...

Diálogos: Anne no se centra solo en sí misma: se esfuerza por mostrar a los demás convivientes, construye escenas donde es muy importante el uso del estilo directo, es decir, donde los personajes hablan directamente sin que medie la narración. Con esto logra cambios de ritmo, pinta escenas vívidas y logra toques de humor. Sirva como ejemplo la escena en la que los Van Daan discuten mientras pelan patatas (p. 148).

- ¿De qué otro modo introduce la narradora las palabras de los personajes? Reflexiona sobre los distintos formatos que utiliza con este fin.

Club de lectura

Leer en comunidad es una forma eficaz de entender mejor los textos. También afinamos nuestra capacidad de escucha y argumentación y creamos vínculos con otros lectores. Aquí tienes algunas ideas para conversar con otras personas que, como tú, acaben de leer el *Diario*.

1. «Aquí siempre tengo sueños agradables, pero la realidad es que tendremos que quedarnos aquí hasta que termine la guerra» (p. 41). Anne vive un momento de gran incertidumbre, por lo que las reflexiones sobre el futuro son abundantes en su diario. ¿Te parece que sus reflexiones sobre el futuro son de alguna utilidad o piensas que habría sido mejor abandonar toda esperanza?

2. El 7 de octubre de 1942, Anne imagina que viaja a Suiza y escribe una lista detallada de lo que compraría. Reflexiona sobre el papel que tiene la imaginación en situaciones extremas.

3. «Si quieres alguna otra cosa de mí, te pido que me lo hagas saber por escrito, porque así podré expresar mucho mejor que oralmente lo que te quiera decir» (p. 257), escribe Anne a Margot. ¿Crees que es así, que logramos expresarnos mejor por escrito? ¿A qué crees que se debe? ¿Qué te resultaría más fácil a ti,

expresar tus sentimientos en un papel o frente a una persona?

4. «Ahora ya sé por qué estoy siempre mucho más intranquila que Peter. Él tiene una habitación propia donde trabajar, soñar, pensar y dormir. A mí me empujan de un rincón a otro de la casa. No estoy nunca sola en mi habitación compartida, lo que sin embargo desearía tanto» (p. 247). ¿Qué opinas sobre la necesidad de Anne de tener un espacio propio? ¿Cuál crees que es la razón de que Peter disponga de él y Anne no?

5. Anne reflexiona constantemente sobre sus estados de ánimo, relee entradas pasadas del diario, se analiza desde el futuro y siente que ha cambiado. En un momento dado, reconoce: «Sí, he sufrido mucho, pero ¿acaso no sufren todos los de mi edad?» (p. 316). ¿Crees que la adolescencia es un periodo en el que las personas sufren particularmente? ¿Por qué crees que es así? Considera tu propia experiencia para fundamentar tu opinión.

6. «Yo no creo que la guerra solo sea cosa de grandes hombres, gobernantes y capitalistas. ¡Nada de eso! Al hombre pequeño también le gusta; si no, los pueblos ya se habrían levantado contra ella. Es que hay en el hombre un afán de destruir, un afán de matar, de asesinar y ser una fiera, mientras toda la humanidad, sin excepción, no haya sufrido una metamorfosis, la guerra seguirá haciendo estragos, y todo lo que se ha construido, cultivado y desarrollado hasta ahora quedará truncado y destruido, para luego volver a empezar» (pp. 311-312). Reflexiona sobre el papel de la ciudadanía en los conflictos bélicos. ¿Cómo podemos influir en las decisiones que toman los Estados? Piensa en la mención que hace el *Diario* a la figura de Gandhi, por ejemplo. ¿Qué otros ejemplos se te ocurren?

7. Después de la Segunda Guerra Mundial, la ONU hace la Declaración Universal de Derechos Humanos. Consúltala en la página web de esta organización (www.un.org) y valora qué derechos se vulneraron en el caso de los escondidos en la Casa de atrás. ¿Crees que sigue teniendo sentido que exista esta declaración? ¿Consideras que hay grupos de personas que carecen de esos derechos?

8. Durante la lectura del diario, ¿has sentido empatía con Anne? ¿Te has identificado en algún momento con ella o con otros personajes? Explica por qué y en qué circunstancias.

9. En la primavera de 1944, Anne escribe: «[...] algún día volveremos a ser personas y no solamente judíos» (p. 291). Investiga sobre el concepto de la dignidad humana y relaciónalo con las palabras de la joven.

10. «Creo que todo el concepto de que el tener hijos constituye un deber de la mujer, cambiará a lo largo del próximo siglo, dando lugar a la estima y a la admiración por quien se lleva esa carga al hombro, sin rezongar y sin pronunciar grandes palabras» (p. 353). Reflexiona sobre la postura de Anne como joven mujer en el mundo. ¿Te parece que su forma de pensar es propia de su época?

Taller de escritura

21 de septiembre de 1942

—Oye, Anne, ¿no me enseñas algo de lo que escribes?
—No, señora, lo siento.
—¿Tampoco la última página?
—No, señora, tampoco.
Menudo susto me llevé, porque lo que había escrito
sobre ella justo en esa página no era muy
halagüeño que digamos.

El diario personal tiene la particularidad de organizarse en torno a los hechos y sentimientos de quien lo escribe. Es íntimo, es decir, no se concibe, al menos en primer lugar, que salga de nuestro ámbito personal, que sea leído por otros, como bien muestra el fragmento que encabeza esta sección. El diario ordena los hechos de manera cronológica, no necesariamente exhaustiva, y es fragmentario: resiste muy bien los saltos temporales y el desorden mental de cada uno. En principio, parece fácil. Quien escribe es el centro, y quién sabe más de uno que uno mismo, ¿verdad? Nos convertimos en narradores de nuestra propia historia y, sin darnos cuenta, reflexionamos sobre ella. A continuación, te hacemos algunas propuestas para que desarrolles tu propia escritura.

1. Si no lo haces todavía, ¿te animas a escribir tu propio diario? Puede ser un diario breve, de un viaje o de una experiencia en concreto que quieras recordar. También puede convertirse en una costumbre, un espacio en el que podrás escribir siempre que quieras y reflexionar sobre tu día a día. Solo necesitas un cuaderno y tu utensilio de escritura favorito. Y un poco de constancia: un par de ratitos a la semana serán suficientes para ir adentrándote en tu historia, en tus pensamientos.

2. «Querida Kitty: Durante todo un mes te he abandonado, pero es que tampoco hay tantas novedades como para contarte algo divertido todos los días» (p. 41). Podemos pensar que la escritura, por muy íntima que sea, siempre es un poco mentirosa. ¿Qué cosas imaginas que esconde Anne de sí misma? Escribe, en tercera persona, qué hace Anne mientras no escribe.

3. El 2 de abril Anne y su madre tienen una conversación tensa por la hora del rezo. Relee la entrada en el diario y ponte en el lugar de la madre. Reescribe la escena desde su punto de vista, adoptando un narrador en primera persona. Si lo prefieres, puedes escoger cualquier otro incidente que cuente Anne y narrarlo desde el punto de vista de otro personaje que intervenga en la escena.

4. Las odas son composiciones normalmente en verso que ensalzan las características de un individuo u objeto. En la página 166, Anne escribe una a su estilográfica, que tan buenos ratos le ha hecho pasar. También es famosa la que Pablo Neruda escribió a una cebolla.

5. Para la resistencia emocional de los escondidos fue fundamental recibir información del exterior. Imagina que tienes la oportunidad de hacerles llegar una carta, ¿qué les escribirías?

6. Sin duda, Anne recordaría la casa como uno de los lugares más relevantes de su historia. Piensa en un espacio de tu infancia que haya sido significativo para ti. Intenta que sea un lugar concreto, como un rincón, un escondite, el sitio en el que te refugiabas a hacer algo (leer, pensar, hacer algo prohibido), la sombra del árbol de tu lugar de vacaciones. Llévalo a tu memoria y describe ese lugar. Ahora vas a utilizar ese espacio para contar una historia que suceda en él, donde intervengan dos personajes ficticios. El espacio recordado es lo único que pones de tu biografía, el resto sale de tu imaginación. Utiliza un narrador en tercera persona.

7. Otto escribe a Anne, para su cumpleaños, un poema en el que habla sobre su personalidad, su relación con ella y con otros miembros de la casa. En San Nicolás también se regalan poemas, que esconden en los zapatos. Elige a un miembro de tu familia y, como Otto, dedícale un poema.

8. Imagina que, por unas horas, te has convertido en un reportero de la resistencia. Una red de contactos te ha permitido entrar en la casa de los escondidos y te dispones a hacerle una entrevista a Anne Frank. ¿Qué le preguntarías? Podéis plantear este trabajo por parejas: una persona trabaja las preguntas y la otra imagina qué respondería Anne Frank.

9. Inventa un futuro para los personajes que no sobrevivieron al Holocausto. ¿A qué se habría dedicado Peter si no hubiera muerto? ¿Y Margot? ¿Qué habría sido de Edith? ¿O del matrimonio Van Daal?

10. Escribe una reseña para animar a otros lectores de tu edad a leer la obra. Puedes empezar explicando el contexto en el que transcurren los acontecimientos, es decir, quién, dónde, en qué circunstancias y en qué momento se escribió; después, puedes identificar los temas fundamentales de los que se hablan y

justificar por qué te han interesado, así como responder a la pregunta de por qué se escribió esta obra.
Puedes valorar la necesidad de leer un testimonio
sobre la época en que se enmarca.

La obra de Anne Frank

7 de agosto de 1943

Unas semanas atrás me puse a escribir un relato,
algo que fuera pura fantasía, y me ha dado
tanto gusto hacerlo
que mi producción literaria ya va formando
una verdadera pila de papel.

Como sabes, Anne fue modelando, con el paso del tiempo, su deseo de escribir. Como ella misma cuenta en el encabezado de esta sección, se afanó también en la escritura de distintos textos y se proyectó como una futura periodista y escritora. También empezó a reelaborar el material de su diario para escribir una novela titulada *La Casa de atrás*.

En el diario menciona la escritura de varios cuentos. Hoy sabemos que llegó a escribir veinticuatro relatos. En 1949 se publicó en Holanda una colección de ocho historias titulada *¿Te acuerdas? Historias y cuentos de hadas* y, en 1960, *Historias en torno a la Casa de atrás,* que incluía también la novela en ciernes *La vida de Cady,* cuya escritura rememora en ocasiones el diario.

También escribió cartas, poemas; empezó a recopilar información para trabajar en un libro sobre Egipto y apuntó en un cuaderno frases y párrafos que le interesaban de los libros que leía. Todos estos textos son muestra de la inquietud que sentía la joven, del interés que tenía por el mundo y el deseo de encontrar la mejor forma de expresarse a través de la escritura.

Sus *Obras completas,* editadas en España por Plaza & Janés, te ayudarán a profundizar en la escritora que fue y habría llegado a ser Anne Frank. En el mismo volumen encontrarás artículos para ampliar tu comprensión de la época.

Otras lecturas

Esperamos que conocer la vida de Anne Frank te haya despertado el interés por una de las épocas más convulsas de la historia. Para que puedas ahondar en este periodo, te proponemos algunas lecturas de ficción y otros testimonios de personas que, como ella, encontraron en la escritura (y en la lectura) una forma de supervivencia.

- *Reencuentro*, Fred Uhlman.
- *Paradero desconocido*, Kathrine Kressmann Taylor.
- *El sendero de los nidos de araña*, Italo Calvino.
- *Suite francesa*, Irène Némirovsky.
- *Adiós a Berlín,* Christopher Isherwood.
- *Una princesa en Berlín*, Arthur R. G. Solmssen.
- *Un saco de canicas*, Joseph Joffo.
- *Si esto es un hombre*, Primo Levi.
- *El chal,* Cynthia Ozick.
- *Expiación*, Ian McEwan.
- *La postal*, Anne Berest.
- *Poesía*, Wisława Szymborska.

Índice

UNICEF
Los niños tienen derechos

El destino de Anne Frank y de su diario constituyen un monumento que se opone a las violaciones de los derechos humanos. La muchacha judía se ha convertido en un símbolo de millones de niños que siguen siendo víctimas de maltratos. La aplicación íntegra y coherente de la Convención de los Derechos del Niño, que la ONU aprobó en 1989, resulta fundamental. Al adaptar las convenciones y normativas de derechos humanos que ya existían a las necesidades de los niños en su interés superior, es el primer y hasta la fecha único documento legalmente vinculante de su clase en el mundo.

La Convención de los Derechos del Niño consta de cincuenta y cuatro artículos centrados en todas las personas menores de dieciocho años y basados en tres principios esenciales:

- Derecho a la protección
- Derecho al desarrollo
- Derecho a la participación

El Anne Frank Fonds de Basilea y el Fondo de las Naciones Unidas para la Infancia (UNICEF) se comprometen a elevar el nivel de sensibilización acerca de los derechos de los niños y a apoyar su aplicación en todo el mundo.

ANNE FRANK FONDS

Este libro se ha publicado bajo los auspicios del Anne Frank Fonds (AFF) de Basilea. Otto Frank, padre de Anne y único superviviente de la familia, fundó en 1963 esta organización, que, de acuerdo con su testamento, es la única heredera y propietaria de los derechos de las obras de la familia.

Después de todo lo que Otto Frank había experimentado —persecución, expulsión, exclusión de su profesión, necesidad de esconderse, arresto y envío a un campo de concentración—, estaba decidido a fomentar la mejora del entendimiento entre los pueblos y las religiones, a contribuir a la paz entre las personas y las nacionalidades y a promover el contacto internacional entre los jóvenes. Desde el principio, decidió que todos los ingresos procedentes de las ventas de la obra de Anne se utilizasen exclusivamente para alcanzar estos fines y contribuir al bien común.

Por ello, el principal objetivo del AFF es divulgar en todo el mundo el mensaje eterno de paz, justicia y humanismo de Anne Frank para cada nueva generación publicando textos auténticos y difundiéndolos en el mundo entero. Al mismo tiempo, el AFF ha tenido siempre la finalidad de presentar la historia de la familia judía Frank en sus contextos histórico y cultural.

El AFF distribuye a nivel mundial todas las ganancias de las ventas de libros y los derechos de comunicación con fines benéficos y educativos, respetando la intención de Anne Frank y tal como estipula el testamento de Otto Frank. Para ello, el AFF colabora con UNICEF en todo el mundo, sobre todo en programas educativos y en la promoción activa de los derechos de los niños. El *Diario* de Anne Frank forma parte del programa Memoria del Mundo de la UNESCO.

Hay más información disponible en <www.annefrank.ch>.

ANNE FRANK FONDS
FOUNDED BY OTTO FRANK